ज्ञान
का
युग
और
भारत

ज्ञान का युग और भारत

रघुनाथ अनंत माशेलकर
विनोद कुमार मिश्र

प्रकाशक • **प्रभात प्रकाशन प्रा. लि.**
4/19 आसफ अली रोड,
नई दिल्ली-110002

संस्करण • 2025
मूल्य • चार सौ पचास रुपए
मुद्रक • आर-टेक ऑफसेट प्रिंटर्स, दिल्ली

JNAN KA YUG AUR BHARAT
by Dr. Raghunath Anant Mashelkar / Vinod Kumar Mis ₹ 450.00
Published by Prabhat Prakashan Pvt. Ltd., 4/19 Asaf Ali Road, New Delhi-2
e-mail: prabhatbooks@gmail.com ISBN 978-93-86231-58-1

ज्ञान की देवी सरस्वती
को सश्रद्धा समर्पित।

भूमिका

उन्नीसवीं सदी तक विश्व में कृषि-समाज व्यवस्था प्रधान थी। इसमें शारीरिक श्रम की महत्त्वपूर्ण भूमिका होती थी। इतना ही नहीं, उस समय तक जो उद्योग-धंधे व अन्य व्यवसाय चलते थे, उनमें भी शारीरिक श्रम की ही प्रधानता होती थी। किंतु बीसवीं सदी में इन क्षेत्रों में महत्त्वपूर्ण बदलाव आए। शारीरिक श्रम की तुलना में प्रौद्योगिकी, पूँजी व श्रम प्रबंधन का महत्त्व काफी बढ़ा और बढ़ता ही चला गया। इस सदी के अंतिम दशक में सूचना क्रांति का प्रादुर्भाव हुआ। लोगों के बीच आपसी संपर्क बढ़ता चला गया और फिर सॉफ्टवेयर उत्पादों ने धूम मचा दी।

उपर्युक्त परिवर्तनों ने विश्व में एक नए प्रकार के समाज के निर्माण का सूत्रपात किया। आज श्रम व पूँजी की तुलना में ज्ञान अधिक महत्त्वपूर्ण हो चुका है और जिसके पास ज्ञान होता है, पूँजी उसके पीछे-पीछे चली आती है।

ज्ञान समाज के निर्माण के लिए निम्न संकल्पनाएँ विकसित हो चुकी हैं—

ज्ञान—यह हमारे मस्तिष्क में संचित सूचना और आँकड़ों का भंडार है, जिसमें तर्क, आत्मबुद्धि तथा पूर्व अनुभव पर आधारित निजी व्याख्या शामिल होती है। इसमें तथ्यों, प्राकृतिक नियमों और सिद्धांतों की वैज्ञानिक जानकारी, कौशल अथवा काम करने की सामर्थ्य, कौन क्या जानता है तथा कोई कार्य किस प्रकार करें—इस प्रकार की सूचनाएँ भी शामिल होती हैं।

ज्ञान-अर्थव्यवस्था—यह वह अर्थव्यवस्था है, जो धनोपार्जन तथा जीवन-स्तर के उन्नयन के लिए ज्ञान व सूचना सृजन, बंटन तथा प्रयोग के इर्द-गिर्द घूमती है।

ज्ञानकर्मी—विचार रचकर, बाँटकर तथा उनका प्रयोग कर मूल्यवर्द्धन करनेवाला व्यक्ति ज्ञानकर्मी कहलाता है। वह जानता है कि क्या कर रहा है और क्यों कर रहा है। हर स्तर का व्यक्ति ज्ञानकर्मी हो सकता है—चाहे वह वैज्ञानिक हो

या कुशल शिल्पी। किसी भी संगठन में लोगों व उपयोगी सूचनाओं की जानकारी रखनेवाली रिसेप्शनिस्ट भी ज्ञानकर्मी कही जा सकती है।

ज्ञान-प्रबंधन—ज्ञान के अधिक मूल्यवान् हो जाने के कारण पूर्ण लाभ प्राप्ति के लिए इसके प्रभावशाली प्रबंधन की आवश्यकता बढ़ती जा रही है। यह सामान्य प्रबंधन की एक महत्त्वपूर्ण शाखा के रूप में उभरती जा रही है।

जैसा कि पहले भी बताया जा चुका है कि वर्तमान दौर में तेजी से परिवर्तन हो रहे हैं। इस युग को संचालित करनेवाली शक्तियाँ इस प्रकार हैं—

1. दुनिया भर की अर्थव्यवस्थाओं के वैश्वीकरण के कारण सभी स्तरों पर प्रतिस्पर्धाओं में व्यापक वृद्धि।
2. प्रौद्योगिकी, विशेष रूप से नेट तथा दूरसंचार प्रौद्योगिकी में हो रही तीव्र वृद्धि।
3. विज्ञान व प्रौद्योगिकी के क्षेत्र में अनुसंधान कार्य में निवेश की बढ़ती जन-रुचि।
4. कौशल-परिवर्द्धन की बढ़ती माँग।
5. बौद्धिक संपदा अधिकारों के संरक्षण को लेकर बढ़ती चिंता।
6. ज्ञान आधारित व्यापार का विकास।
7. सहभागी कार्य-संस्कृति के प्रति प्रतिबद्धता में वास्तविक वृद्धि।
8. नेटवर्किंग नीतियों में तीव्र प्रगति।

उपर्युक्त परिस्थितियों में इनोवेशन अर्थात् नवाचार व्यक्ति या फर्म की शक्ति को कई गुना बढ़ा देना है। यह दिन-पर-दिन महत्त्वपूर्ण होता चला जा रहा है। प्रसन्नता की बात यह है कि इस क्षेत्र में भारत ने भी अनेक अद्भुत उदाहरण प्रस्तुत किए हैं; जैसे—सिंप्यूटर, डब्ल्यू.एल.एल., जेट्रोफा पौधे से बायोडीजल का निर्माण, खुले वितरण की नई प्रणाली, ग्रामीण क्षेत्रों में प्रयोग होनेवाली विशेष प्रौद्योगिकियाँ इत्यादि।

आज प्रौद्योगिकी में छोटे परंतु उपयोगी सुधार बाजार का नक्शा ही बदल देते हैं, जैसे सामान्य फोटो खींचनेवाले कैमरे में डिजिटल प्रौद्योगिकी के समावेश ने बाजार का स्वरूप ही बदल दिया है। केवल यही नहीं, ऐसे प्रयोग हर क्षेत्र में किए जा रहे हैं, जैसे—

1. बेहतर समय प्रबंधन।
2. कामगारों की प्रौद्योगिकी व सूचना की कुशलता में वृद्धि।
3. बिक्री की नई प्रणाली।

इस प्रकार इनोवेशन अर्थात् नवाचार कोई एक उत्पाद नहीं वरन् उत्पादों की एक श्रृंखला है।

बौद्धिक संपदा अधिकारों के प्रति नया दृष्टिकोण

भारत सहित विश्व के तमाम देश बौद्धिक संपदा अधिकारों संबंधी अपने राष्ट्रीय ढाँचे को नया व अंतरराष्ट्रीय स्वरूप देते जा रहे हैं, जो ज्ञान अर्थव्यवस्था की ओर बढ़ता हुआ एक सशक्त कदम है। हालाँकि अभी पेटेंट प्रदान करने की प्रक्रिया को तीव्र बनाया जाना और पेटेंट कानूनों के उल्लंघन के लिए दंड देने की व्यवस्था को और अधिक चुस्त-दुरुस्त बनाया जाना शेष है, पर फिर भी अब तक हुई प्रगति की प्रशंसा किए बिना नहीं रहा जा सकता।

आज हमारे पास वह सबकुछ है जो इस युग में भारत को पुनः वह स्थान दिला सकता है जो कभी इसे प्राप्त था। इसकी विस्तृत चर्चा आगे के अध्यायों में की गई है।

ज्ञान आधारित समाज के निर्माण के लिए समाज के हर वर्ग का सहयोग आवश्यक है। जमीन से जुड़े आविष्कारकों से लेकर उच्च राजनीतिक पदों पर विराजमान लोगों—सभी को इसमें अहम भूमिका निभानी है। इसके लिए जन-जागरण प्रथम सोपान है।

प्रस्तुत पुस्तक इसी उद्देश्य से लिखी गई है। इसके प्रथम खंड में ज्ञान व ज्ञान-प्रबंधन संबंधी विभिन्न पहलुओं का सूक्ष्मता से विश्लेषण किया गया है। इसमें प्राचीन भारत में ज्ञान की महिमा और ज्ञान आधारित समाज व्यवस्था के अलावा विभिन्न प्रकार के ज्ञान, ज्ञान प्रबंधन, ज्ञान संगठनों के लक्षणों, ज्ञान के अद्भुत भंडार व संस्कृति पर भी प्रकाश डाला गया है। साथ ही, भविष्य में ज्ञान का आर्थिक लेखा-जोखा कैसे किया जाएगा तथा छोटे व मँझले स्तर के संगठनों में ज्ञान व्यवस्था की स्थापना से जुड़े पहलुओं पर भी रोशनी डाली गई है।

पुस्तक के द्वितीय खंड में भारत को एक 'ज्ञान महाशक्ति' बनानेवाली कार्ययोजना को विस्तार से समझाया गया है। यह खंड भारत सरकार की एक समिति द्वारा तैयार रिपोर्ट पर आधारित है, जिसमें भारत को एक ज्ञान महाशक्ति बनाने पर गहराई से मंथन किया गया था।

इस खंड में भारत की शक्तियों व कमजोरियों का विस्तार से वर्णन किया गया है तथा भारत के समक्ष वर्तमान में जो चुनौतियाँ हैं और उस पर जो खतरे मँडरा रहे हैं, उनपर भी विस्तृत चर्चा की गई है।

इस पुस्तक हेतु सामग्री एकत्रित करने के लिए अनेक विद्वानों की पुस्तकों व शोध-पत्रों की सहायता ली गई है। इसके लिए हम उन सभी के आभारी हैं। इन पुस्तकों व शोधपत्रों को एकत्रित करने में सी.एस.आई.आर. के अनुसंधान भवन स्थित पुस्तकालय की पुस्तकालयाध्यक्षा श्रीमती रेणु पांडेय व अन्य सहयोगियों ने अमूल्य सहयोग दिया। इसके लिए हम उनके आभारी हैं।

इसके अलावा अन्य कई महानुभावों ने अलग-अलग प्रकार से सहयोग दिया है। प्राचीन भारत में ज्ञान की महिमा व ज्ञान आधारित समाज की जानकारी जुटाने में डॉ. वीरेंद्र शर्मा और डॉ. सी.डी. सिद्धू ने उपयोगी सहायता प्रदान की है और आइंस्टाइन की ज्ञान संबंधी अवधारणा के लिए सामग्री प्रो. जगदीश चंद्र झा ने उपलब्ध कराई है। सेंट्रल इलेक्ट्रॉनिक्स लिमिटेड के वरिष्ठ जनों डॉ. एस.के. कैकर, सर्वश्री एस.के. संगल तथा योगेश त्यागी ने भी विविध रूपों में महत्त्वपूर्ण सहायता की।

यह पुस्तक भविष्य के ज्ञान आधारित समाज के निर्माण के लिए प्रारंभिक दिशा-निर्देश का कार्य करेगी, ऐसी आशा है। पाठकों से अनुरोध है कि यदि इस कार्य में कोई त्रुटि रह गई हो तो उससे अवगत कराएँ और सुझाव भी प्रेषित करें।

—डॉ. रघुनाथ अनंत माशेलकर,
विनोद कुमार मिश्र

अनुक्रम

खंड-1

ज्ञान-विविध आयाम

प्राचीन भारत में ज्ञान की महिमा

न हि ज्ञानेन सदृशं पवित्रमिह विद्यते।

श्रीमद्भगवद्गीता, 4/38

अर्थात् इस संसार में ज्ञान से पवित्र और कुछ भी नहीं है। ज्ञान की तुलना सदैव प्रकाश से की जाती रही है। प्राचीन भारत में ज्ञान की परख की बड़ी सशक्त परंपरा रही है। महाकवि कालिदास ने लिखा है—

पुराणमित्येव न साधु सर्वं
न चापि काव्यं नवामि त्यवद्यम्।
सन्तः परीक्ष्यान्यतद भजन्ते
मूढः परप्रत्ययनेय बुद्धिः॥

इसका अर्थ है कि केवल पुराने होने से ही न तो सब अच्छे हो जाते हैं और मात्र नए न होने के कारण सभी काव्य बुरे हो जाते हैं। बुद्धिमान लोग तो दोनों की परीक्षा करके जो उत्तम होता है उसे ग्रहण करते हैं। दूसरों के विश्वास मात्र के आधार पर अपना मत बना लेना मूर्खों का काम है।

प्राचीन काल में ज्ञान के साथ-साथ ज्ञानियों की भी कड़ी परीक्षा होती थी। समय-समय पर ज्ञान-सत्र आयोजित होते थे, जिनमें सभी ऋषि-मुनि भाग लेते थे और नवीन ज्ञान पर चर्चा करते थे। इन संतों में नए ज्ञानी भी अपनी प्रतिभा का प्रदर्शन करते थे।

उस समय ऋषि पद कड़ी परीक्षा के बाद ही मिल पाता था। वेदों की सौ ऋचाओं के रचयिता अर्थात् शतर्ची दीर्घतमा जन्म से ही नेत्रहीन थे, पर वे अद्भुत ज्ञानी थे। मात्र दस वर्ष की आयु में उन्होंने ऐसे ही ज्ञान-सत्र में भाग लिया था और

अपना मंत्र 'एकं सद्विप्राः बहुधा वदन्ति' सुनाया था, जिसे बहुत सराहा गया था। यह मंत्र गायत्री मंत्र के बाद सबसे अधिक महत्त्वपूर्ण माना जाता है और इसके कारण अल्पायु में ही उस ज्ञान-सत्र में दीर्घतमा को ऋषि पद प्राप्त हो गया था, जबकि उनके चाचा बृहस्पति, जो दीर्घतमा से द्वेष रखते थे; भी इस पद की इच्छा रखते थे और वे असफल हो गए।

ज्ञान पाने के अद्भुत व अथक प्रयासों के कारण ही तत्कालीन ऋषि अद्भुत द्रष्टा होते थे। वे लगातार प्रश्न पूछ-पूछकर अपने आपको संतुष्ट करते थे। ज्ञान-प्राप्ति के लिए विनम्रता के भाव को आवश्यक माना जाता था। इस संबंध में 'गीता' में कहा गया है—

तद्विधि प्रणिपातेन परिप्रश्नेन सेवया।
उपदेक्ष्यन्ति ते ज्ञानं ज्ञानिनस्तत्त्व दर्शिनः॥

श्रीमद्भगवद्गीता, 4/34

इसका अर्थ है कि उस तत्त्वज्ञान को तत्त्वदर्शी महापुरुषों के पास जाकर समझो। उन महापुरुषों को साष्टांग दंडवत् प्रणाम करने, उनकी सेवा करने और सहजभाव से प्रश्न करने पर वे तुम्हें उस तत्त्वज्ञान का सरलतापूर्वक उपदेश देंगे।

प्राचीन काल में ज्ञान के आदान-प्रदान के संबंध में कड़ा अनुशासन भी था। यह माना जाता था कि ज्ञान वही व्यक्ति प्राप्त कर सकता है जिसमें उसके प्रति श्रद्धा का भाव हो। 'गीता' में आगे कहा गया है—

श्रद्धावाँल्लभते ज्ञानम्।

श्रीमद्भगवद्गीता, 4/39

इसका अर्थ है कि श्रद्धावान् पुरुष ज्ञान प्राप्त कर लेता है। उस काल में ज्ञान-दान से पूर्व लेने की इच्छा रखनेवाले को सुपात्र बनाया जाता था। यह माना जाता था कि कुपात्र को दी गई विद्या अभिशाप का कारण बन सकती है। इस संबंध में कहा गया है—

विद्या विवादाय धनं मदाय
शक्तिः परेषां परपीडनाय।
खलस्य साधोर्विपरीतमेतत्
ज्ञानाय दानाय च रक्षणाय॥

अर्थात् दुष्ट जनों की विद्या विवाद के लिए होती है; उनका धन मद, विलासिता तथा

स्वार्थपूर्ति के लिए होता है और उनकी शक्ति शोषण, पीड़न तथा अत्याचार के लिए होती है। परंतु साधु जनों की विद्या ज्ञान के लिए, धन दान के लिए और शक्ति आर्त जनों की रक्षा के लिए होती है।

यही कारण था कि प्राचीन काल में गुरुजन हर किसी को ज्ञान नहीं देते थे। सुपात्रों को ही दान दिया जाता था और देने से पूर्व उन्हें सुपात्र बनाया जाता था। ज्ञान लेनेवालों को कड़ी परीक्षा से गुजरना होता था, जिसके अंतर्गत उन्हें यह सिद्ध करना होता था कि वे अहंकार पर विजय पा चुके हैं। ज्ञानी वह माना जाता था जो अति विनम्र हो। इस संबंध में कहा गया है—

"ज्ञानी वह है, जो यह मानता हो कि उसे कुछ ज्ञात नहीं है और वह लगातार ज्ञान प्राप्त करने की धुन में लगा रहे; वहीं अज्ञानी वह है, जो यह समझता हो कि उसे सबकुछ ज्ञात है और वह आगे जानने की चेष्टा बिलकुल न करे।"

प्राचीन समाज में ज्ञान प्राप्त करना परम धर्म माना जाता था और यह माना जाता था कि इसके बिना मुक्ति संभव नहीं है। लोग आध्यात्मिक स्वरूप, आत्म-स्वरूप, आत्म-बोध की प्राप्ति के नाना यत्न करते थे और समझते थे कि अथाह जिज्ञासा उन्हें ब्रह्म का अधिकारी बना देगी।

प्राचीन भारतीय ज्ञान परंपरा के संबंध में एक धारणा यह है कि उस काल में आध्यात्मिक या सैद्धांतिक ज्ञान पर ही जोर दिया जाता था, पर यह सही नहीं है। उस समय भी ज्ञान की अपेक्षा विज्ञान पर अधिक बल दिया जाता था।

उस समय ब्रह्मज्ञान के अलावा शस्त्रज्ञान, आयुर्विज्ञान, तंत्रज्ञान, शिल्प-ज्ञान, वास्तुकला, सौर विद्या आदि का भी गहन अध्ययन किया जाता था। यज्ञ वास्तव में गहन चिंतन व कठोर प्रयोगों के साधन थे। विश्वामित्र जैसे ऋषि यज्ञों द्वारा लगातार अपनी शक्ति बढ़ाते थे, जिनके पीछे गहन अनुसंधान छिपा होता था। जिस प्रकार आज दूसरे पक्ष की प्रयोगशालाओं की जासूसी होती है और प्रयोगों को नष्ट करने के प्रयास होते हैं, उसी प्रकार उस समय ऋषि व राक्षस एक-दूसरे के यज्ञों को विध्वंस करने के प्रयास करते थे। तभी तो विश्वामित्र ने अपने यज्ञों की सुरक्षा व राक्षसों के यज्ञों के विध्वंस के लिए श्रीराम-लक्ष्मण की सेवाएँ ली थीं।

प्राचीन भारत में अनेक दुर्लभ ग्रंथों की रचना की गई थी। चारों वेदों—ऋग्वेद, यजुर्वेद, सामवेद तथा अथर्ववेद—के बाद हमारे ऋषियों ने अन्य कई ग्रंथों की भी रचना की, जिनमें निम्न प्रमुख हैं—

1. **ब्राह्मण ग्रंथ**—'ब्राह्मण' शब्द ब्रह्म से बना है। ब्रह्म का एक अर्थ यज्ञ भी होता है। ब्राह्मण ग्रंथों में वेद-मंत्रों की व्याख्या तथा यज्ञ-विधियाँ

विस्तार से बतलाई गई हैं।

2. **आरण्यक ग्रंथ**—इन ग्रंथों में कर्मकांड की आलोचना भी की गई है। इन्हें आरण्यक इसलिए कहा जाता है, क्योंकि इनके रचनाकार अरण्य अर्थात् जंगल में रहते थे। इनमें चिंतन के माध्यम से दार्शनिक आधार ढूँढ़ने का प्रयास अधिक किया गया है।
3. **उपनिषद् ग्रंथ**—'उपनिषद्' शब्द का शाब्दिक अर्थ है—गुरु के समीप बैठकर ब्रह्मज्ञान प्राप्त करना। वेदों के माध्यम से जिस सत्य को ढूँढ़ने का प्रयास प्रारंभ हुआ था उसकी परिणति उपनिषद् में हुई और इस कारण उपनिषदों को 'वेदांत' भी कहा जाता है। गीता का समस्त ज्ञान व उपदेशों का आधार उपनिषद् ग्रंथ ही हैं।

इस प्रकार प्राचीन भारत में अनेक ग्रंथों की रचना हुई, जिनमें से कुछ ही बच पाए, शेष ग्रंथ विदेशी आक्रांताओं द्वारा जला दिए गए। अत: यह कहा जा सकता है कि आज जो प्राचीन साहित्य उपलब्ध है वह अल्प भाग ही है, फिर भी वह चौंकानेवाला है। विशेष रूप से आयुर्वेद का ज्ञान इतना प्रभावी है कि उसे अपनाने व हथियाने के लिए सभी तरह के सही-गलत हथकंडे अपनाए जाते हैं।

उस काल में अंकगणित, ज्यामिति, बीजगणित, ज्योतिर्विज्ञान, आयुर्विज्ञान, भौतिक विज्ञान, रसायन विज्ञान, जंतु विज्ञान, वनस्पति विज्ञान, वैमानिकी, नौ-निर्माण, अस्त्र-शस्त्र विज्ञान, शिल्प विज्ञान इत्यादि काफी उन्नत अवस्था में थे।

प्राचीन काल में विज्ञान कितना उन्नत था, इसका अंदाज इस बात से लगाया जा सकता है कि राजा भोज ने जलयानों के निर्माण के दौरान सावधानी बरतने का निर्देश दिया था और यह कहा था कि पोत के अधोभाग (नीचे की तली) में विभिन्न अंशों (लकड़ी के फट्टों) को आपस में जोड़ने के लिए लकड़ी की कीलों का उपयोग किया जाना चाहिए, क्योंकि सागर की चट्टानों में चुंबकीय पदार्थ/गुण होने के कारण पोत उस ओर खिंच सकता है।

ज्ञानकर्मी की प्राचीन परंपरा

ज्ञानकर्मी उसे कहा जाता है जो यह जानता है कि वह क्या कर रहा है और क्यों कर रहा है?

प्राचीन भारत में जीवन के हर क्षेत्र—क्या करना चाहिए—पर विशद अनुसंधान होता था और काम करनेवाले यह जानते थे कि वे ऐसा क्यों कर रहे हैं? इससे उन्हें क्या लाभ या हानि हो सकती है। उदाहरण के लिए, प्राचीन काल में पर्वतों पर

जगह-जगह बर्फ जमी थी और निचले इलाकों में पानी की कमी थी। उस समय की आवश्यकता थी कि नदियों के लिए मार्ग बनाना और रास्ते में जो अवरोध आएँ उन्हें दूर करना। इसके लिए ऋग्वेद में वर्णन है कि कठोर बर्फ पर जमे शुष्क बादलों को मरुत् अर्थात् पवन की सहायता से हटाया गया और फिर वज्र की सहायता से बर्फ को काटा गया। सूर्य की गरमी पाकर बर्फ पिघली और जल की धारा बह चली। राजा भगीरथ जैसे कुशल अभियंताओं ने गंगा के लिए कुशलतापूर्वक मार्ग तैयार किया था। एक नदी के लिए मार्ग तैयार करने में चालीस वर्षों का समय लगा—ऐसा वर्णन ऋग्वेद में है।

इसी तरह ऋग्वेद में ही वर्णन है कि एक राजा तुग्र ने अपने बेटे भृज्यु को समुद्र पार दूसरे राज्य पर आक्रमण करने के लिए भेजा। रास्ते में जहाज टूट गया। इसकी सूचना जब राज्य में पहुँची तो अश्विनीकुमारों को भेजा गया। इससे ज्ञात होता था कि उन दिनों कुशल नौसेना भी थी और अश्विनीकुमार जैसे कुशल चल अस्पताल भी। अश्विनीकुमार स्थल, जल तथा वायु—सभी मार्गों से यात्रा कर लेते थे। वे कुशल शल्य-चिकित्सक थे और कृत्रिम अंग लगाने में सिद्धहस्त थे। उन दिनों युद्ध बहुत ज्यादा होते थे, अतः उनकी बड़ी माँग थी। वे उपचार के बाद रोगी की देखभाल के लिए भी निरंतर दौरे किया करते थे।

मनुष्य ही नहीं, पशुओं की चिकित्सा की सुविधा भी उस काल में उपलब्ध थी। ऋभुदेव गायों को दुधारू बनाने में दक्ष थे। उस समय जल के गुणों के बारे में पर्याप्त ज्ञान था। जल चिकित्सा भी की जाती थी और आम लोगों को यह मालूम था कि सूर्य की किरणों से वंचित जल स्वास्थ्य के लिए अनुपयुक्त होता है। इसके अलावा पौष्टिक भोजन, धूप-सेवन आदि के बारे में उन्हें पर्याप्त ज्ञान था।

प्राचीन भारतीय लोग ऊर्जा स्रोतों के बारे में ज्ञान रखते थे। उस समय अग्नि के स्रोतों की जानकारी थी। पवन ऊर्जा का भी ज्ञान था और वनस्पतियों से भी ऊर्जा-प्राप्ति का उल्लेख मिलता है। संभवतः बायोडीजल का उस समय भी उपयोग होता हो।

यातायात के लिए उस समय अनेक प्रकार के रथों का उपयोग होता था। एक घोड़े से लेकर सौ घोड़ोंवाले रथों का उल्लेख ऋग्वेद में है। यह भी बताया गया है कि रथ के अन्य भागों में तो किसी भी लकड़ी का उपयोग हो सकता है, पर रथ की धुरी शीशम की लकड़ी की ही होनी चाहिए। इसके अलावा तरह-तरह की नौकाएँ, समुद्री जहाज, युद्धपोत एक संगठित उद्योग के रूप में स्थापित बताए जाते हैं।

इसी प्रकार, ब्रह्मांड के अलग-अलग ग्रहों की स्थिति, पृथ्वी की गति, सूर्य की स्थिति, संवत्, ऋतुओं आदि के बारे में उन्हें ज्ञान था। सप्ताहों के बजाय पक्ष (पंद्रह दिन) तथा तिथियों का महत्त्व था। पंचांग (कैलेंडर) आम सामाजिक जीवन का अंग बन चुका था।

और तत्कालीन समाज गणित में भी पारंगत था। तरह-तरह की कारीगरी में भी। किलों के निर्माण में धातुओं का उपयोग होता था। उस समय वस्त्र बुनने की कला भी विद्यमान थी। वस्त्र सिलने के लिए सूई का भी उपयोग होता था।

उस समय केवल वैज्ञानिक उपलब्धियाँ ही नहीं थीं वरन् वैज्ञानिक दृष्टिकोण भी था। वेदों की अनंत महिमा के बावजूद वेद-वाक्यों को अंतिम कभी नहीं माना गया। निरंतर अनुसंधान होता रहा और ग्रंथों पर टीकाएँ रचने का क्रम भी जारी रहा।

अथर्ववेद में आयुर्वेद का विस्तृत वर्णन है। इसमें बीमारियों के उत्पत्ति स्थान जानने पर भी जोर दिया गया है और उत्पत्ति का कारण भी। यह माना जाता था कि ज्यादातर बीमारियाँ विषाणुओं या कृमियों से उत्पन्न होती हैं और ये उस पानी में उत्पन्न होती हैं जो ठहरा हुआ हो, जिसपर सूर्य की रोशनी न पड़ती हो। इन कृमियों में से अनेक का वर्णन भी इसमें उपलब्ध है। आनुवंशिक रोगों का भी वर्णन है तथा अनेक प्रकार के बुखारों का भी। तथ्यपरक बात यह कही गई है कि बुखार बीमारी नहीं है वरन् बीमारी का लक्षण है।

इसके अलावा अथर्ववेद में तरह-तरह की औषधियों का भी वर्णन है। इन औषधियों में अधिकांश प्रतिरक्षण उत्पन्न करनेवाली औषधियाँ हैं। आयुर्वेद का मूल यही है कि प्रतिरक्षण इतना बढ़ा दिया जाए कि विषाणु, कृमि आदि शरीर पर कोई असर न डाल सकें। इन औषधियों के स्रोतों का भी वर्णन है और उन्हें पहचानने व अलग करने के तौर-तरीकों का भी। प्रकाशवाली औषधियों का भी वर्णन है। उस काल में मंत्रों, मणियों आदि के द्वारा भी चिकित्सा की जाती थी।

अथर्ववेद में वर्णित रोहिणी औषधि के जरिए अस्थि-मज्जा को विकसित किया जाता था। इसके द्वारा क्षतिग्रस्त अंगों का भी विकास किया जाता था। इसके अलावा बालों को सुंदर बनाने व प्रसाधन हेतु भी तमाम औषधियाँ थीं। सागर से निकली शंखमणि भी कारगर औषधि मानी जाती थी, जो श्वास रोगों की कारगर औषधि थी।

उस समय आनुवंशिक रोगों का ज्ञान भी लोगों को था और उनके उपचार के लिए औषधियाँ व तरीके भी उपलब्ध थे। यह भी वर्णित है कि इस प्रकार की औषधियों को उपजाना एक कठिन कार्य है। साथ ही गठिया रोग का उपचार

संधिवात नामक औषधि से किया जाता था।

एक लंबे काल तक देश-विदेश में कुष्ठ को संक्रामक व असाध्य रोग माना जाता था तथा कुष्ठ रोगी तरह-तरह के शारीरिक कष्टों के साथ सामाजिक कष्ट भी झेलते थे। वैदिक काल में भी यह रोग था, पर उस काल में इसे छूत का रोग नहीं माना जाता था, बल्कि इसका सफल उपचार भी होता था। अथर्ववेद में काले, हरे व नीले रंग की औषधियों का उल्लेख है, जिनका लेप चढ़ाने से कुष्ठ रोग समाप्त हो जाता था और त्वचा का रंग सामान्य हो जाता था।

अथर्ववेद में अंगों-प्रत्यंगों के बारे में विषद् वर्णन है। अंग कट जाने पर रक्तस्राव को रोकने का तरीका वर्णित है, जो यह दरशाता है कि छोटी-बड़ी नलिकाओं एवं धमनियों आदि के बारे में उस समय ज्ञान था। क्षतिग्रस्त धमनियों को ठीक करने का भी विधान बतलाया गया है।

उपर्युक्त प्रसंग यह प्रमाणित करते हैं कि प्राचीन काल में न सिर्फ सैद्धांतिक ज्ञान था वरन् प्रायोगिक अनुसंधान भी लगातार होता रहता था। लोगों की सोच भी वैज्ञानिक थी और वे अपने रहन-सहन, खान-पान, भाषा, साहित्य, विश्व कल्याण, विनाश से बचाव, प्रकृति संरक्षण आदि सभी में वैज्ञानिक मानसिकता का उपयोग करते थे। यज्ञों द्वारा समय पर वर्षा एवं मौसम में एक सीमा तक एकरूपता बनाने के प्रयास किए जाते थे।

उस काल में अग्नि व ऊर्जा को विशेष महत्त्व दिया जाता था। यजुर्वेद में वर्णित है कि अग्नि पृथ्वी व वायुमंडल के बाहर प्रज्वलित नहीं हो सकती है, क्योंकि इसके लिए हवा की उपस्थिति अनिवार्य है। उस काल में ओजोन की परत के बारे में भी जानकारी थी तथा विभिन्न प्रकार के खनिजों की भी।

इसी तरह उस समय शत्रु के किलों को तोड़ने के लिए अग्नि आश्रित विध्वंसकों का प्रयोग किया जाता था। उस काल के लोगों को ऐसे खनिज पदार्थों का ज्ञान था जो अग्नि के साथ मिलने पर विस्फोट उत्पन्न करते हैं।

ऋग्वेद में कृषि व्यवस्था वैज्ञानिक व उन्नत थी। साथ में पशुपालन को भी बराबर का महत्त्व दिया जाता था। भूमि के गुणों के बारे में उन्हें पर्याप्त ज्ञान था। उपजाऊ जमीन पर खेती होती थी और कम उपजाऊ जमीन चरागाह के रूप में इस्तेमाल होती थी। इतना ही नहीं, शासन द्वारा भूमि पर लगनेवाले कर का निर्धारण उसकी उपजाऊ क्षमता पर निर्भर करता था।

विशेष बात यह है कि जुताई, बुवाई, कटाई आदि तो वैज्ञानिक पद्धति से होती ही थी, किसान अच्छी फसल के लिए संगीत का भी उपयोग करते थे। उन्हें

ज्ञात था कि पौधों को संगीत मधुर लगता है और संगीत उनके विकास में सहायक सिद्ध होता है।

सिंचाई के साधन भी वैज्ञानिक तरीके से विकसित किए गए थे। नदियों के अलावा कुओं से भी सिंचाई होती थी। कुआँ कहाँ खोदना है—इस बारे में जानने की वैज्ञानिक विधियाँ उपलब्ध थीं। फसलों को सुरक्षित रखने, अनाज के उचित भंडारण के उपाय भी उन्हें ज्ञात थे। अनाज मापा जाता था और खेत भी। इस प्रकार परिवार में वस्तुओं का बँटवारा, करों का भुगतान आदि सब वैज्ञानिक तरीके से हो जाता था। खेत की बुवाई से पहले पूजा, हवन आदि होते थे और फसल की कटाई के पश्चात् उत्सव व संगीत।

उस समय फसल से खर-पतवार निकालने के उपाय भी विकसित थे। जिस वर्ष खेती में अनाज की पैदावार कम होती थी, करों के रूप में एकत्रित अनाज शासन द्वारा राहत के रूप में बाँटा जाता था। यजुर्वेद में फसलों, पशु-पक्षियों एवं जैव विविधता का विस्तृत वर्णन है। संतुलन बनाए रखने पर पूरा जोर दिया गया है। अथर्ववेद में वर्णित है कि सिंचाई के समय पानी के साथ घी और शहद भी डाला जाता था। बाद के काल में भी आम के वृक्षों में पंचामृत (दूध, दही, घी, शहद, शक्कर) डालने की परंपरा थी। इससे आम का स्वाद अद्भुत होता था। इसके अलावा गाय के गोबर की खाद का प्रचुर मात्रा में उपयोग होता था।

अथर्ववेद में अनेक प्रकार के हलों का वर्णन है, जिससे यह सिद्ध होता है कि प्राचीन काल में सामूहिक खेती भी होती थी। बड़े आकार के हलों को छह जोड़ी या आठ जोड़ी बैल जोतते थे। विभिन्न जलस्रोतों से प्राप्त जल के गुणों का भी वर्णन मिलता है।

वैदिक काल की शासन व्यवस्था भी वैज्ञानिक थी। उस समय परिवारवाद अनिवार्य नहीं था, पर आमतौर पर राजा का पुत्र ही राजा बनता था। राजा के बहुत सारे दायित्व थे। उसका काम सिर्फ युद्ध करना ही नहीं, विकास के कार्य करना भी होता था। यजुर्वेद में राजा के चार प्रमुख दायित्व बतलाए गए हैं—

1. कृषि सहित रोजगार साधनों का विकास,
2. जन-कल्याण,
3. राजकोष की वृद्धि,
4. राज्य का पोषण।

राजा स्वयं नई-नई जानकारियाँ प्राप्त किया करता था। वह अपनी प्रजा में शिक्षा का भी प्रसार करता था। कानून व व्यवस्था भी बनाए रखता था। लोगों को

स्वावलंबी बनाने पर बल दिया जाता था। जनता के प्रतिनिधि राजा को विभिन्न विषयों पर सलाह देते थे। राजा स्वयं भी उनकी सभा या समितियों में जाता था।

युद्ध के लिए सैनिकों का चयन, युद्धकला का विकास, शस्त्रास्त्रों का विकास युद्ध प्रणाली वैज्ञानिक पद्धति पर आधारित थी। घातक अस्त्र-शस्त्रों का उपयोग होता था और शत्रुओं पर दया बिलकुल नहीं दिखलाई जाती थी। युद्ध में पताकाओं, नगाड़ों, विभिन्न प्रकार के धनुषों-बाणों, रक्षा के लिए कवचों, शिरस्त्राणों (हेलमेट) का उपयोग होता था। अथर्ववेद में दुर्गंध फैलानेवाली रस्सी का उल्लेख है, जिसे जलाकर फेंक देने से दुश्मन के खेमे में खलबली मच जाती थी।

आर्थिक व्यवस्था भी वैज्ञानिक थी। अथर्ववेद के अनुसार प्रजा अपनी प्राप्ति का सोलहवाँ भाग कर के रूप में देती थी। इससे दो तथ्य उभरकर सामने आते हैं—

1. राजतंत्र या प्रशासन कम खर्चीला था।
2. करों के अलावा शासन की आय के अन्य स्रोत भी थे।

एक अन्य तथ्य यह था कि जब राजा युद्ध में विजयी होता था तो प्राप्त धन का एक भाग प्रजा में भी बाँटा जाता था। इससे आर्थिक व राजनीतिक क्षेत्र में सत्ता में दोतरफा जिम्मेदारी व भागीदारी की झलक मिलती है।

राजा वनों, पर्वतों, जलस्रोतों जैसे संसाधनों से शुल्क के रूप में धन प्राप्त करता था। साथ ही राजा के कर्तव्य भी निश्चित थे और उसपर प्रजा की रक्षा, शांति, निर्बलों की सहायता, सौहार्दपूर्ण वातावरण बनाए रखने की जिम्मेदारी थी, जो ज्ञान-प्रेरित समाज के लिए अनिवार्य होती है।

समाज में श्रम-विभाजन की स्पष्ट परंपरा प्रचलित थी। श्रम का विभाजन तभी कारगर हो सकता है, जब श्रम का उचित व वैज्ञानिक तरीके से मूल्यांकन हो और साथ ही श्रमिक की क्षमता का आकलन हो। उस समय व्यक्ति की योग्यता, अभिरुचि व दक्षता के आधार पर श्रम का विभाजन होता था। इससे बेहतर वस्तुएँ या सेवाएँ तैयार हो पाती थीं।

उदाहरण के लिए, कुशाग्र बुद्धिवाले व्यक्तियों को ब्राह्मण का दायित्व दिया जाता था और बलिष्ठ व साहसी लोगों को क्षत्रिय का। व्यवसायी प्रवृत्ति के लोगों को वैश्य का दायित्व दिया गया था और सेवा का दायित्व शूद्रों को। इनमें से कोई कार्य छोटा नहीं माना जाता था और यह वर्णित है कि कृषि कार्यों में सभी लोग रुचि रखते थे। यजुर्वेद में सभी में तेज उत्पन्न होने तथा सभी का कल्याण होने की कामना की गई है।

ज्ञान की प्राप्ति के लिए ब्राह्मण के पास जाने की सलाह दी जाती थी।

विभिन्न विषयों के लिए अलग-अलग शिक्षक होते थे। संगीत-नाटक से लेकर शिल्पकला व लेखा-जोखा रखने तक की शिक्षा दी जाती थी। इसी तरह शासन की एक व्यवस्था होती थी और विभिन्न कार्यों, जैसे—शासकीय कार्यों, जंगल, स्रोतों की देखभाल, न्याय व्यवस्था आदि के लिए अधिकारी नियुक्त थे।

उस समय न्याय व्यवस्था भी उन्नत व संगठित थी। इसमें सलाह-मशविरा, वकील आदि का प्रावधान होता था और न्यायालय के बाहर संधि का भी प्रावधान था। उस समय गुप्तचर व्यवस्था भी थी और विविधतापूर्ण सैन्य व्यवस्था भी। दुश्मन में फूट डालने से लेकर शत्रुता समाप्त करने तक के सारे कार्य ये लोग संपन्न कर डालते थे।

उस समय स्त्रियों की प्रतिभा का भी पूरा इस्तेमाल किया जाता था और उन्हें पुरुष के बराबर का दर्जा दिया जाता था। मुद्रा की सहायता से व्यापार होता था। इससे यह स्पष्ट होता है कि वस्तुओं व सेवाओं के मूल्यांकन की सुचारु व्यवस्था उस समय थी।

ज्ञानियों व अज्ञानियों के बीच अंतर उस काल में भी उतना ही स्पष्ट था। वेदों में वर्णित है कि केवल पाठशाला में जाकर या गुरु के सान्निध्य से ही ज्ञान प्राप्त नहीं होता है। ज्ञानियों का अनुसरण करके भी ज्ञान प्राप्त हो सकता है। अथर्ववेद में बुद्धि की महिमा का भी विस्तृत वर्णन है। ज्ञानी उसे माना जाता था जो सन्मार्ग पर चलता है। राजा स्वयं ज्ञानी व ज्ञानियों का प्रिय बनने का प्रयास करता था, ताकि वह विभिन्न विषयों पर उचित सलाह प्राप्त करे और उसका प्रजा-हित में उपयोग कर सके।

ज्ञान के उपयोग का एक अन्य उदाहरण उस काल के घरों के वर्णन में मिलता है। अथर्ववेद के शाला सूक्त में वर्णन है कि घर लकड़ी, बाँस, चटाई, घास आदि के उपयोग से इस प्रकार बनाए जाएँ कि उनके बंधन मजबूत हों और आधार-स्तंभ ऐसे हों कि हाथी के पैर की तरह हिलाए न जा सकें। घर में लगनेवाले हर अवयव को मापने की व्यवस्था थी। वास्तु संबंधी अनेक सूत्र भी उपलब्ध थे।

बहुमंजिले मकान भी थे। जल-संग्रह का उचित प्रबंधन होता था। उनमें हवा व सूर्य की किरणों के निर्बाध रूप से आवागमन की व्यवस्था थी। हवादार मकानों के अलावा सर्दियों में आग जलाने की व्यवस्था भी थी। दो से दस कमरों के मकानों का वर्णन मिलता है। घर ऐसा होना चाहिए कि आश्रय दे, सुखदायक हो और अतिथि-सत्कार में सक्षम हो।

अथर्ववेद के ही एक सूक्त में कामना की गई है कि घर के आगे व पीछे दूर्वा

(हरी घास) का उद्यान हो, किनारे पर रंग-बिरंगे फूल खिले हों, सामने पानी का छोटा कुंड हो, जिसमें कमल के फूल खिले हों, पास में नदी बह रही हो, आस-पास में शीतल जल का सरोवर हो।

उस काल में ज्ञान का प्रमुख उद्देश्य शांति था। यजुर्वेद के एक श्लोक में कामना की गई है—

ॐ द्यौः शान्तिरन्तरिक्षँ शान्तिः पृथिवी
शान्तिरापः शान्तिरोषधयः शान्तिः।
वनस्पतयः शान्तिर्विश्वेदेवाः शान्तिर्ब्रह्म
शान्तिः सर्वं शान्तिः शान्तिरेव
शान्तिः सा मा शान्तिरेधि॥

अर्थात्—हमें द्युलोक शांति दे, अंतरिक्ष शांति दे, भूमि शांति दे, जल शांति दे, औषधियाँ शांति दें, वनस्पतियाँ भी शांति दें, विश्व भर के विद्वान् शांति देनेवाले हों, ज्ञान शांति देनेवाला हो और हर तरफ शांति हो। जो शांति वास्तव में शांति देनेवाली हो, वही शांति हमें प्राप्त हो।

इसका स्पष्ट अर्थ है कि उस समय भी अशांति उत्पन्न करनेवाले तमाम कारक थे, जैसे—प्रतिशोध की भावना, प्राकृतिक आपदा, विभिन्न प्रकार के अभाव आदि। लोग इन सबसे निबटने के लिए ज्ञान का सहारा लिया करते थे।

चूँकि जीवन के हर क्षेत्र में ज्ञान का उपयोग होता था, अतः अवश्य ही सुख-समृद्धि रही होगी। सुख-समृद्धि मन को अशांत बनाने का प्रयास करती है, अतः सुख-समृद्धि के साथ शांति की भी कामना की गई है।

ज्ञान के स्रोत

गुरुकुलों में ज्ञानार्जन होता था। ये गुरुकुल बस्तियों से दूर एकांत में, आमतौर पर वनों में, नदी के किनारे हुआ करते थे। धीरे-धीरे ज्ञान इतना बढ़ा कि एक गुरु के लिए हर विषय का ज्ञान देना संभव नहीं रहा और फिर हर विषय के विशेषज्ञ विकसित हुए। गुरुकुल में सब एक साथ रहने लगे और विद्यार्थी अपनी इच्छा एवं योग्यतानुसार ज्ञानार्जन करने लगे।

गुरुकुलों ने महाविद्यालयों व विश्वविद्यालयों का रूप ले लिया। अनेक स्थानों पर इनकी स्थापना हुई। उनमें से कुछ वृहदाकार हो गए, जहाँ पर तरह-तरह की सुविधाएँ थीं। उनमें प्रमुख विश्वविद्यालय इस प्रकार हैं—

1. तक्षशिला विश्वविद्यालय—इस विश्वविद्यालय की स्थापना प्राचीन काल में हुई थी और ईसा पूर्व 800-450 में यह शिक्षा का सर्वाधिक प्रतिष्ठित केंद्र था। उस समय के गांधार राज्य का यह शिक्षा केंद्र आज के रावलपिंडी (पाकिस्तान) में स्थित है। प्रमाणों के अनुसार ईसा पूर्व 800 में यह सुचारु रूप से चल रहा था और सिकंदर भारत से लौटते समय यहाँ के बहुत से विद्वानों को अपने साथ ले गया था।

हिंदू व बौद्ध ज्ञान के इस केंद्र ने चाणक्य, धौम्य, नागार्जुन, आत्रेय जैसे ज्ञानी दिए, जिन्होंने पहले यहाँ अध्ययन किया और फिर अध्यापन भी।

यह ज्ञान-केंद्र अंतरराष्ट्रीय स्तर का था। विश्व भर से विभिन्न आर्थिक, सामाजिक पृष्ठभूमि के, अलग-अलग धर्मों को माननेवाले, अलग-अलग भाषा बोलनेवाले विद्यार्थी यहाँ उच्च शिक्षा हेतु आते थे।

यहाँ पर विविध विषयों—कला, साहित्य, संगीत, दर्शन, हिंदू व बौद्ध धर्म, कानून, रसायन-शास्त्र, जीव-विज्ञान, चिकित्सा, खगोल-विज्ञान, वास्तुकला, स्थापत्य कला, इतिहास, भूगोल आदि का अध्ययन कराया जाता था। इनके अलावा व्यावसायिक विषयों, जैसे—तीरंदाजी, हाथी की सवारी, कृषि, लेखा विधि, ज्योतिष का भी प्रशिक्षण दिया जाता था। समय-समय पर यहाँ चिकित्सा व अन्य विषयों पर सेमिनार आयोजित होते थे, जिनमें बेबीलोन, सीरिया, अरब, फारस, चीन आदि से विद्वान् भाग लेने आते थे।

सीमावर्ती प्रदेश में स्थित होने के कारण यह केंद्र फारसियों, यूनानियों, शकों, कुषाणों के आक्रमण का शिकार बना। सन् 450 में हूणों ने इस संस्थान की आखिरी ईंट भी उखाड़ दी।

2. वाराणसी विश्वविद्यालय—प्राचीन ग्रंथों में काशी विश्वविद्यालय के नाम से ख्याति प्राप्त यह ज्ञान-केंद्र न केवल हिंदुओं वरन् बौद्धों एवं जैनियों के लिए भी आस्था का केंद्र रहा।

यहाँ पर धार्मिक शिक्षा का अधिक जोर था, पर तक्षशिला सहित अन्य शिक्षा केंद्रों के विद्वान् यहाँ दर्शन का अध्ययन करने अवश्य आते थे।

अन्य विश्वविद्यालय की तुलना में यह शिक्षा केंद्र अधिक स्थिर रहा और तीन हजार वर्ष तक ज्ञान का केंद्र बना रहा। तेरहवीं सदी में कुतुबुद्दीन ऐबक ने पहली बार आक्रमण किया तो यहाँ के अनेक विद्वान् दक्षिण की ओर भाग गए। बाद में अलाउद्दीन खिलजी ने दक्षिण पर आक्रमण किया तो बहुत से विद्वान् वापस काशी आ गए और विदेशी आक्रांताओं से मुकाबला करने लगे। सन् 1916

में पं. मदनमोहन मालवीय ने बनारस हिंदू विश्वविद्यालय की स्थापना करके इसे आधुनिक स्वरूप दिया।

3. नालंदा विश्वविद्यालय—आधुनिक बिहार में स्थित यह विश्वविद्यालय भगवान् महावीर तथा भगवान् बुद्ध की कर्म-स्थली रहा। सम्राट् अशोक के शासनकाल में यह विश्वविद्यालय तेजी से विकसित हुआ। जब पाँचवीं सदी में तक्षशिला का विध्वंस हुआ तो वहाँ के कई विद्वान् भागकर नालंदा आ गए।

चीनी यात्री फाह्यान व ह्वेनसांग ने अपने यात्रा वृत्तांतों में नालंदा विश्वविद्यालय का वर्णन किया है। यहाँ की शिक्षण व प्रशासन व्यवस्था आधुनिक विश्वविद्यालयों जैसी थी। शिक्षण के लिए शिक्षा समिति व प्रशासन के लिए प्रबंध समिति थी। कुलपति सारा कार्यभार सँभालते थे।

यहाँ पर छात्र-छात्राएँ साथ-साथ अध्ययन किया करते थे। एक समय में यहाँ दस हजार छात्र अध्ययन किया करते थे और पंद्रह सौ शिक्षक पढ़ाया करते थे। ये सभी यहीं रहते थे।

यहाँ का पुस्तकालय तीन भवनों में स्थित था। पहला भवन नौ मंजिला था और अन्य दो भवन छह-छह मंजिल के थे। यहाँ पर पुरानी पांडुलिपियों को सँजोकर भी रखा जाता था और नए ग्रंथों का प्रकाशन होता था। इनमें धार्मिक ग्रंथ होते थे और धर्मनिरपेक्ष ग्रंथ भी। मानविकी, विज्ञान, गणित, चिकित्सा विज्ञान आदि की पढ़ाई भी होती थी और इनपर अनुसंधान भी। ललित कला जैसे व्यावसायिक विषयों पर शिक्षा के साथ-साथ अनुसंधान कार्य की भी सुविधा थी।

प्राचीन भारतीय ज्ञान परंपरा की संक्षिप्त गौरव गाथा का उपसंहार हम इस बात से कर रहे हैं कि चाहे राजा जनक के काल में होनेवाली ज्ञान-चर्चाएँ हों या नालंदा विश्वविद्यालय में प्रवेश का मामला, आनेवाले अभ्यर्थी को सबसे पहले वहाँ के द्वारपाल से जूझना होता था, जो कि इतना ज्ञानी होता था कि बहुत से लोग उसी से परास्त होकर लौट जाते थे।

अष्टावक्र जब राजा जनक की सभा में गए तो उन्हें वहाँ के द्वारपाल ने रोका। बाद में द्वारपाल व अष्टावक्र के बीच जो संवाद हुआ, उससे प्रभावित होकर अष्टावक्र को प्रवेश मिला। यह वृत्तांत महाभारत सहित अनेक ग्रंथों में वर्णित है।

इसी तरह नालंदा विश्वविद्यालय में प्रवेश के लिए जो लोग आते थे, उन्हें द्वारपाल या द्वारपंडित के प्रश्नों का उत्तर देना होता था। उस समय जितने प्रवेशार्थी आते थे उनमें मात्र 20-30 प्रतिशत को ही प्रवेश मिल पाता था और शेष अपना व्यवसाय करने लौट जाते थे। तब भी नालंदा में एक समय में दस हजार से अधिक

विद्यार्थी रहते और पढ़ते थे। उनके अलावा पास के विक्रमशिला विश्वविद्यालय, जो आधुनिक भागलपुर के निकट था और दक्षिण में कांजीवरम् स्थित कांची की भी ऐसी ही स्थिति थी। इन सब बातों से उस समय की उच्च ज्ञान परंपरा व अनुसंधान तथा उच्च शिक्षा की झलक मिलती है।

लेकिन दूसरी सहस्राब्दी आते-आते यह ज्ञान परंपरा न सिर्फ धूमिल हो गई वरन् लगभग नष्टप्राय हो गई। आज फिर ऐसी परिस्थितियाँ उत्पन्न हो रही हैं कि तीसरी सहस्राब्दी के ज्ञान के युग में भारत पुनः ज्ञान के क्षेत्र में अग्रणी भूमिका निभा सकता है।

□

आइंस्टाइन की ज्ञान संबंधी अवधारणा

अन्य विषयों की ही तरह आइंस्टाइन ने ज्ञान व इसके सिद्धांतों पर भी गहन चिंतन किया था। उनके अनुसार ज्ञान के सिद्धांत के अंतर्गत दैनिक जीवन के बारे में समझ व विचारों का अध्ययन किया जाता है। इसमें प्राकृतिक विज्ञान के नियमों व प्रक्रियाओं की सहायता ली जाती है। साथ ही इसमें गणित का भी उपयोग होता है।

आइंस्टाइन के अनुसार—सैद्धांतिक भौतिकी के अंतर्गत गणित की सहायता से दैनिक जीवन के बारे में परिष्कृत समझ को गणितीय रूप में प्रस्तुत किया जाता है। विज्ञान को जब अनुभवों व कारणों के साथ जोड़ा जाता है तो वह ज्ञान कहलाता है। कोई भी भौतिकी सिद्धांत किसी अनुभव के बाद स्पष्ट होने लगता है, जैसे—न्यूटन के सामने सेब गिरा तो समय के साथ गुरुत्वाकर्षण का सिद्धांत विकसित हुआ। इस सिद्धांत को रूप देने में गणित का उपयोग हुआ।

अति प्राचीन काल में ज्ञान उत्पन्न करने की प्रक्रिया प्रारंभ हो चुकी थी। पूर्व में ऋषि-मुनियों ने और पश्चिम में पाइथागोरस, प्लेटो आदि ने अपने-अपने तरीके से ज्ञान का अर्जन किया। बीसवीं सदी के प्रारंभ में सापेक्षता सिद्धांत व क्वांटम सिद्धांत ने सैद्धांतिक भौतिकी को नया आधार प्रदान किया। ऐसा लगा कि अब ज्ञान के बारे में लोगों की अवधारणा बदल जाएगी।

पर ज्ञान व उसका सिद्धांत किसी विषय के नए-पुराने सिद्धांत के पूरे या अधूरे होने पर निर्भर नहीं करता है। उनके अनुसार, किसी भी समस्या के कारण या उसमें निहित सत्य की तलाश लगातार की जाती है और यह उस युग की आवश्यकताओं पर निर्भर करती है। कई बार हमें नई-नई जानकारियाँ मिलती हैं और वे इतनी उपयोगी होती हैं कि हम उनके मूल या मौलिक स्वरूप को भूल जाते हैं।

आइंस्टाइन का मानना था कि न्यूटन ने द्रव्यमान, त्वरण, बल तथा उनके आपसी संबंधों के बारे में जो सिद्धांत प्रतिपादित किए, वे उनके अपने अनुभवों द्वारा तैयार किए गए थे। वे यह भी मानते थे कि हमारे चिंतन के दौरान जो समझ उभरती है और हम भाषा के रूप में जो कुछ भी व्यक्त करते हैं, ये सब चिंतन के स्वतंत्र सृजन हैं। वे हमारी इंद्रियों द्वारा प्राप्त आँकड़ों तथा विचारों द्वारा उत्पन्न समझ में अंतर मानते थे। वे यह भी मानते थे कि इंद्रियों द्वारा अनुभव किए गए संसार तथा विचारों द्वारा अनुभव किए गए संसार के मध्य एक गहरी खाई है, जिसे पाटना असंभव है। पर अकसर हम इंद्रियों के अनुभव व विचारों को आपस में मिला लेते हैं।

आइंस्टाइन का यह मानना था कि गणित के सिद्धांत अनुभवों से ही उत्पन्न होते हैं। अंकों की शृंखला वास्तविक मस्तिष्क की उत्पत्ति है, जो हमारे अनुभवों को समझाने की प्रक्रिया को आसान बना देती है।

उन्होंने कहा कि संसार के बारे में अनेक अवधारणाएँ, जैसे—सूक्ष्म कणों की कल्पना आदि—मात्र विचारों द्वारा ही उत्पन्न हुई हैं। उनके गुणों आदि के बारे में कल्पनाएँ भी विचारों से उत्पन्न हुई हैं। विचार आमतौर पर अचानक ही आ जाते हैं; पर वे मूर्त रूप तभी ले पाते हैं जब इंद्रियों से प्राप्त अनुभवों से उनका संयोग होता है। विशुद्ध चिंतन इन अनुभवोंवाले संसार को कोई ज्ञान नहीं दे पाता है। वास्तविकता के बारे में ज्ञान अनुभव से ही प्रारंभ होता है और अनुभव पर ही समाप्त होता है। हमारी समझ हमारे अनुभवों को करीने से लगाती है तथा इसका सर्वेक्षण करती है कि कौन सी वस्तु क्या है? इस तरह समझ का तंत्र इंद्रियों द्वारा किए गए अनुभवों की जाँच करता है।

हमारी इंद्रियों के अनुभव बहुत सारे होते हैं। कारण जानकर हम इन अनुभवों का एक ढाँचा बना लेते हैं। इस तरह हम प्रकृति के बारे में बड़ी सरलता से जान और समझ लेते हैं। अनुभवों के जरिए हम उन्हें गणितीय रूप में भी प्रस्तुत कर लेते हैं।

आइंस्टाइन के अनुसार, विज्ञान हमारे दैनिक जीवन के अनुभवों का परिष्कृत रूप है। प्राकृतिक विज्ञान का विषय तो हमारे वातावरण की मौलिक प्रक्रियाओं से ही उत्पन्न होता है। जब हम भौतिक प्रक्रियाओं को प्रस्तावों के व्यवस्थित सेट के रूप में प्रस्तुत कर देते हैं तो वह भौतिक ज्ञान का रूप ले लेता है।

आइंस्टाइन ने ज्ञान के स्तरों का भी वर्णन किया है। उनके अनुसार, प्राथमिक स्तर पर ज्ञान का इंद्रियों के अनुभवों से सीधा व नजदीकी संबंध होता है। इस तरह

जो समझ बनती है उसे मन की आवाज से जोड़ा जाता है तो ज्ञान की गहराई बढ़ती चली जाती है। वैज्ञानिक मस्तिष्क प्राथमिक स्तर के ज्ञान से संतुष्ट नहीं होता है।

भौतिकीविद् आइंस्टाइन सैद्धांतिक भौतिकी के लक्ष्यों के बारे में भी स्पष्ट थे। वे मानते थे कि इसका लक्ष्य भौतिक वास्तविकताओं को एक समझ के रूप में प्रस्तुत करना है। इसकी सहायता से भौतिक क्रियाओं का मॉडल तैयार किया जाता है। अपने जीवन में हम मॉडलों का अनुभव भी करते हैं। उदाहरण के लिए, हम उपयोग में आनेवाले पिंडों के व्यवहार के द्वारा कणों की कल्पना कर लेते हैं। इसी तरह जल की सतह पर हो रहे परिवर्तनों के द्वारा तरंगों का अनुभव कर लेते हैं।

अंत में हम सैद्धांतिक भौतिकी की उपलब्धियों का मूल्यांकन भी वास्तविकता के बारे में ज्ञान प्राप्त करके कर लेते हैं। ज्यों-ज्यों विज्ञान के क्षेत्र में प्रगति होती है त्यों-त्यों ज्ञान के सिद्धांत के क्षेत्र में नए-नए दृष्टिकोण भी जुड़ते चले जाते हैं।

आइंस्टाइन ने अपने जीवनकाल में ज्ञान के दर्शन के संबंध में अनेक विद्वानों व दार्शनिकों से चर्चा की। उन्होंने प्राचीनकाल के दार्शनिकों—प्लेटो आदि—के विचारों का भी अध्ययन किया और अपने समकालीन प्लैंक, बर्ट्रेंड रसेल आदि से भी चर्चा की।

इन विद्वानों का मानना था कि हम अपने दैनिक जीवन में जो अनुभव एकत्रित करते हैं, उन्हें आपस में मिलाते व जोड़ते हैं। इस तरह हम संसार के बारे में एक सीमा तक जान पाते हैं। पर यह तरीका पूर्ण व अपरिवर्तनीय नहीं माना जा सकता है।

□

ज्ञान : एक संपदा

बीसवीं सदी के अंतिम दशक में विश्व में अनेक महत्त्वपूर्ण घटनाएँ घटीं। यहाँ उनमें से दो पर ध्यान देना आवश्यक है—

सन् 1994 में एक सर्वेक्षण, जो 64 देशों के लिए किया गया था, की रिपोर्ट प्रकाशित हुई, यह सर्वेक्षण संगीत के क्षेत्र में रिकॉर्ड बनानेवाली कंपनियों के अंतरराष्ट्रीय फेडरेशन ने कराया था, जिसका परिणाम इस प्रकार था—

गानों के रिकॉर्डों की बिक्री

वैध	*अवैध*
3,000 करोड़ अमेरिकी डॉलर	190 करोड़ अमेरिकी डॉलर

अभी तक संगीत विशुद्ध कला माना जाता था और अनेक लोग इसे पूजा की चीज मानते थे। पर अब संगीत-ज्ञान एक ऐसी संपदा माना जाने लगा, जो चोरी भी होने लगी है। चोरी वही चीज होती है जिसका व्यावसायिक उपयोग होता है।

उपर्युक्त चौंकानेवाली खबर का आगे विश्लेषण किया गया और पाया गया कि अनेक देशों, जैसे—चीन, मेक्सिको, पोलैंड आदि में अवैध बिक्री की मात्रा वैध बिक्री से कहीं अधिक थी।

इस सर्वेक्षण के बाद एक दशक से अधिक समय बीत चुका है। आज इस दिशा में स्थिति और बिगड़ी है। इसका अर्थ है कि ज्ञान का व्यावसायिक मूल्य बढ़ता जा रहा है।

इसी तरह की दूसरी घटना भी इसी अवधि में घटी तथा शेयर बाजार में अंतरराष्ट्रीय स्तर पर उथल-पुथल मच गई। अनेक सूचना प्रौद्योगिकी/ज्ञान आधारित कंपनियाँ तेजी से प्रगति करती रहीं और इंटेल, आई.बी.एम., एन.ई.सी. हिताची

आदि के शेयर आसमान छूने लगे। इतना ही नहीं, इस क्षेत्र में नई उतरी छोटी-छोटी कंपनियाँ भी नई-नई ऊँचाइयाँ छूती चली गईं। विप्रो, इन्फोसिस जैसी भारतीय कंपनियों के नाम सभी की जबान पर आ गए।

उपर्युक्त घटनाओं ने उद्योग जगत् में उथल-पुथल मचा दी थी। पुरानी व्यवस्थित कंपनियाँ उखड़ने लगीं। उनमें कर्मचारियों की छँटनी प्रारंभ हो गई, जबकि नई कंपनियों के कार्यालय आलीशान बन गए। व्यापार के स्वरूप में परिवर्तन आ गया। दक्षता के नए पैमाने विकसित हुए। कर्मचारियों की योग्यता का आकलन नए सिरे से होने लगा।

इसी अवधि में भारत सहित विश्व के अनेक देशों में वैश्वीकरण की प्रक्रिया जोर पकड़ती चली गई। इसके साथ ज्ञान का आदान-प्रदान तेजी से बढ़ता चला गया। अब सूचना प्रौद्योगिकी के कारण सूचनाओं का आदान-प्रदान सरल भी हो गया और उसे मापना भी संभव हो गया। विभिन्न कंपनियों के बीच ज्ञान व अन्य सूचनाओं का आदान-प्रदान तेज होता चला गया।

ज्ञान का विस्तार

जीवन के हर क्षेत्र में ज्ञान का विस्तार हो रहा है। यह कूटबद्ध तरीके से भी दर्ज व प्रयोग होता है तथा सामान्य तरीकों से भी। यह जीवित पदार्थों में भी समाहित है और अजैविक पदार्थों में भी। व्यक्ति भी इसे नया रूप दे सकता है—संस्थाएँ व कंपनियाँ भी। वे इसे अपने आप भी नया रूप दे सकते हैं और दूसरों की सहायता लेकर भी।

सामान्य भौतिक संपदाओं की तरह ज्ञान भी कीमती वस्तु बन गया और इसकी सुरक्षा व प्रबंधन किए जाने लगे। ज्ञान के प्रबंधन के लिए विशिष्ट नीतियों व तरीकों का निर्माण प्रारंभ हो गया। पहले इसे अनमोल मानकर इसके मूल्यांकन का प्रयास ही नहीं किया जाता था, पर अब इसके मूल्यांकन के नए-नए तरीके विकसित हो गए।

एक ज्ञान के अनेक उपयोग विकसित होने लगे तथा एक से अधिक ज्ञानों को जोड़कर नए-नए उपयोग विकसित होते गए। ज्ञान दिया भी जाने लगा और इसकी बिक्री भी प्रारंभ हो गई।

ज्ञान का प्रसार

विज्ञान व प्रौद्योगिकी के क्षेत्र में हुई असाधारण प्रगति ने ज्ञान के उत्पादन

को तेजी से आगे बढ़ाया। सूचना प्रौद्योगिकी के आधुनिक साधनों ने ज्ञान का आदान-प्रदान सुगम बना दिया। इसके साथ-साथ निम्न गतिविधियाँ प्रारंभ हो गईं—

1. मूल्यवान् ज्ञान को पहचाना जाने लगा।
2. अब तक उपलब्ध ज्ञान को नए ज्ञान के साथ जोड़ा जाने लगा।
3. नए ज्ञान के उत्पादकों व प्रयोगकर्ताओं को सामाजिक व आर्थिक लाभ होने लगा।

अर्थव्यवस्था व सामाजिक व्यवस्था में ज्ञान का महत्त्व तेजी से बढ़ता गया। अब ज्ञान का उत्पादन व प्रसार दोनों महत्त्वपूर्ण होते चले गए। पर अभी भी बहुत सारा ज्ञान दूसरों तक आसानी से नहीं पहुँच पाता है। इसी तरह जो ज्ञान जिस रूप में वहाँ तक पहुँचता है, उसे आसानी से व्यावसायिक रूप में प्रयोग भी नहीं किया जा सकता। अतः ज्ञान के प्रसार के ऐसे तरीके विकसित होने लगे जिनकी सहायता से उनका व्यावसायिक उपयोग संभव हो। इस प्रक्रिया में ज्ञान के प्रबंधन के नए-नए तरीके विकसित होते चले गए।

किंतु ज्ञान का प्रसार इतना सरल नहीं होता है। इसमें अनेक जटिलताएँ होती हैं। ज्ञान के प्रसार की लागत भी होती है।

इसी तरह कंपनी की उत्पादकता का ज्ञान से सीधा व स्पष्ट संबंध नहीं होता है। कुल संसाधनों में ज्ञान संपदा का प्रतिशत निकालना भी आसान नहीं होता है। इसका प्रमुख कारण यह है कि ज्ञान का छिपा मूल्य (Hidden Value) काफी होता है। ज्ञान के निवेश से जो परिणाम प्राप्त होता है उसमें अनिश्चितता बहुत ज्यादा होती है।

आजकल विभिन्न कंपनियों का मूल्यांकन किया जाता है। यह मूल्यांकन उस समय अधिक महत्त्वपूर्ण भूमिका निभाता है जब कंपनी शेयर बाजार में उतरती है और निवेशकों को आकर्षित करती है। उस समय कंपनी की संपदाओं का व्यवस्थित मूल्यांकन किया जाता है और जमीन, इमारत, मशीनों के अलावा कंपनी के पास उपलब्ध प्रौद्योगिकी व पेटेंटों का भी मूल्यांकन किया जाता है। यह मूल्यांकन आसान व स्पष्ट होता है। पर साथ ही संपदाएँ अनेक प्रकार के ज्ञान के रूप में भी होती हैं, जैसे—कर्मचारियों को दिया गया प्रशिक्षण, कंपनी के अंदर उपलब्ध सूचना-तंत्र व उसकी गुणवत्ता आदि, और उनका मूल्यांकन कठिन होता है।

कुछ कंपनियाँ ऐसी होती हैं जिनके पास केवल यही होता है, और कुछ नहीं होता है। ये लोग घर या किराए के भवन में कार्य करते हैं। उनके पास कोई बड़ी

मशीनरी नहीं होती है। पर आजकल इस प्रकार की संपदाओं व कंपनियों का भी मूल्यांकन होने लगा है। हालाँकि इसमें मूल्यांकन कर रहे व्यक्ति का निजी अनुभव ज्यादा महत्त्व रखता है। लेकिन फिर भी, निवेशकों के लिए कम-से-कम जोखिम हो, ऐसा मूल्यांकन करने के प्रयास किए जा रहे हैं।

□

विभिन्न प्रकार के ज्ञान

हर व्यक्ति, हर समाज, हर कंपनी, हर देश लगातार नया ज्ञान उत्पन्न करने व प्राप्त करने का प्रयास करते हैं। कुछ मामलों में, जैसे विज्ञान व प्रौद्योगिकी में, यह ज्ञान विधिवत् प्रयासों द्वारा उत्पन्न किया जाता है तथा इसके लिए अनेक अनुसंधानकर्ता व विकास संस्थान लगातार काम करते रहते हैं। ये लोग आधुनिक ज्ञान प्राप्त करते हैं और अब तक उपलब्ध ज्ञान को समृद्ध करते हैं। जिन देशों में ऐसे अनुसंधान व विकास संगठन अधिक सुदृढ़ होते हैं, उनमें उपलब्ध ज्ञान का भंडार बड़ा व विस्तृत होता है।

लगभग सभी संगठनों के पास ज्ञान का एक समृद्ध भंडार होता है। यह भंडार उसके अब तक के कार्यों व प्रयासों के कारण एकत्रित होता है और कार्यों व प्रयासों के अनुरूप ही होता है। हर व्यावसायिक संगठन के पास ऐसा भंडार देखा जा सकता है, जिसमें उसकी व्यावसायिक प्रक्रिया, विभिन्न प्रकार के उत्पादों, सेवाओं आदि के बारे में अनेकानेक जानकारियाँ होती हैं और वह इस ज्ञान के भंडार को लगातार बढ़ाता रहता है। इस प्रकार के भंडार की कोई सीमा नहीं होती है और यह बढ़ता ही चला जाता है।

इस ज्ञान के पूर्व भंडार को समय-समय पर परिवर्तित करने की आवश्यकता होती है और इसे परिवर्तित करने हेतु विशेष प्रयास भी किए जाते हैं। इसमें कठिनाई आती है और प्रतिरोध का भी सामना करना पड़ता है।

इस संबंध में हर संगठन की क्षमता अलग-अलग होती है। कुछ संगठन नए ज्ञान का मूल्यांकन जल्दी व आसानी से कर लेते हैं। वे अपने आपको जल्दी परिवर्तित कर लेते हैं और नए ज्ञान को शीघ्रातिशीघ्र आत्मसात् कर लेते हैं।

किंतु कुछ संगठनों में पूर्व ज्ञान नए ज्ञान के प्रवेश में बाधा बन जाता है।

वास्तव में यह उस संगठन में इस तरह घुला-मिला होता है कि नए ज्ञान से उथल-पुथल मच जाती है। ऐसे में नए ज्ञान का प्रवेश बहुत कठिन हो जाता है।

वास्तव में कोई भी नई चीज तब स्वीकार की जाती है जब वह पुरानी से बेहतर और अनुकूल हो। नया ज्ञान यदि संगठन की कार्यप्रणाली के अनुकूल लगता है या उससे कोई नई सेवा या उत्पाद विकसित होने की संभावना हो तो व्यक्ति या फर्म उसे आसानी से ग्रहण करने के लिए तैयार हो जाती है।

अनेक मामलों में पूर्व ज्ञान नए ज्ञान को आत्मसात् करने में सहायक सिद्ध होता है। जटिल ज्ञान के मामलों में ऐसा ज्यादा होता है। यदि किसी का पूर्व ज्ञान बिलकुल न हो या बहुत कम हो तो उसके लिए जटिल ज्ञान को ग्रहण करना कठिन होता है।

ज्ञान को ग्रहण करना किसी भी संगठन के लिए एक सामूहिक प्रक्रिया है। अनेक लोग अलग-अलग स्तर पर उस कार्य को करते रहते हैं और फिर वे आपस में उसका आदान-प्रदान करके इसे और समृद्ध बनाते हैं।

उदाहरण के लिए, किसी उत्पाद कंपनी का विपणन विभाग तरह-तरह से बाजार का सर्वेक्षण करता है और नया ज्ञान एकत्रित करता रहता है। इसी तरह कंपनी का अनुसंधान व विकास विभाग शैक्षणिक संस्थानों व अनुसंधान संस्थानों से संपर्क करके नए-नए उत्पादों की डिजाइनें तैयार करता है। उत्पादन विभाग उत्पादन के अनुभवों को एकत्रित करके अपने ज्ञान में वृद्धि करता है। इस प्रकार सभी लोग ज्ञान एकत्रित करते हैं और फिर आदान-प्रदान के द्वारा उसे समृद्ध बनाते हैं।

इसी तरह संगठनों में जगह-जगह पर छोटे-छोटे सुधार व नवीनीकरण होते रहते हैं। उनके बारे में चर्चा भी होती है। उसके बाद ज्ञान का भंडार समृद्ध होता है, जो अधिक समृद्ध व उपयोगी होता है।

सामान्य ज्ञान

इस प्रकार के ज्ञान का कोई विशिष्ट धारक नहीं होता है। यह वह ज्ञान है जो हमारे पास होता है, पर हम उसे विशेष नहीं मानते। यह ज्ञान सामान्य रूप से घटने वाली घटनाओं के बारे में उत्पन्न मान्यताओं से उत्पन्न होता है और हम निरंतर अवलोकन के द्वारा उसे बढ़ाते रहते हैं।

इस प्रकार का ज्ञान जीवन भर उत्पन्न होता रहता है। यह ज्यादातर सूचनाओं के रूप में आता है। इसके द्वारा हम विभिन्न घटनाओं, प्रक्रियाओं आदि में समानता

व अंतर समझ पाते हैं।

इस ज्ञान के दो प्रमुख स्रोत होते हैं—सूचनाएँ एवं अनुभव। इनको ग्रहण करने में हमारी पाँचों ज्ञानेंद्रियाँ—आँख, कान, जिह्वा, नासिका व त्वचा—विशेष भूमिका निभाती हैं।

इसके अलावा व्यक्ति या संगठन दूसरों के अनुभवों के द्वारा भी यह ज्ञान प्राप्त करता है। शैक्षणिक संस्थान, सामाजिक संगठन आदि भी इस ज्ञान को बढ़ाने में अपना योगदान करते हैं। अनेक मामलों में यह ज्ञान केवल हमारी स्मृति में संचित रहता है; पर उसकी शुद्धता पर प्रश्नचिह्न लग सकता है, क्योंकि स्मृति-तंत्र समय के साथ परिवर्तित होता रहता है।

इस ज्ञान पर हमारी मान्यताओं का विशेष प्रभाव पड़ता है। इसकी सत्यता व वैधता की जाँच सख्ती से नहीं हो पाती है। किंतु अनेक मामलों में यह इतना प्रभावी होता है कि व्यक्ति इसके आधार पर तत्काल काररवाई करता है, जैसे वह सड़क पर बाएँ चलता है; किसी वृद्ध या असहाय व्यक्ति को पहले रास्ता देने का प्रयास करता है।

सामान्य ज्ञान समय-समय पर अनेक कसौटियों पर कसा जाता है। इसे अनुभवों की कसौटी पर कसा जाता है और अन्य तरीकों से भी। अनेक मामलों में यह ब्रह्म सत्य (Universal truth) का रूप ले लेता है।

सामान्य ज्ञान के विकास में हमारे मस्तिष्क की अहम भूमिका होती है। हमारा मस्तिष्क सत्य व वास्तविकता की तलाश निरंतर करता रहता है। वह हमारी ज्ञानेंद्रियों, भावनाओं, अनुभवों तथा सतर्कता के माध्यम से सत्यता की लगातार जाँच करता रहता है।

प्रारंभ में हमारा मस्तिष्क एक खाली स्लेट की तरह होता है। धीरे-धीरे उसमें विभिन्न चीजों के बारे में लिखावट उभरती चली जाती है। तरह-तरह की सूचनाएँ दर्ज होती हैं तथा उनकी प्रोसेसिंग होती है।

हमारे मस्तिष्क में दर्ज ज्ञान भी दो प्रकार का होता है—एक ज्ञान वह होता है जो मस्तिष्क की वर्तमान अवस्था में दर्ज होता है। यह हमारी ज्ञानेंद्रियों द्वारा प्राप्त होता रहता है। दूसरे प्रकार का ज्ञान हमारी स्मृति में स्थायी रूप से दर्ज होता रहता है। यह ज्ञान बार-बार की घटनाओं द्वारा सत्यापित होता रहता है। उदाहरण के लिए, सूर्य पूर्व में उगता है और पश्चिम में डूबता है। यह हमारे मस्तिष्क में लगातार सत्यापित होता रहता है। इस प्रकार का ज्ञान हमारे मस्तिष्क में अमिट रूप से दर्ज होता है।

हमारे मस्तिष्क में ज्ञान अनेक रंगों में दर्ज होता है। कुछ स्थितियों में हमारा

मस्तिष्क अति सक्रिय होता है, जबकि कुछ मामलों में यह काफी निष्क्रिय होता है। एक ही घटना का अलग-अलग स्थितियों में मस्तिष्क पर अलग प्रकार का प्रभाव होता है। इसी तरह कुछ मामलों में हम पूर्वग्रह से ग्रस्त होते हैं और किसी घटना के बारे में हमारी कुछ आशाएँ व अपेक्षाएँ होती हैं। ऐसे समय में दर्ज होनेवाली प्रक्रिया प्रभावित हो जाती है।

उपर्युक्त सभी का हमारे ज्ञान की गुणवत्ता व शुद्धता पर प्रभाव पड़ता है। इसीलिए कहा जाता है कि हम वही बनते हैं जैसी हम किताबें पढ़ते हैं और जैसे लोगों से मिलते हैं। कई बार हम इधर-उधर की सुनकर या बातचीत में भाग लेकर ज्ञान प्राप्त करते हैं। अफवाहें भी हमारे ज्ञान में वृद्धि करती हैं, पर यह ज्ञान खतरनाक भी हो सकता है। अत: ज्ञान के उपयोग से पूर्व उसकी वैधता की जाँच आवश्यक है।

इस प्रकार हम देखते हैं कि सामान्य ज्ञान में दैनिक जीवन के तरह-तरह के अनुभव, वास्तविक घटनाएँ, संदर्भयुक्त सूचनाएँ, योग्यताएँ आदि होती हैं। यह ज्ञान व्यक्तियों व समूहों की योग्यता को बढ़ाता है। यह ज्ञान हमारी शिक्षण व्यवस्था पर भी निर्भर करता है।

ज्ञान में लगातार वृद्धि होती रहती है। विशेष परिस्थितियों में इसकी मात्रा व गुणवत्ता में भारी वृद्धि होती है। उदाहरण के लिए, यदि कोई छात्र किसी विदेशी शिक्षण संस्थान में पढ़ने जाता है तो वह अचानक अनेक प्रकार का ज्ञान प्राप्त करता है। यह ज्ञान वहाँ के इतिहास, भूगोल, समाज, परिवेश आदि के बारे में होता है।

एक ही संगठन में काम करनेवाले लोगों के सामान्य ज्ञान में काफी एकरूपता देखने को मिलती है। यह ज्ञान संगठन के गुणों व आवश्यकताओं पर काफी हद तक निर्भर करता है। उदाहरण के लिए, किसी औद्योगिक कंपनी में कोई नया इंजीनियर आता है तो उसके काम को देखकर और लोगों के ज्ञान में वृद्धि होती है। साथ ही वह इंजीनियर भी उस कंपनी में चल रहे ज्ञान के बारे में काफी कुछ जानता है। इस प्रकार नए और पुराने ज्ञान का संगम होता है।

हर संगठन में बहुत सारा सामान्य ज्ञान दबा पड़ा होता है। इस ज्ञान के आधार पर अनेक गतिविधियाँ चलती रहती हैं। यह ज्ञान लोगों के पास भी होता है और तंत्र के पास भी। संगठन में होनेवाली गतिविधियाँ इस ज्ञान को उत्पन्न करती हैं और प्राप्त भी करती हैं। वे इस ज्ञान को स्थानांतरित करती हैं और फैलाती भी हैं।

विशिष्ट ज्ञान

जिस प्रकार सामान्य ज्ञान सामान्य परिस्थितियों में उत्पन्न होता है, उसी प्रकार विशिष्ट ज्ञान विशेष परिस्थितियों में उत्पन्न होता है। यह ज्ञान अनुसंधान, जाँच आदि के द्वारा उत्पन्न व परिपक्व होता है।

यदि संगठन को प्रतिस्पर्धा में उतारना है या अपनी अनूठी पहचान बनानी है तो विशिष्ट ज्ञान अनिवार्य होता है। अलग-अलग प्रकार के व्यवसायों के लिए भिन्न प्रकार के ज्ञान की आवश्यकता होती है। अनेक संगठन इस ज्ञान को पाने के लिए विशेष एवं कठोर प्रयास करते हैं। यह प्रयास जितना विशिष्ट होता है, वह संगठन उतनी ही लाभदायक स्थिति में होता है और उसके प्रतिस्पर्धियों के लिए उस ज्ञान की नकल करना उतना ही कठिन होता है।

विशिष्ट ज्ञान वास्तव में किसी समस्या विशेष का उपयुक्त हल होता है। इसमें भी पूर्व उपलब्ध ज्ञान के साथ नया ज्ञान मिलाया जाता है। इसमें ज्ञान का नवीनीकरण किया जाता है। यह अलग-अलग विषयों से संबंधित होता है, जैसे— वैज्ञानिक ज्ञान, तकनीकी ज्ञान, व्यावसायिक ज्ञान, वित्तीय ज्ञान आदि।

विशिष्ट ज्ञान के विभिन्न प्रकार इस प्रकार हैं—

वैज्ञानिक ज्ञान—वैज्ञानिक ज्ञान के उदय का सिलसिला अति प्राचीन काल से प्रारंभ हो गया था। यह ज्ञान एक वैज्ञानिक पद्धति से उत्पन्न होता है तथा इसकी वैधता की जाँच तर्कों व अन्य पद्धतियों द्वारा की जाती है। यह आमतौर पर लिखित रूप में उपलब्ध होता है। प्रारंभ में यह ज्ञान विभिन्न प्राकृतिक घटनाओं को आधार प्रदान करने के लिए उत्पन्न किया जाता था और फिर यह इन घटनाओं के गणितीय व अन्य सिद्धांत के रूप में व्यक्त किया जाने लगा। इन सिद्धांतों को लगातार तर्क व प्रयोगों की कसौटी पर कसा गया और यह प्रक्रिया निरंतर दोहराई जाती रही।

धीरे-धीरे विभिन्न वैज्ञानिक घटनाओं से संबंधित सिद्धांतों को आपस में संश्लेषित किया गया। उनसे नए सिद्धांत तैयार हुए और नई क्रियाएँ भी संपन्न हुईं।

वैज्ञानिक ज्ञान विभिन्न व्यक्तियों द्वारा अलग-अलग या संयुक्त रूप से किए जानेवाले प्रयोगों के फलस्वरूप तैयार किया जाता है। ये लोग इस ज्ञान को पाने के लिए एक निश्चित वैज्ञानिक पद्धति का प्रयोग करते हैं। यह ज्ञान कई बार तो स्पष्टतः समझ में आता है, किंतु कई बार इसे समझने के लिए जोड़-तोड़ का सहारा लिया जाता है। ऐसे में कुछ मान्यताओं का भी सहारा लिया जाता है। कई

बार विशुद्ध सिद्धांत ही उभरकर सामने आते हैं, जिनका सत्यापन बाद में किया जाता है।

वैज्ञानिक ज्ञान अवलोकनों से प्रारंभ होता है। वैज्ञानिक तरह-तरह के प्रयोग व अन्य गतिविधियाँ करते हैं। उनसे ज्ञान का प्रसार होता है तथा उत्पत्ति भी होती है। अनेक बार वैज्ञानिक अनोखी पहेलियों में उलझ जाते हैं और उसे हल करने के लिए तरह-तरह के प्रयोग व अन्य उपाय करते हैं। इस संदर्भ में नए-नए तथ्य उभरकर आते हैं। कई बार वैज्ञानिक परिकल्पनाएँ करते हैं और फिर उनका सत्यापन तमाम प्रयोगों द्वारा करते हैं। इस क्रम में ज्ञान उत्पन्न होता जाता है।

कई बार यह कार्य चरणबद्ध तरीके से किया जाता है और कई बार सीधे ही परिणाम सामने आ जाता है। इसके अलावा वैज्ञानिक जब कोई तथ्य सामने रखते हैं तो उसपर अनेक प्रकार के प्रश्न किए जाते हैं। इन प्रश्नों व इनके उत्तरों से भी ज्ञान उत्पन्न होता है।

वैज्ञानिक अनुसंधान में दो बातों पर विशेष ध्यान दिया जाता है। पहली यह कि नई बात उभरनी चाहिए और दूसरी यह कि यह व्यापक होनी चाहिए। इसका अर्थ यह है कि यदि एक प्रयोग दो अलग-अलग व्यक्तियों द्वारा उसी तरह किया जाए तो परिणाम एक सा ही आना चाहिए।

वैज्ञानिक केवल सिद्धांत ही नहीं गढ़ते हैं वरन् मॉडल भी प्रस्तुत करते हैं। वे विभिन्न प्रकार की समझ भी प्रस्तुत करते हैं। इनकी तरह-तरह से जाँच होती है। कई बार उलटी जाँच भी की जाती है।

आधुनिक वैज्ञानिक ज्ञान में संभाव्यता की गणना भी की जाती है। घटना के घटने की कितनी संभावना है, यह गणना स्पष्ट रूप से की जाती है। इसके आधार पर भी समस्याओं का समाधान निकाला जाता है। अनेक प्राकृतिक घटनाओं का वर्णन करने के लिए भी संभाव्यता की गणना की जाती है।

इस प्रकार वैज्ञानिक ज्ञान के विभिन्न आधार इस प्रकार हैं—

ज्ञान

आधार	**स्वरूप**	**उद्देश्य**
तर्कसंगत	नियम	स्पष्ट वर्णन करने
नवीन	सिद्धांत	अनुमान लगाने
व्यापक		समझने
		नियंत्रण करने

प्रारंभ में वैज्ञानिक ज्ञान का उत्पादन व्यक्तियों द्वारा स्वतंत्रतापूर्वक किया जाता था। व्यक्ति अपने विचार सबके सामने रखता था। यह काम अत्यंत कम कीमत पर होता था। कई बार व्यक्ति की मात्र लगन ही पूँजी होती थी।

परंतु बाद में अनुसंधान के लिए वैज्ञानिक संगठनों की उत्पत्ति प्रारंभ हुई। इस प्रक्रिया में अनुसंधान का खर्च बढ़ गया। इसका स्वरूप भी आधुनिक हो गया। साथ में परिणाम का व्यावसायिक महत्त्व भी बढ़ता चला गया।

आज वैज्ञानिक ज्ञान के नए-नए उद्देश्य बन चुके हैं। जैसे—

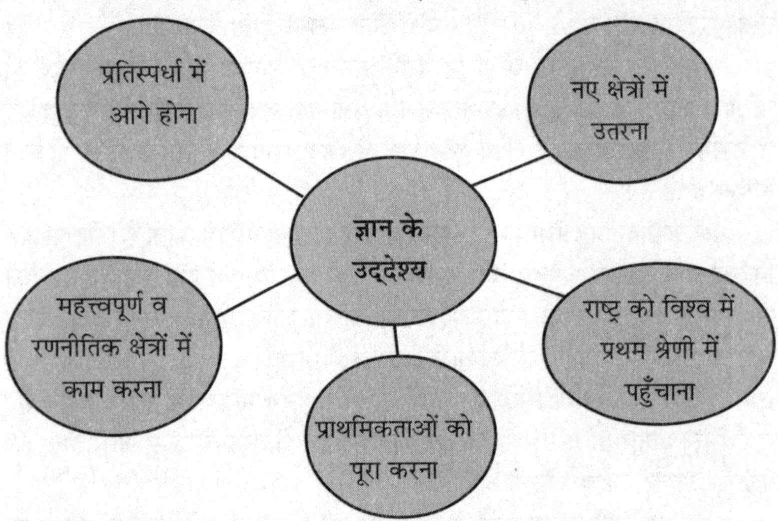

विभिन्न प्रकार का वैज्ञानिक ज्ञान जब उत्पन्न होता है तो उसकी जाँच करने की क्षमता/संभावना भी भिन्न-भिन्न होती है। इसके अलावा आम तौर पर प्रयोगों का परिणाम भी प्रयोग के क्षेत्र में ही प्राप्त होता है। उदाहरण के लिए, इलेक्ट्रॉनिक्स उद्योग से संबंधित प्रयोग का परिणाम इलेक्ट्रॉनिक्स से ही संबंधित होता है। आजकल सामाजिक विज्ञानों से संबंधित अनुसंधान भी वैज्ञानिक पद्धति से ही होते हैं। पर सामाजिक विज्ञान से संबंधित अनुसंधानों में ऐतिहासिक संदर्भों का भी ध्यान रखा जाता है। इसके अलावा अलग-अलग प्रकार के समाजों में परिणाम अलग-अलग हो सकते हैं।

वैज्ञानिक ज्ञान किसी समस्या विशेष के हल के लिए उत्पन्न किया जा सकता है और प्रयोग भी। वैज्ञानिक किसी समस्या को सूत्रबद्ध करते हैं और फिर अवलोकनों व प्रयोगों की सहायता से अनेक प्रकार के आँकड़े एकत्रित करते हैं।

इसके पश्चात् वे आँकड़ों का सही अर्थ निकालते हैं। ये सारे गुण वैज्ञानिक में होने चाहिए। समय के साथ वैज्ञानिक इनमें परिपक्व होता चला जाता है।

वैज्ञानिक ज्ञान की उत्पत्ति के लिए विभिन्न अनुसंधानकर्ता व विकास संस्थान तरह-तरह के प्रयास करते हैं। ये प्रयास अनेक परिणाम देते हैं और फिर विभिन्न वैज्ञानिक पत्रिकाओं में प्रकाशित होते हैं। इसके अलावा वैज्ञानिक सम्मेलनों में भी यह ज्ञान एक-दूसरे को बाँटा जाता है।

पहले यह कार्य स्वतंत्र रूप से होता था, पर अब ज्ञान उत्पन्न करने के लिए वैज्ञानिक/संगठन पहले इसके व्यावसायिक महत्त्व को आँकते हैं और उसके पश्चात् इसे सुरक्षित करने के उपाय करते हैं। इन्हीं उपायों के अंतर्गत इसे प्रकाशित भी किया जाता है। अनेक मामलों में यह गोपनीय ही रह जाता है। इस प्रकार का वैज्ञानिक ज्ञान सार्वजनिक न होकर सीमित उपयोग हेतु ही बना रहता है।

तकनीकी ज्ञान—वह ज्ञान, जो किसी वस्तु या सेवा का उत्पादन कर सके, तकनीकी ज्ञान कहलाता है। यह ज्ञान नए विचारों से उत्पन्न होता है और विभिन्न विचारों के नए संयोग से भी।

तकनीकी ज्ञान नई तकनीकी संभावनाओं पर प्रकाश डालता है। यह विभिन्न इंजीनियरिंग मान्यताओं से भी जुड़ा होता है। यह भी तरह-तरह के प्रयोगों व अवलोकनों से उत्पन्न होता है।

तकनीकी ज्ञान देश की प्रगति में बड़े पैमाने पर योगदान करता है। पश्चिमी देशों की प्रगति तथा कोरिया जैसे छोटे देश की प्रगति में तकनीकी ज्ञान का महत्त्वपूर्ण योगदान है।

यह ज्ञान तकनीकी स्कूलों/कॉलेजों द्वारा भी दिया जाता है और सामान्य तकनीशियन इसे देखकर तथा अनुभव करके भी प्राप्त करते हैं। अलग प्रकार की इंजीनियरिंग व उत्पाद के लिए विभिन्न प्रकार का तकनीकी ज्ञान होता है। दूसरी ओर, वैज्ञानिक ज्ञान सामान्य प्रकार का होता है। उदाहरण के लिए, वैज्ञानिक नियम व्यापक होते हैं। उनपर काम करने का परिणाम ब्राजील में भी वैसा ही होता है जैसा कि चीन में। पर प्रौद्योगिकी के ज्ञान के संबंध में वैसा नहीं है। अनेक प्रौद्योगिकियाँ, जहाँ ठंडे वातावरण में कारगर सिद्ध होती हैं वहीं गरम देशों में अनुपयुक्त घोषित हो जाती हैं।

तकनीकी ज्ञान के चार प्रमुख लक्षण हैं—

1. तकनीकी ज्ञान का अवलोकन किया जा सकता है। यह ज्ञान किसी विशेष कार्य या दायित्व को पूरा करने के लिए उत्पन्न किया जाता है।

2. यह ज्ञान मूलत: उस सूचना के रूप में होता है जो समझने व कार्य-प्रणाली जानने के लिए उत्पन्न की जाती है।
3. तकनीकी ज्ञान उत्पन्न करनेवालों व प्रयोग करनेवालों की क्षमता एवं योग्यता पर निर्भर करता है। जो व्यक्ति या संगठन अनुसंधान के क्षेत्र में, काम करने के क्षेत्र में, किसी क्षेत्र में एवं प्रतिक्रिया व्यक्त करने के क्षेत्र में महारत रखते हैं, वे लोग बेहतर तकनीकी ज्ञान उत्पन्न करते हैं या उसे बेहतर बनाते हैं।
4. तकनीकी ज्ञान मूल्यवान् होता है। इसका मूल्य आँका जा सकता है। जिसके पास यह होता है वह इसका उपयोग करके धन कमा सकता है।

मापन—वैज्ञानिक ज्ञान व तकनीकी ज्ञान के मापन के तरीके भी अलग-अलग हैं। वैज्ञानिक ज्ञान आमतौर पर प्रकाशित पेपरों या पेटेंटों के रूप में आँका जाता है, जबकि तकनीकी ज्ञान पेटेंटों के अलावा नए उत्पादों, प्रक्रियाओं, विकसित/वर्द्धित उत्पादकता आदि के रूप में आँका जाता है।

तकनीकी ज्ञान को आगे दो वर्गों में बाँटा जा सकता है—

1. एक प्रकार का ज्ञान स्पष्ट रूप से मूल्यवान् होता है। यह एक व्यक्ति द्वारा दूसरे को दिया जा सकता है। इसकी सुरक्षा भी की जा सकती है। उदाहरण के लिए, किसी उत्पाद के निर्माण की तकनीक।
2. दूसरे प्रकार का ज्ञान ऐसा होता है जिसका स्पष्ट मूल्यांकन करना संभव नहीं होता है। यह दुर्लभ भी होता है और इसे टुकड़ों में विभाजित नहीं किया जा सकता। इसे आसानी से तथा स्पष्ट तरीके से दूसरे को नहीं दिया जा सकता है। उदाहरण के लिए, किसी संगठन द्वारा विकसित कार्य-वातावरण।

ये दोनों ही प्रकार के ज्ञान किसी तंत्र या उसके द्वारा तैयार उत्पाद को प्रभावित करते हैं। ये जितने विकसित होंगे, उत्पाद या सेवा उतनी ही मूल्यवान् हो जाएगी।

तकनीकी ज्ञान को अन्य आधारों पर भी वर्गीकृत किया जा सकता है। कुछ ज्ञान इकाई स्तर पर होते हैं। इसके अंतर्गत कार्य को छोटे-छोटे टुकड़ों में बाँटा जाता है और प्रत्येक से संबंधित ज्ञान किसी एक व्यक्ति या उसके समूह के पास होता है।

अनेक ज्ञान संरचना स्तर के होते हैं। इसके अंतर्गत एक इकाई से दूसरी इकाई के संबंध, प्रभाव आदि की जानकारी की जाती है। उदाहरण के लिए, हम मोबाइल टेलीफोन उपकरण का इस्तेमाल करते हैं। इसके निर्माण या उपयोग के

बारे में ज्ञान पहले प्रकार का होता है। पर पूरे टेलीफोन नेटवर्क का ज्ञान दूसरे प्रकार का होता है। आमतौर पर दूसरे प्रकार का ज्ञान अधिक व्यापक व जटिल माना जाता है। दूसरे प्रकार के ज्ञान के धारक के लिए पहले प्रकार के ज्ञान की सतही जानकारी आवश्यक होती है।

कुछ ज्ञान दोनों से जुड़ा हुआ होता है। उदाहरण के लिए, किसी उत्पाद की डिजाइन, विकास, निर्माण, विपणन आदि से संबंधित ज्ञान उस उत्पाद से जुड़ा होता है। यदि उत्पाद दूसरी जगह जाता है तो वह ज्ञान भी साथ चला जाता है। किसी विशेष उद्योग में हम इसे देख व समझ सकते हैं। उदाहरण के लिए, जो व्यक्ति इलेक्ट्रॉनिक्स उद्योग में काम करता है, उसे इलेक्ट्रॉनिक्स संबंधी ज्ञान आंशिक या पूर्णरूप में हो जाता है। वह व्यक्ति दूसरी जगह जाकर उस ज्ञान का उपयोग कर सकता है। ऐसे व्यक्ति को दूसरी कंपनी में आसानी से नौकरी मिल सकती है।

वैज्ञानिक ज्ञान बहुत ऊँचा हो सकता है और बहुत बड़े दायरे में प्रयोग किया जा सकता है। तकनीकी ज्ञान विशिष्ट होता है। यह किसी विशेष प्रयोग के लिए तैयार किया जाता है। इसका प्रयोग भी अपेक्षाकृत सीमित होता है और इस कारण इसका प्रसार धीमी गति से होता है।

किसी भी संगठन में तकनीकी ज्ञान की उत्पत्ति अनेक तरीकों से होती है, जो इस प्रकार हैं—

1. चल रही प्रक्रिया या उत्पादन में सुधार हेतु यह तैयार होता है। उदाहरण के लिए, चल रही यांत्रिक प्रक्रिया को स्वचालित बनाने के लिए कंप्यूटर का उपयोग किया जाता है और इस क्रम में नया तकनीकी ज्ञान उत्पन्न होता है।
2. उत्पादन व प्रक्रियाओं में आधुनिक उपकरणों के प्रयोग के लिए तकनीकी ज्ञान उत्पन्न होता है। उदाहरण के लिए, पहले यदि कोयला जलाकर ताप उत्पन्न किया जाता रहा हो और उसके स्थान पर प्राकृतिक गैस का उपयोग होने लगे तो यह नए तकनीकी ज्ञान से ही संभव हो पाता है।
3. किसी प्रक्रिया को पूरी तरह से बदलने के लिए तकनीकी ज्ञान उत्पन्न किया जाता है। उदाहरण के लिए, किसी पेट्रोल पंप में पेट्रोल डालनेवाली मशीन को सौर ऊर्जा-चालित बनाने के लिए तकनीकी ज्ञान का उत्पादन अनिवार्य होता है।
4. बिलकुल नए प्रकार के उद्योग लगाने के लिए तकनीकी ज्ञान का उपयोग

किया जाता है। जैसे—जैव प्रौद्योगिकी पर आधारित खाद्य पदार्थ तैयार करने के लिए विशिष्ट प्रकार के तकनीकी ज्ञान का उत्पादन किया जाता है।

वैज्ञानिक ज्ञान व तकनीकी ज्ञान के बीच संबंध

अभी तक हमने वैज्ञानिक ज्ञान व तकनीकी ज्ञान में अंतर को समझा, परंतु दोनों के मध्य गहरा संबंध भी है। दोनों के विकास में एक-दूसरे का योगदान होता है। यह इस प्रकार है—

1. वैज्ञानिक सिद्धांत, नियम, परिकलन-प्रक्रिया, नई समझ आदि नए तकनीकी ज्ञान के विकास में सहायक होते हैं।
2. कई बार वैज्ञानिक ज्ञान व तकनीकी ज्ञान एक साथ ही उत्पन्न होते हैं।
3. वैज्ञानिक ज्ञान उत्पन्न करने के लिए जो अनुसंधान व विकास कार्यक्रम चलाए जाते हैं, उसके लिए अनेक नए उपकरणों की आवश्यकता होती है और इस तरह तकनीकी ज्ञान उत्पन्न होता है। कई बार एक ही प्रक्रिया में दोनों उत्पन्न होते हैं।
4. कई बार तकनीकी ज्ञान पहले उत्पन्न हो जाता है और उस तकनीक को समझने के लिए वैज्ञानिक ज्ञान उत्पन्न किया जाता है। उदाहरण के लिए, भाप का इंजन पहले बना और उसकी कार्य-प्रणाली को समझने के लिए थर्मोडायनामिक्स का सिद्धांत बाद में बना।
5. किसी भी कंपनी में तकनीकी ज्ञान में वृद्धि उस कंपनी की अनुसंधान संबंधी रणनीति पर निर्भर करती है।

पृष्ठभूमि में निहित ज्ञान—अनेक प्रकार का ज्ञान कागजों या विशिष्ट व्यक्ति के पास होने के बजाय पृष्ठभूमि में होता है। यह सूचनाओं, संवेदनाओं, समझ आदि के रूप में भी होता है। यह हमारे सामाजिक तंत्र में भी समाया हुआ होता है। उदाहरण के लिए—

1. कोई काम कैसे होता है?
2. कोई इंतजाम कैसे होता है?
3. किसी सवाल का जवाब कैसे दिया जाए या समस्या का हल कैसे निकाला जाए?
4. नया काम कैसे किया जाए?

आदि के उत्तर इस वर्ग के ज्ञान के अंतर्गत आते हैं। आवश्यकता पड़ते ही यह ज्ञान

सक्रिय हो उठता है और विभिन्न रूपों में स्थानांतरित होता है।

उपर्युक्त ज्ञान को बेहतर ढंग से उपयोग करने के लिए व्यक्ति का परिपक्व होना आवश्यक होता है।

कई बार यह ज्ञान किसी के साथ सलाह करके प्रभावी रूप में इस्तेमाल किया जाता है। औद्योगिक मामलों में तकनीकीविद् के साथ सलाह-मशविरा कारगर होता है, जबकि संगठनात्मक मामलों में अनुभवी प्रबंधक की राय उपयोगी साबित होती है।

पृष्ठभूमि संबंधी ज्ञान सामाजिक होता है और आर्थिक या राजनीतिक भी। यह अति उपयोगी सिद्ध होता है। उदाहरण के लिए, किसी समारोह को आयोजित करने में बहुत सारी गतिविधियाँ होती हैं। बड़ा शामियाना लगाना होता है, तरह-तरह की सजावट करनी होती है। प्रकाश एवं पंखों आदि की व्यवस्था करनी होती है। आगंतुकों की सूची तैयार करने से लेकर मीडिया प्रबंधन तक करना होता है। इन सबके बारे में आयोजक को सामान्य ज्ञान होता है। यदि उसने पहले ऐसा समारोह आयोजित किया है या ऐसे आयोजनों में भाग लिया है तो वह प्रभावी ढंग से प्रबंधन कर लेता है। इनमें से अलग-अलग कार्यों के लिए वह अलग-अलग लोगों से राय-मशविरा कर सकता है। सही सलाह मिलने पर ज्ञान की उपयोगिता अत्यधिक बढ़ जाती है।

दरअसल, व्यक्ति ने अब तक जितना भी ज्ञान अर्जित किया है—सामान्य, विशिष्ट, वैज्ञानिक, तकनीकी—सभी उसकी पृष्ठभूमि में समाया रहता है। यह व्यक्ति के साथ ही रहता है और दूसरी जगह पर भी इस्तेमाल हो जाता है। एक पृष्ठभूमि के लोगों के पास एक जैसा ज्ञान होता है। एक परिवार के लोगों, एक समाज के लोगों, एक इलाके के लोगों के पास एक जैसा पृष्ठभूमि ज्ञान होता है।

यह पृष्ठभूमि ज्ञान कई बार अवरोध का भी कार्य करता है। उदाहरण के लिए, पहले हर उद्योग में मजदूर व कारीगर हाथ से कार्य करते थे। बाद में स्वचालित या अर्द्ध-स्वचालित मशीनें लगाई गईं तो पृष्ठभूमि ज्ञान ने नवीन ज्ञान का प्रतिरोध किया। इसी तरह जब बैंकों में कंप्यूटर लगाए गए तो बैंक कर्मियों द्वारा विरोध हुआ। पृष्ठभूमि ज्ञान के आधार पर नवीन ज्ञान के बारे में अनेक शंकाएँ भी व्यक्त की जाती हैं।

परंतु कई बार यह पृष्ठभूमि संबंधी ज्ञान असाधारण भूमिका निभाता है। हम अकसर ऐसे महापुरुषों को देखते हैं और उनकी वाणी सुनते हैं। उनके करिश्माई व्यक्तित्व, बातचीत आदि में उनके पृष्ठभूमि ज्ञान की अहम भूमिका होती है।

पृष्ठभूमि ज्ञान में सामाजिक मान्यताओं का बड़ा हाथ होता है। यह ज्ञान अकसर जितना दिखता है या समझ में आता है उससे अधिक गहरा होता है। कई बार उसके सत्यापन की भी आवश्यकता होती है। आमतौर पर यह निष्क्रिय पड़ा रहता है। आवश्यकता पड़ने पर यह सक्रिय हो उठता है। कहीं पर यह नवीन ज्ञान का सहायक होता है। उदाहरण के लिए, जब व्यक्ति नौकरी बदलता है तो अकसर उसका पृष्ठभूमि ज्ञान सहायक होता है और वह व्यक्ति अपने लिए बेहतर अवसर उत्पन्न कर लेता है।

पृष्ठभूमि ज्ञान में अनुभवों का बड़ा हाथ होता है। इसका सामाजिक संबंधों व सामाजिक तंत्र से सीधा संबंध होता है। इसका कई बार वैज्ञानिक सत्यापन कठिन हो जाता है। उदाहरण के तौर पर, इसलाम धर्म को माननेवाले यह मानते हैं कि जीवन में एक बार हज यात्रा अनिवार्य है और इसको करने से अब तक किए गए पाप धुल जाएँगे।

उपर्युक्त के अलावा भी ज्ञान को अनेक प्रकार से वर्गीकृत किया जा सकता है। इसपर अनेक घटनाओं का प्रभाव पड़ता है।

विभिन्न ज्ञानों का आपसी संबंध

अब तक वर्णित विभिन्न ज्ञानों के बीच आपसी संबंध इस प्रकार दरशाया जा सकता है—

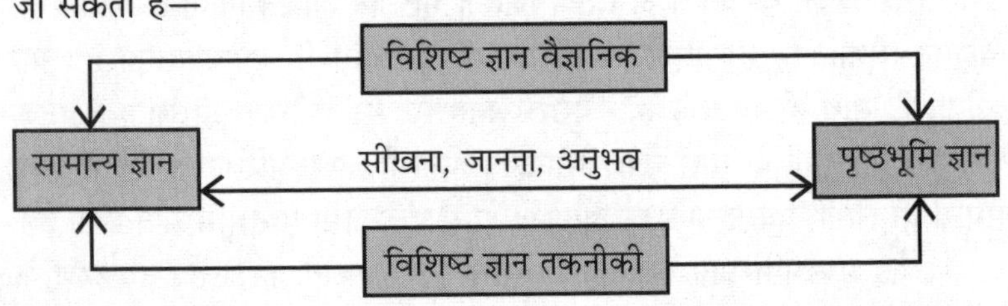

उपर्युक्त ज्ञानों के मुख्य गुण तथा उनका तुलनात्मक अध्ययन इस प्रकार हैं—

सामान्य	*विशिष्ट ज्ञान*	*पृष्ठभूमि*
1. यह ज्ञानेंद्रियों द्वारा ग्रहण किया जाता है।	यह ज्ञान जिज्ञासा समाधान द्वारा प्राप्त किया जाता है।	इसे अनुभवों द्वारा प्राप्त किया जाता है।
2. यह व्यक्तियों के पास होता है।	यह व्यक्तियों व संगठनों के पास होता है।	यह सामाजिक व आर्थिक क्षेत्र में समाया होता है।

सामान्य	विशिष्ट ज्ञान	पृष्ठभूमि
3. इसका मूल वास्तविकता व अवलोकनों में होता है।	इसका मूल वस्तुनिष्ठता व प्रयोगों में होता है।	इसका मूल सामूहिक अनुभवों व स्वीकृति में होता है।
4. इसे दरशाना व नकारना दोनों कठिन होते हैं।	इसे दिखाया भी जा सकता है और इसका खंडन भी किया जा सकता है।	इसे दरशाया तो नहीं जा सकता है, पर इसका खंडन हो सकता है।
5. व्यक्ति इसे अपनी पसंद व आवश्यकता के अनुसार चुन सकता है और उसमें वृद्धि कर सकता है।	इसे बढ़ाने के लिए विशिष्ट व्यक्तियों/विशेषज्ञों की आवश्यकता होती है।	यह बड़े समूहों के लिए एक सा ही होता है और समय के साथ-साथ बढ़ता या बदलता है।

अभी तक ज्ञान के बारे में विशिष्ट चर्चा कम होती थी और इस कारण ज्ञान के वर्गीकरण, उन्हें परिभाषित करना, जोड़ना, नियंत्रित करना आदि कठिन मालूम पड़ते हैं। वास्तव में, संसार में ज्ञान बहुत ज्यादा है और मनुष्य इसका अंश मात्र ही अब तक अवशोषित कर पाया है।

आजकल ज्ञान के व्यावसायिक उपयोग की प्रवृत्ति बढ़ रही है और इस कारण आनेवाले समय में इसका वर्गीकरण अनेक आधारों पर होगा। उदाहरण के लिए, ज्ञान अलग-अलग प्रकार का होता है और पहचाना जा सकता है, जबकि दूसरे प्रकार का ज्ञान घुला-मिला होता है। अनेक प्रकार का ज्ञान उत्पादों, प्रक्रियाओं, नियमित गतिविधियों आदि में होता है। कई मामलों में संगठन के लिए यह कठिन हो जाता है कि ज्ञान कहाँ-कहाँ पर है और कितना है। उसका मूल स्रोत तलाशना भी कठिन हो जाता है। अकसर उसी ज्ञान को संगठन में दोबारा उत्पन्न या दोबारा आविष्कृत किया जाता है।

आनेवाले समय में विभिन्न संगठनों का ज्ञान-तंत्र अधिक स्पष्ट व व्यवस्थित होगा।

□

ज्ञान में परिवर्तन द्वारा आर्थिक लाभ

एक समय था जब यह माना जाता था कि ब्रह्मांड में पदार्थ की कुल मात्रा निश्चित व स्थिर है। इस सिद्धांत को पदार्थ का संरक्षण सिद्धांत कहा जाता है। उसी तरह यह माना जाता था कि ऊर्जा की कुल मात्रा निश्चित व स्थिर है, इसके केवल स्वरूप बदले जा सकते हैं; जैसे—ताप ऊर्जा यांत्रिक ऊर्जा में परिवर्तित हो सकती है। इस सिद्धांत को ऊर्जा संरक्षण सिद्धांत कहा जाता है।

इसी प्रकार की धारणा ज्ञान के बारे में भी थी। यह माना जाता था कि ज्ञान को एक स्वरूप से दूसरे स्वरूप में बदला जा सकता है, पर उसे धन के रूप में बदलने की कल्पना नहीं की गई थी।

आज ज्ञान को धन में बदलने की अनेक सफल कोशिशें हो रही हैं। इसे ऐसे स्वरूप में बदला जा रहा है, ताकि इसे उत्पाद के रूप में बदलकर पैसा कमाया जाए। इस संबंध में निम्न तथ्य उभरकर आए हैं—

1. सभी प्रकार के ज्ञान सामान्य, विशिष्ट व पृष्ठभूमि ज्ञान, ज्ञान के उत्पादन, प्रसार व उपयोग में अलग-अलग तरीकों से योगदान करते हैं।
2. सभी प्रकार के ज्ञान में दो हिस्से होते हैं, जिनमें एक हिस्सा निजी होता है और दूसरा सार्वजनिक। ये दोनों संगठन के कार्यों में अलग-अलग तरीके से योगदान करते हैं।
3. ज्ञान लगातार नवीन होता रहता है। अत: ज्ञान व समाज दोनों के एक साथ विकास के लिए विभिन्न प्रकार के ज्ञानों के मध्य संतुलन आवश्यक है।

अत: आज ज्ञान के द्वारा समाज के विकास का प्रयास पूर्ण जिम्मेदारी से किए जाने की आवश्यकता है।

उसके अलावा आज समाज में नीति, विश्वास, व्यक्तिगत पसंद, प्रजातंत्र,

वैश्वीकरण आदि का महत्त्व तेजी से बढ़ रहा है और इन सभी ने ज्ञान के प्रबंधन पर अपना नियंत्रण मजबूत कर लिया है। आज ज्ञान का विकास और धन का उत्पादन गैर-जिम्मेदाराना रूप से नहीं हो सकता है। ये नैतिक व सामाजिक जिम्मेदारियों से बँधे हुए हैं।

आज ज्ञान का परिवर्तन निम्न चरणों में होता है—

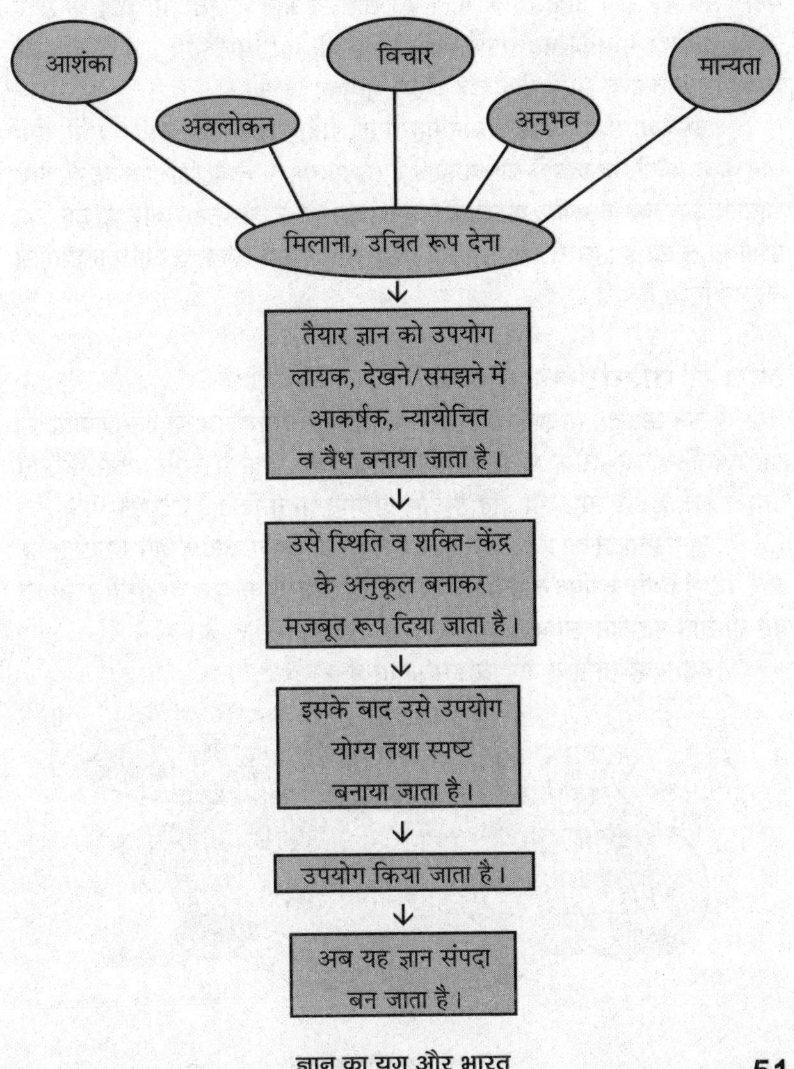

उपर्युक्त प्रक्रिया में सभी प्रकार के ज्ञानों को आपस में मिलाया जाता है। इसमें कुछ ज्ञान किसी संदर्भ विशेष से जुड़े होते हैं और अलग-अलग संस्कृतियों में अलग-अलग अर्थ उत्पन्न करते हैं। इसके अलावा वैज्ञानिक व तकनीकी ज्ञान के मामले में गहराई की आवश्यकता होती है, जबकि सामान्य व पृष्ठभूमि ज्ञान मात्र सीखने और अनुभव से उपलब्ध हो जाते हैं। कुछ मामलों में सांस्कृतिक या भौगोलिक पृष्ठभूमि की आवश्यकता होती है, जैसे—ग्रामीण व दूर-दराज के लोगों के लिए मेट्रो रेलवे का ज्ञान अप्रासंगिक होता है। सामान्य ज्ञान के स्तर में वृद्धि के लिए शिक्षा-तंत्र की भूमिका महत्त्वपूर्ण होती है। दूसरी ओर, पृष्ठभूमि ज्ञान में वृद्धि के लिए राजनीतिक व सांस्कृतिक तंत्र अहम भूमिका निभाते हैं।

उपर्युक्त सभी प्रकार के ज्ञान महत्त्वपूर्ण होते हैं। इनमें से किसी की भी कमी ज्ञान के उपयोगी उत्पादन में बाधक होती है। उदाहरण के लिए, शिक्षा बजट में कमी सामान्य ज्ञान को कमजोर करती है। अनुसंधान बजट में कमी विशिष्ट ज्ञान को प्रभावित करती है। दूसरी ओर, ज्ञान में वृद्धि देश के सामाजिक व आर्थिक विकास को नई दिशा देती है।

ज्ञान में परिवर्तन का चक्र

ज्ञान उत्पादन या ज्ञान में परिवर्तन विधिवत् संपन्न होनेवाली एक प्रक्रिया है। यह एक निर्धारित तरीके से ही संपन्न होती है। इस चक्र में सभी प्रकार के ज्ञान उत्पन्न होते हैं। ये स्पष्ट भी होते हैं और अस्पष्ट या न दिखाई देनेवाले भी।

ज्ञान उत्पादन का कार्य व्यक्तिगत स्तर पर भी संपन्न होता है और संगठनात्मक स्तर पर भी। यदि व्यक्ति अपनी शिक्षा व कार्य-प्रणाली का पूरा व उचित इस्तेमाल करे तो ज्ञान उत्पादन का कार्य बेरोक-टोक जारी रह सकता है।

यह चक्र सामान्य तौर पर इस प्रकार है—

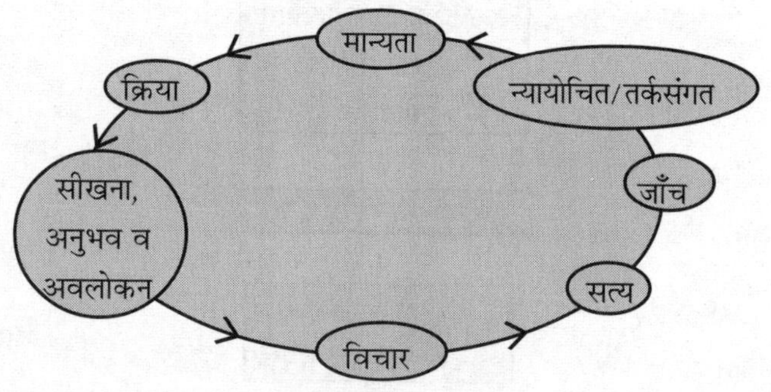

इस प्रकार हम देखते हैं कि यह चक्र लगातार चलता रहता है। इस तरह मान्यताओं व सत्य का नवीनीकरण जारी रहता है। हर बार उन्हें तर्क की कसौटी पर कसा जाता है।

सूचनाओं व आँकड़ों का ज्ञान से सीधा संबंध है। परंतु ज्ञान व सूचना दोनों के ही भिन्न-भिन्न रूप हैं। ज्ञान का अच्छा उपयोग सूचना व आँकड़ों की सहायता से हो पाता है। सूचना व आँकड़े अतीत की चीजें हैं, जबकि ज्ञान वर्तमान की। सूचना विगत काल की गतिविधियों को दरशाती है, जबकि ज्ञान भविष्य की भी बात करता है। सूचना की अन्य विशेषताएँ/रूप इस प्रकार हैं—

1. तथ्य, नक्शे तथा संकेत सूचना के ही रूप हैं।
2. सूचना गठित व कूटबद्ध की जा सकती है। इसे वैसा रूप दिया जाता है, ताकि वह आगे संचारित हो सके।
3. इसे इस तरह प्रसारित किया जाता है, ताकि यह क्षत-विक्षत न हो जाए।
4. आमतौर पर यह अपूर्ण व बिना परखा हुआ ज्ञान प्रस्तुत करती है।
5. जब सूचनाओं व आँकड़ों को किसी उचित संदर्भ से जोड़ा जाता है तथा सार्थक बनाया जाता है, तब वे ज्ञान का रूप ले सकती हैं।

तकनीकी जानकारी वास्तव में अनुभवों से प्राप्त ज्ञान व व्यावहारिक योग्यता है, जो किसी व्यक्ति या संगठन को इस योग्य बना देती है कि वह कार्य विशेष को प्रभावी ढंग से व दक्षतापूर्वक कर सकता है। इस प्रकार के ज्ञान को कूटबद्ध तरीके से व्यक्त करना या आगे संचारित करना कठिन होता है। इसे घोषित करके दिया व लिया जा सकता है। तत्पश्चात् व्यक्ति या संगठन इसे लेकर रोजमर्रा के काम के रूप में भी प्रयोग कर सकते हैं। इस प्रकार के ज्ञान को कार्य के तरीके से जुड़ा ज्ञान भी कहा जा सकता है।

इसको उत्पन्न करने व विकसित करने का क्रम इस प्रकार है—

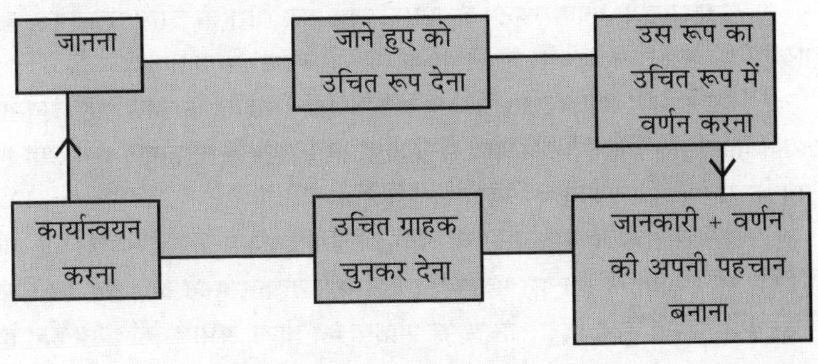

इस प्रकार हम देखते हैं कि तकनीकी जानकारी के रूप में प्राप्त जानकारियों से आगे ज्ञान उत्पन्न करने का क्रम लगातार चलता रहता है।

व्यावसायिक ज्ञान—इस प्रकार का ज्ञान किसी कार्य को करने में सहायक सिद्ध होता है। इसके अंतर्गत वित्त, प्रशासन, सुरक्षा, बचाव, उद्योग, कृषि आदि से संबंधित वह ज्ञान आता है जो व्यक्ति में कार्य करने की योग्यता बढ़ा देता है। इससे व्यक्ति ज्ञान को बौद्धिक संपदा में परिवर्तित करने में सक्षम हो जाता है।

किंतु ज्ञान के उत्पादन, भंडारण, छिपे हुए ज्ञान को स्पष्ट बनाने, फैलाने आदि के अनेक तरीके उपलब्ध हैं और विभिन्न व्यक्ति व संगठन इसके लिए अलग-अलग तरीके इस्तेमाल करते हैं। इस प्रकार, यह भी कहा जा सकता है कि ज्ञान वास्तव में जानकारी तथा यह जानना कि कैसे करना है, का संगम है।

तकनीकी जानकारी जब व्यक्ति के पास रहती है तो वह अव्यक्त रूप में भी बनी रहती है; पर जब यह संगठन के पास आती है तो स्पष्ट होती चली जाती है। अकसर यह चरणों में स्पष्ट होती है।

ज्ञान को काम पर लगाना—ज्ञान को उसी प्रकार काम पर लगाया जा सकता है जैसे कि अन्य संपदाओं को लगाया जाता है। ज्ञान-रूपी पूँजी के चार घटक होते हैं—

1. ज्ञान से संबंधित रणनीति,
2. ज्ञान से संबंधित प्रक्रियाएँ,
3. ज्ञान का गठन,
4. ज्ञान पर पकड़।

हर प्रकार का ज्ञान (सामान्य, विशिष्ट व पृष्ठभूमि) के उपर्युक्त चार घटक होते हैं। ज्ञान से संबंधित रणनीति दो से संबंधित होती है। एक के अंतर्गत किसी घटना का स्पष्टीकरण देना होता है और दूसरे के अंतर्गत अनुमान लगाना होता है।

उदाहरण के लिए, न्यूटन के सामने जब सेब गिरा तो उसने उस गिरने की प्रक्रिया पर मंथन किया और गिरने के कारण को स्पष्ट किया।

दूसरी ओर आइंस्टाइन ने अपने सापेक्षता सिद्धांत के द्वारा यह अनुमान लगाने का प्रयास किया कि भविष्य में ब्रह्मांड का स्वरूप कैसा होगा। इसी तरह हर ज्ञान के संबंध में रणनीति का निर्माण होता है।

ज्ञान से संबंधित प्रक्रियाओं के अंतर्गत विभिन्न प्रकार के विश्लेषण किए जाते हैं। यह जाना जाता है कि इस प्रकार का ज्ञान क्यों उत्पन्न हुआ और वह इस दिशा में ही क्यों उत्पन्न हुआ। इस आधार पर प्रक्रिया की दिशा, प्रभाव आदि तय होते हैं।

ज्ञान के गठन का संबंध लोगों व तंत्र से होता है। एक ज्ञान किस तरह दूसरे ज्ञान से मिलेगा, कैसे आगे बढ़ेगा या कैसे फैलेगा—यह तय होता है। हर तंत्र ज्ञान को ज्यादा-से-ज्यादा लोगों तक पहुँचाने में सहायता करता है। इस क्रम में ज्ञान के स्वरूप में थोड़ा-बहुत बदलाव भी आता है।

ज्ञान पर पकड़ ज्ञान को व्यावहारिक उपयोग के योग्य बनाने में सहायक होती है। विभिन्न प्रकार के ज्ञानों को आपस में जोड़ने से आर्थिक विश्लेषण, विकास आदि आसान हो जाते हैं।

औद्योगिक ज्ञान

यह ज्ञान वास्तव में संगठन की अब तक की मान्यताओं व कार्य-परंपराओं का संग्रह है। समय-समय पर इसे नवीन तकनीकी ज्ञान द्वारा समृद्ध बनाया जाता है और इसकी सहायता से विश्व भर की सूचनाओं को प्राप्त करना, उनमें आवश्यक उलट-फेर करना एवं दूर-दूर तक फैलाना आसान हो जाता है। यदि इसे अति सरल शब्दों में व्यक्त किया जाए तो औद्योगिक ज्ञान वास्तव में विभिन्न चीजों को जानने तथा उनके प्रयोग के बारे में जानने का संगम है।

औद्योगिक ज्ञान को अन्य तरीकों से भी वर्णित किया जा सकता है, जैसे—

औद्योगिक ज्ञान + कारीगरी + अनुभव → व्यावसायिक लाभ उत्पन्न करना,

संगठन की बौद्धिक क्षमता + लोगों का प्रबंधन → लोगों तथा संगठन के लिए उपयोगी कार्य।

इस प्रकार यह स्पष्ट है कि औद्योगिक ज्ञान वास्तव में आर्थिक व सामाजिक उपयोग की वस्तुएँ तैयार करने में काम आता है। इसमें आधुनिक पद्धति से प्राप्त ज्ञान, परंपरागत कारीगरी, अनुभव आदि सभी का महत्त्व होता है। इसमें सूचना या ज्ञान को लगातार उपयोगी बनाने का प्रयास किया जाता है।

यही कारण है कि औद्योगिक ज्ञान पर अधिकार करने का प्रयास लगातार किया जाता है। जिसके पास यह ज्ञान होता है, प्रतिस्पर्धा में आगे बढ़ने की उसकी शक्ति ज्यादा होती है। आधुनिक आर्थिक, सामाजिक व प्रौद्योगिकीय परिवेश में इसके बढ़ते चले जाने की संभावना है।

आज हर देश औद्योगिक क्षेत्र में उपयोगी ज्ञान को बढ़ाने हेतु अनेक प्रकार के प्रयास कर रहा है। परंपरागत प्रयोगशालाओं व अनुसंधान केंद्रों के अलावा नवीन प्रयास, जैसे—नेशनल इनोवेशन फाउंडेशन की स्थापना आदि, भी किए जा रहे हैं।

ज्ञान का रिश्ता

इसके अलावा संगठनों, राष्ट्र व विश्व के बीच में अन्य रिश्तों की ही तरह ज्ञान का रिश्ता भी स्थापित हो रहा है। विभिन्न व्यक्ति व संगठन तरह-तरह से ज्ञान का विकास कर रहे हैं। इससे जो संपदा एकत्रित हो रही है उससे राष्ट्र समृद्ध हो रहा है। विभिन्न राष्ट्र अनेक स्तरों पर ज्ञान का लेन-देन कर रहे हैं। जो राष्ट्र ज्ञान दे रहे हैं उनके यहाँ तो ज्ञान का उत्पादन पहले से ही जारी है; पर जो राष्ट्र ज्ञान ले रहे हैं, अब वे भी इस ज्ञान का उपयोग आगे और ज्ञान उत्पन्न करने में या उसे और उपयोगी रूप देने में कर रहे हैं। इस तरह ज्ञान के जो रिश्ते कायम हो रहे हैं, उनसे ज्ञान और बढ़ रहा है।

इस प्रकार के उपयोगी औद्योगिक ज्ञान की उत्पत्ति का एक क्रम इस प्रकार है—

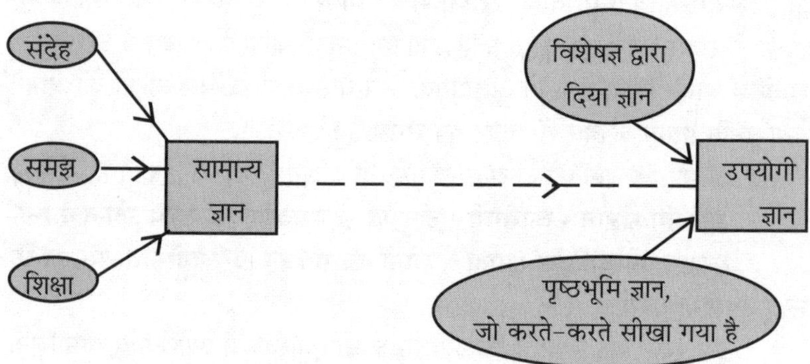

उपर्युक्त ज्ञान के प्रबंधन के लिए तीन मुख्य बातें देखी जाती हैं—

1. समस्या के बारे में पूर्ण जानकारी हो।
2. हर संगठन अपने यहाँ उपलब्ध ज्ञान का लगातार मूल्यांकन व विकास करते रहते हैं।

ज्ञान व प्रौद्योगिकी के लगातार हस्तांतरण की प्रक्रिया जारी रहती है।

औद्योगिक ज्ञान संपदा

अन्य प्रकार के ज्ञान की तरह ही औद्योगिक ज्ञान भी दो प्रकार का होता है। एक प्रकार का ज्ञान दिखाई नहीं देता है, पर अनुभव किया जा सकता है। दूसरे प्रकार का ज्ञान स्पष्ट रूप से दिखाई देता है। यह सूत्रों, नक्शों, आँकड़ों आदि के रूप में होता है।

ज्ञान जिस रूप में भी हो, यह पूँजी या श्रम की तरह मूल्यवान् होता है। इसका भी बाकायदा निवेश होता है। कई जगह इसके लिए अलग से अनुसंधान व विकास विभाग खोला जाता है, जबकि कई जगह इसे तकनीकी जानकारी के रूप में खरीदा जाता है।

परंतु यहाँ पर ध्यान देने योग्य बात यह है कि ज्ञान का व्यावसायिक मूल्य तब बहुत ज्यादा हो जाता है जब यह दिखाई देनेवाले स्वरूप में आ जाता है। उदाहरण के लिए, किसी संगठन में कर्मचारियों की काम करने की विधि भी एक ज्ञान है, जिसकी उपयोगिता है और उसके कारण संगठन स्पष्ट रूप से लाभ उठाता है। यदि यह कार्यविधि स्पष्ट रूप से कागज पर आ जाए या इस रूप में आ जाए कि इसे एक संपदा के रूप में दूसरे संगठन को दे दिया जाए तो उसका मूल्य बहुत बढ़ जाता है।

किसी भी संगठन के पास अनेक प्रकार की संपदाएँ होती हैं, जिनका वह तरह-तरह से उपयोग करता रहता है। इसमें से एक प्रकार की संपदा ज्ञान-संपदा होती है, जिसका लगातार उपयोग होता रहता है। इस संपदा में वृद्धि या कमी के आधार पर संगठन का स्वरूप बदलता है। यह बदलाव इस प्रकार देखा या समझा जा सकता है—

1. संगठन में यदि कोई व्यक्ति असाधारण अनुसंधान कर देता है या बाहर से नया प्रशिक्षण लेकर आता है तो संगठन में उसका दर्जा या हैसियत बढ़ जाती है। संगठन का संतुलन केंद्र उसकी ओर झुक जाता है।
2. संगठन का कारोबार भी उसी प्रकार बदलता है। उदाहरण के लिए, यदि कोई व्यक्ति नया ज्ञान पाता है तो वह उसपर आधारित उत्पाद बनाने में अधिक पूँजी, अधिक श्रम एवं ऊर्जा लगाता है। यदि कंपनी अन्य उत्पाद भी बना रही है तो कुल उत्पादन में अन्य उत्पादों का प्रतिशत प्रभावित हो जाता है।
3. उत्पादन की प्रक्रिया भी प्रभावित हो जाती है। अन्य उत्पाद, सह उत्पाद व उप उत्पाद भी प्रभावित होते हैं। उदाहरण के लिए, यदि पैकेजिंग की नई तकनीक आती है तो सभी उत्पाद लाभान्वित होते हैं।
4. संगठन के ग्राहक भी प्रभावित होते हैं। वे नए स्वरूप में उत्पाद प्राप्त करते हैं। संगठन के साथ उनके संबंध प्रगाढ़ होते हैं।
5. संगठन की ज्ञान उत्पन्न करने एवं ज्ञान धारण करने की क्षमता बढ़ती है। उसके पास ज्ञान प्राप्त करने की ललक भी बढ़ती है और पूँजी भी

बढ़ती है, जिससे उपलब्ध तकनीक का विस्तार किया जाता है और नई तकनीक हासिल की जाती है।

6. निवेशकों की सोच बदल जाती है। वे नए-नए क्षेत्रों का मूल्यांकन करने का प्रयास करते हैं। आज हर संगठन सूचना प्रौद्योगिकी, जैव प्रौद्योगिकी, नैनो प्रौद्योगिकी जैसे नए क्षेत्रों की ओर बढ़ने का प्रयास कर रहा है।
7. आधुनिक कंपनियाँ ज्ञान को अनेक रूपों में प्रयोग करती हैं। उनका पहला प्रयास यह जानना होता है कि 'क्या जानना है'—अर्थात् know-what; दूसरा प्रयास होता है know-how अर्थात् वह तकनीकी जानकारी प्राप्त करना, जिससे निश्चित प्रकार के ज्ञान को विशिष्ट क्रियाओं या व्यावसायिक प्रक्रियाओं में स्पष्ट रूप से परिवर्तित किया जा सके। यदि संगठन उपर्युक्त दोनों कार्य संतुलित रूप में करता रहता है तो प्रतिस्पर्धा के इस युग में उसका अस्तित्व सुरक्षित बना रहता है।

ज्ञान का अवशोषण

हर संगठन अपने आस-पास स्थित ज्ञान को खींचता या ग्रहण करता रहता है। वह स्वयं भी ज्ञान उत्पन्न करता रहता है और दूसरों से भी लेता रहता है।

धीरे-धीरे उसके पास एक प्रकार का ज्ञान पर्याप्त मात्रा में एकत्रित हो जाता है और उस क्षेत्र में उसकी ज्ञान ग्रहण करने की क्षमता काफी बढ़ जाती है। उदाहरण के लिए, जैव प्रौद्योगिकी की फर्म में इतनी क्षमता होती है कि वह हर नए अनुसंधान के बारे में प्रकाशित जानकारी पढ़कर या प्रदर्शनी में दिखलाए गए मॉडल को देखकर नए ज्ञान को ग्रहण कर सकती है।

इसका अर्थ है कि व्यक्ति या संगठन के पास जितना पूर्व ज्ञान होता है, उसपर उसकी ज्ञान ग्रहण करने की क्षमता निर्भर करती है।

इसका अर्थ यह भी है कि ज्ञान के पात्र में जितना ज्ञान डाला जाता है, ज्ञान धारण करने की उसकी क्षमता उतनी ही बढ़ जाती है। नए ज्ञान के आगमन से पुराने ज्ञान के साथ निम्न प्रक्रियाएँ संपन्न होती हैं—

1. पुराने ज्ञान का कुछ भाग विलुप्त हो जाता है और उसका स्थान नया ज्ञान ले लेता है।
2. पुराने ज्ञान का एक भाग नए ज्ञान के साथ एकीकृत हो जाता है।
3. कुछ मामलों में पुराना ज्ञान बिलकुल निरर्थक साबित हो जाता है और उसका स्थान नया ज्ञान ले लेता है।

उपर्युक्त प्रक्रियाएँ स्वतः चलती रहती हैं। पर आधुनिक युग में इसपर बाजार में होनेवाली खींचतान व प्रौद्योगिकी में आनेवाले उतार-चढ़ाव का भी बड़ा असर पड़ता है। इस कारण नए व पुराने ज्ञान के मिलन की प्रक्रिया जटिल होती जा रही है।

इस जटिलता के बावजूद ज्ञान के क्षेत्र में प्रगति की रफ्तार तेज है। आज हर संगठन नवीनीकरण या नवप्रवर्तन को बढ़ावा दे रहा है। इसके कारण संगठन की तकनीकी, व्यावसायिक व संगठनात्मक क्षमता बढ़ती है और प्रतिस्पर्धा के युग में वह आगे बढ़ता चला जाता है। इसके लिए अनेक प्रकार के कदम उठाए जाते हैं। जैसे—

1. संगठन ज्ञान के क्षेत्र में स्वयं निवेश करता है। वह नई-नई योग्यताएँ विकसित करता चला जाता है।
2. वह तरह-तरह के गठजोड़ करता है। वह आपूर्तिकर्ताओं से भी गठजोड़ करता है और ग्राहकों से भी। वह तरह-तरह के उत्पाद खरीदकर, जैसे—मशीन, उपकरण आदि लगाकर, भी अपनी ज्ञान-क्षमता बढ़ाता है और दूसरों के यहाँ जाकर या बाजार में देखकर भी।

पर इसके लिए एक निश्चित रणनीति बनानी पड़ती है। यह प्रयास किया जाता है कि निश्चित प्रकार के ज्ञान से पर्याप्त आर्थिक लाभ मिले। बाजार में उसकी स्थिति मजबूत होती चली जाए। इस कारण ज्ञान को प्राप्त करने तथा उपयोग करने के लिए एक दिशा निर्धारित की जाती है। उदाहरण के लिए, यदि प्लास्टिक के क्षेत्र में कोई नवीन घटना होती है या नए ग्रेड का प्लास्टिक उत्पन्न होता है तो उसे प्राप्त करने के लिए सबसे पहले प्लास्टिक निर्माता आगे आएँगे।

इसके अलावा कई बार नया ज्ञान अब तक उपलब्ध ज्ञान के लिए नई-नई राहें खोल देता है। ऐसे में संगठन की निर्णय लेने की क्षमता महत्त्वपूर्ण हो जाती है। यदि वह कुशलता से नए क्षेत्र का चयन करता है तो तेजी से चहुँमुखी विकास कर सकता है।

ज्ञान में निवेश

ज्ञान कई रूपों में उपलब्ध होता है। यह सूचना व आँकड़ों के रूप में भी होता है और कार्य करने के तरीके के रूप में भी। कुछ जगहों पर इसे लिखित रूप में दर्ज किया जाता है और कुछ जगहों पर यह काम की आदतों के रूप में होता है। साधारणतः यह निम्न रूपों में देखने को मिलता है—

1. विभिन्न प्रयासों में,
2. विभिन्न उपलब्धियों में,
3. पेटेंटों में,
4. तकनीकी जानकारियों में,
5. ट्रेडमार्क में,
6. अच्छे तौर-तरीकों या व्यवहार में,
7. कार्य-प्रणाली में,
8. अनुसंधान व विकास कार्यक्रमों में,
9. प्रशिक्षण सामग्रियों में।

अत: निवेश करते समय सोच-विचार करना पड़ता है। जो ज्ञान दूसरों के पास पहले से है उसके लिए निवेश लाभदायक नहीं होता है। इसके अलावा हर पल दुनिया में तरह-तरह का ज्ञान उत्पन्न होता रहता है। उसमें से सारे ज्ञान का उपयोग करना संभव नहीं है। अत: ज्ञान के लिए कब निवेश किया जाए, कितना निवेश किया जाए, कहाँ निवेश किया जाए—ये अत्यंत महत्त्वपूर्ण प्रश्न हैं।

ज्ञान भी कुछ हद तक एक वस्तु जैसा ही होता है। एक समय में यह मूल्यवान् होता है, पर समय के साथ इसके मूल्य का ह्रास होता चला जाता है। अनेक बार कुछ कारणों से यह ह्रास तेज गति से और अधिक हो जाता है।

ज्ञान से उत्पादन तभी हो पाता है जब इससे कार्य हो सके। विशेष बात यह है कि कार्य से फिर आगे ज्ञान उत्पन्न होता है। यह ज्ञान अधिक मूल्यवान् होता है। इनोवेशन (नवप्रवर्तन) वह प्रक्रिया है जिसमें विचारों को आर्थिक गतिविधियों द्वारा ऐसे परिणामों में परिवर्तित किया जाता है जो सृजनात्मक होते हैं।

ज्ञान उत्पादन होने से पूर्व अनेक स्थितियों में रहता है। उदाहरण के लिए, पहले विचार उत्पन्न होते हैं। कई बार ये विचार कोरी कल्पना के रूप में ही होते हैं, जैसे—लियोनार्डो द विंची ने आसमान में उड़ने, पैराशूट से उतरने, पनडुब्बी द्वारा यात्रा करने आदि के बारे में कल्पना की थी।

इन विचारों का समाज पर गहरा प्रभाव पड़ता है। अन्य लोग इनके बारे में गहन चिंतन में जुट जाते हैं। कई बार घटनाएँ या दुर्घटनाएँ इस चिंतन को बढ़ा देती हैं या नया आयाम देती हैं। आजकल प्रचार माध्यमों के सशक्त व प्रभावी हो जाने से चिंतन की प्रक्रिया तीव्र व व्यापक हो चली है।

उदाहरण के लिए, आज सूचना प्रौद्योगिकी अति विकसित स्थिति में है। नए-नए पदार्थ उपलब्ध हैं और उनके बारे में व्यापक जानकारियाँ उपलब्ध हैं। अत: आज

यदि जैव प्रौद्योगिकी के क्षेत्र में एक चमत्कारक उपलब्धि होती है तो अनेक लोग नए सिरे से नए-नए चमत्कारों की संभावनाओं पर चिंतन करने लगते हैं।

निवेश उसी ज्ञान पर किया जाता है जिसका हम उपयोग कर सकते हैं। साथ ही यह देखना चाहिए कि यह ज्ञान हमारे लिए या समाज के लिए लाभदायक होना चाहिए। कई बार सामाजिक जरूरतें इस निवेश प्रक्रिया को प्रभावित करती हैं। उदाहरण के लिए, कई शताब्दी पूर्व यूरोप में हॉलैंड के समुद्री तटों पर पानी भर जाता था। इस पानी को वापस समुद्र में पहुँचाने के लिए पवन ऊर्जा के उपयोग की कल्पना विकसित हुई और लोगों ने चिंतन करते हुए अनेक प्रकार की पवन चक्कियाँ तैयार कर डालीं, जो बाद में अन्य जरूरतों में भी काम आने लगीं।

इसी तरह जब अरब देशों ने तेल उत्पादन पर प्रतिबंध लगाया तो गैर-परंपरागत ऊर्जा स्रोतों को विकसित करने की प्रक्रिया ने जोर पकड़ा। अतः ज्ञान में निवेश सामाजिक आवश्यकताओं पर भी निर्भर करता है।

कई बार इस प्रकार की ज्ञान-लहरें भी उत्पन्न होती हैं और विश्व का बड़ा भाग किसी ज्ञान विशेष को उत्पन्न करने, विकसित करने, उपयोगी बनाने में जुट जाता है। उदाहरणतः, द्वितीय विश्वयुद्ध के बाद अनेक देश खाद्यान्न की कमी का अनुभव कर रहे थे। उससे पहले उन्नीसवीं सदी में जगह-जगह अकाल पड़ रहे थे और लोग भूख से मर जाते थे। हरित क्रांति के दौर में दुनिया के अनेक देशों में कृषि संबंधी नए ज्ञान में निवेश हुआ और अनेक देश अनाज के मामले में आत्मनिर्भर हो गए।

यह ज्ञान-लहर सिर्फ तात्कालिक हल प्रदान नहीं करती है। हर लहर आने वाली लहर के लिए स्थान व परिस्थिति उत्पन्न करती है। यह अनेक प्रकार के सामाजिक व आर्थिक प्रभाव उत्पन्न करती है। इसके कुछ प्रभाव इस प्रकार हैं—

1. हर संगठन में काम करने के बेहतर तरीके होते हैं। उदाहरण के लिए, वर्तमान युग में डिजिटल, दूरसंचार, जैव प्रौद्योगिकी, नए पदार्थों, नैनो टेक्नोलॉजी की लहर चल रही है। इसका स्पष्ट प्रभाव हम हर कंपनी में देख सकते हैं। आज साधारण कंपनी के पास भी कंप्यूटर होता है। वह ई-मेल, इंटरनेट आदि का उपयोग करती है।
2. काम करनेवाले लोगों की योग्यता युग की प्रौद्योगिकी के अनुरूप होती है। कंपनियों के कामगारों की गुणवत्ता और संख्या दोनों प्रभावित होती हैं। उदाहरण के लिए, आज के युग में कंपनियाँ सीमित संख्या में कर्मचारी रखती हैं; पर वे सभी शिक्षित व प्रशिक्षित होते हैं। आज

अप्रशिक्षित व्यक्ति को नौकरी मिलना कठिन होता है। दूसरी ओर, जैव प्रौद्योगिकी, नैनो टेक्नोलॉजी, नए पदार्थों का ज्ञान रखनेवालों की भारी माँग है।

3. नए-नए प्रकार के उत्पाद होते हैं। यदि राष्ट्रीय स्तर पर समग्र दृष्टि डालें तो उन पदार्थों का योगदान बहुत ज्यादा होता है, जिनके निर्माण में उच्च प्रौद्योगिकी का इस्तेमाल होता है। उदाहरण के लिए, भारत के कुल निर्यात में सॉफ्टवेयर का प्रतिशत काफी ज्यादा है। इसी तरह जैव प्रौद्योगिकी पर आधारित उत्पादों की संख्या व उत्पादन की मात्रा दोनों बढ़ रहे हैं।
4. नए आविष्कार भी इसी दिशा में हो रहे हैं। यदि हम पेटेंटों पर दृष्टि डालें तो नए उत्पाद या आविष्कार इसी श्रेणी के हैं। कुछ मामलों में छोटे सुधार देखने को मिलते हैं, जबकि कुछ मामलों में बड़े सुधार भी देखने को मिल रहे हैं, जिनसे नई-नई राहें खुल रही हैं।
5. इसी तरह यदि हम नए निवेशों का विश्लेषण करें तो पाते हैं कि राष्ट्रीय व अंतरराष्ट्रीय स्तर पर निवेश इन्हीं क्षेत्रों में हो रहा है, जो ज्ञान की नई लहर से संबद्ध है। आज माइक्रो-इलेक्ट्रॉनिक्स, नैनो टेक्नोलॉजी आदि में निवेश करने की होड़ लगी है।
6. ज्ञान-लहर का प्रभाव सिर्फ उद्योगों पर ही नहीं पड़ रहा है, वरन् यह ग्राहकों, उपभोक्ताओं और फिर आम लोगों तक भी पहुँच रहा है। इन क्षेत्रों के बारे में जानकारी पत्र-पत्रिकाओं में प्रमुखता से छप रही है।
7. ज्ञान लहर का प्रभाव हर प्रकार के उद्योग में पड़ता है। जो कंपनियाँ बिलकुल नई होती हैं वे इसी क्षेत्र में उतरना पसंद करती हैं। छोटी-छोटी कंपनियाँ भी इसी क्षेत्र में प्रवेश करने का प्रयास करती हैं; उदाहरण के लिए, आज सॉफ्टवेयर के क्षेत्र में हर नई कंपनी (छोटी या बड़ी) प्रवेश कर रही है। इतना ही नहीं, जो बड़ी कंपनियाँ पहले से स्थापित होती हैं, वे भी कारोबार बढ़ाने के क्रम में, विविधता लाने के क्रम में नए क्षेत्र को ही चुनती हैं। धीरे-धीरे वे नए क्षेत्र में ज्यादा ध्यान केंद्रित करती हैं और यही क्षेत्र उनका मुख्य क्षेत्र बनता चला जाता है।
8. ज्ञान-लहर का सीधा प्रभाव बाजार पर भी पड़ता है। बाजार में ज्ञान आधारित नए उत्पादों की भरमार हो जाती है और हर ग्राहक उनकी

ओर आकर्षित होता है। ज्ञान-लहर उपभोक्ता व्यवहार व उपभोक्ता संस्कृति को भी प्रभावित करती है। उदाहरण के लिए, माइक्रो-इलेक्ट्रॉनिक्स के विकास ने खिलौनों के व्यवसाय को प्रभावित किया है। आज बाजार में सुंदर, छोटे आकार के स्वचालित खिलौनों की भरमार है।

अभी तक की ज्ञान-लहरें और उनकी प्रभाव अवधि इस प्रकार है—

अवधि	*प्रभाव*	*मुख्य निवेश*
सत्रहवीं सदी के उत्तरार्द्ध से अठारहवीं सदी का पूर्वार्द्ध	वस्त्र उद्योग मशीनीकरण	कपास लोहा
उन्नीसवीं सदी का पूर्वार्द्ध	भाप का इंजन, मशीन टूल, रेल व समुद्री यातायात	कोयला
उन्नीसवीं सदी का उत्तरार्द्ध	धातु पेट्रोलियम उद्योग, कृत्रिम रसायन, जहाजरानी	स्टील
बीसवीं सदी का पूर्वार्द्ध	दूरसंचार, टेलीविजन, हवाई यातायात	पेट्रोलियम
बीसवीं सदी का उत्तरार्द्ध	डिजिटल उपकरण, जैव प्रौद्योगिकी, नए पदार्थ	माइक्रो-इलेक्ट्रॉनिक्स

इस प्रकार, हम स्पष्ट देखते हैं कि नया ज्ञान न सिर्फ पूँजी आकर्षित करता है वरन् लोग नौकरी पाने अथवा व्यवसाय करने के लिए भी इसे तेजी से अपनाते हैं; फलस्वरूप इसका उपयोग बढ़ता है। यह कार्य के तरीकों, प्रबंधन के नियमों पर भी प्रभाव डालता है। उद्योगों में नया वातावरण बन जाता है। उदाहरण के लिए, आज सूचना प्रौद्योगिकी के बढ़ते प्रयोग के कारण कार्यालयों के स्वरूप बदल गए हैं और साफ-सफाई, वातानुकूलन आदि पर विशेष ध्यान दिया जा रहा है। आज कॉल सेंटर्स में ज्यादातर रात को काम होता है और महिलाएँ भी रात को धड़ल्ले से काम

करती हैं। अब पुराने औद्योगिक नियमों का पालन उस तरीके से नहीं होता है।

ज्ञान-लहर कुछ देशों या समुदायों के अधिक अनुकूल होती है और ऐसे में उन देशों की किस्मत चमक जाती है। उदाहरण के लिए, औद्योगिक क्रांति के बाद कपास, खनिज पदार्थों, जैसे—लोहा आदि की माँग अत्यधिक बढ़ गई थी। जिन देशों के पास ये प्राकृतिक संपदाएँ थीं वे देश स्वतः लाभान्वित हुए और अन्य देशों ने उन देशों से व्यापार बढ़ाया, जहाँ पर ये संपदाएँ थीं।

हर देश ज्ञान-लहर का लाभ उठाने का प्रयास करता है। जो देश जितनी तेजी से लाभ उठाता है वह उतना ही ज्यादा लाभ उठा लेता है। नया ज्ञान या नई प्रौद्योगिकी अधिक लाभ देती है। पर साथ ही उसको विकसित करने, पाने या उपयोग करने के लिए संघर्ष भी ज्यादा करना पड़ता है।

इस संघर्ष में जो देश या संगठन पिछड़ जाते हैं, वे पिछड़ते चले जाते हैं। वे चारों ओर से मार खाते हैं, क्योंकि नई ज्ञान-लहर पिछले ज्ञान आधारित उद्योगों में मंदी लाती है। उनमें लाभ भी नहीं के बराबर होता है। अन्य देश या अन्य संगठन पुराने क्षेत्रों में पूँजी भी नहीं लगाते हैं।

□

ज्ञान संसाधनों से औद्योगिक विकास

नया ज्ञान विकास के लिए नए-नए चुनौती क्षेत्र उत्पन्न करता है। लोग ज्ञान के सागर में डुबकी लगाने लगते हैं और उन्हें अनुसंधान व विकास के नए-नए क्षेत्र मिलते चले जाते हैं, जो कालांतर में नए औद्योगिक क्षेत्रों का रूप ले लेते हैं। विकास का एक नया पथ स्वत: विकसित होता चला जाता है।

इसके अलावा नया ज्ञान फर्म की दक्षता व प्रतिस्पर्धा में बने रहने की शक्ति भी बढ़ाता है। फर्म की संपदा भी समृद्ध होती चली जाती है।

किसी भी कंपनी की कुल संपदा तथा क्षमता मिलकर कंपनी की प्रतिस्पर्धा में बने रहने की शक्ति निर्धारित करती हैं। इसमें से ज्ञान-रूपी संपदा अब अधिक महत्त्वपूर्ण हो रही है। अत: यदि ज्ञान का प्रबंधन-तंत्र मजबूत हो जाए तो कंपनी की संपदा भी बढ़ेगी और कार्य-क्षमता भी। इससे वह कंपनी प्रतिस्पर्धा में आगे बढ़ती चली जाएगी।

अत: आज हर व्यक्ति तथा कंपनी को अपने आपसे यह प्रश्न करना चाहिए कि हम कहाँ हैं? यदि कंपनी का अस्तित्व है तो उसके पास निश्चय ही इतना ज्ञान होगा कि वह उसका उपयोग करके समाज को लाभ दे और अपना अस्तित्व बचा सके।

किंतु मात्र अपने अस्तित्व को बचाए रखने और बाजार की प्रतिस्पर्धा में अपना स्थान बनाए रखने के लिए भी अपने ज्ञान का समय-समय पर मूल्यांकन व उसमें वृद्धि आवश्यक है। यह कार्य इस प्रकार किया जाता है—

1. कंपनी में जो ज्ञान संपदा उपलब्ध है, उसका स्तर क्या है?
2. कंपनी में ज्ञान तथा बौद्धिक संसाधनों के उपयोग करने की क्षमता कितनी है?

3. कौन सी ज्ञान क्षमता वर्तमान व्यवसाय को आगे बढ़ा सकती है?
4. कौन सी ज्ञान क्षमता नया व्यवसाय उत्पन्न कर सकती है?

उपर्युक्त विश्लेषण कंपनी को अपने वर्तमान उत्पाद के पूरे जीवन-चक्र में समय-समय पर करते रहना चाहिए। यह विश्लेषण औद्योगिक जगत् तथा बाजार के पूरे दायरे में करना चाहिए। यह भी ध्यान रखना चाहिए कि ज्ञान कहाँ-कहाँ पर उत्पन्न हो सकता है। अर्थात् शिक्षण संस्थानों, अनुसंधान केंद्रों के संदर्भ में विश्लेषण करना चाहिए।

उपर्युक्त सभी प्रकार के विश्लेषण में यह भी ध्यान रखना चाहिए कि प्रतिस्पर्धा कितनी मजबूत है—अर्थात् अन्य प्रतिस्पर्धी किस प्रकार के और कितने प्रयास कर रहे हैं।

क्षमता बढ़ाने के प्रयास

क्षमता बढ़ाने के लिए संपदा में वृद्धि आवश्यक होती है। संपदा दो प्रकार की होती है—

1. भौतिक संपदा,
2. बौद्धिक व ज्ञान संपदा।

आजकल बौद्धिक व ज्ञान संपदा का विस्तार अधिक आसान होता है। उदाहरण के लिए, किसी औद्योगिक क्षेत्र में कंपनी के पास सीमित आकार का भूखंड होता है। उसमें एक सीमा के आगे निर्माण असंभव होता है। नया भूखंड लेना भी बहुत कठिन और कभी-कभी असंभव-सा होता है।

पर बौद्धिक व ज्ञान संपदा में विस्तार आसान होता जा रहा है। ज्ञान संपदा में वृद्धि से कंपनी के स्वरूप में परिवर्तन होता है। उसकी वित्तीय व्यवस्था प्रभावित होती है और व्यावसायिक गतिविधियाँ करने के तौर-तरीके बदलते चले जाते हैं।

इस प्रकार काम में चमक-दमक आती जाती है; पर ज्ञान संपदा में वृद्धि के प्रभाव भी अलग-अलग होते हैं। निम्न प्रकार की ज्ञान संपदा तत्काल व अधिक प्रभाव उत्पन्न करती है—

1. **मूल्यवान्**—वह ज्ञान संपदा, जो मूल्यवान् हो अर्थात् अधिक लाभ देने में सक्षम हो, ज्यादा प्रभाव उत्पन्न करती है।
2. **दुर्लभ**—वह ज्ञान संपदा, जो दुर्लभ हो, गिनती की कंपनियों के पास ही हो, ज्यादा प्रभाव उत्पन्न करती है। उदाहरण के लिए, कोई दवा का नुस्खा जो गिनी-चुनी कंपनियों के पास ही है।

3. **नकल करना कठिन**—वह ज्ञान संपदा, जिसकी अन्य लोग नकल न कर सकें, प्रभावशाली होती है। इस वर्ग में दो प्रकार की ज्ञान संपदा आती है—
   (क) उस पर पेटेंट के माध्यम से एकाधिकार हो, ताकि दूसरे की नकल अवैध हो जाए;
   (ख) नकल करना अनेक कारणों से कठिन हो, या नकल पकड़ी जाए, या नकल के बाद उचित गुणवत्ता न आ सके आदि।
4. **विकल्प न हो**—जिस ज्ञान संपदा का कोई विकल्प न हो, वह अति मूल्यवान् होती है।

अत: वही ज्ञान प्राप्त करने का प्रयास करना चाहिए, जिसमें उपर्युक्त में से कम-से-कम एक या अधिक गुण हों।

ज्ञान किस स्तर पर ग्रहण किया जाए

ज्ञान व्यक्ति के स्तर पर भी ग्रहण किया जा सकता है और सामूहिक स्तर पर भी। कंपनी या संगठन के लिए सामूहिक स्तर पर ज्ञान संपदा प्राप्त करना अपेक्षाकृत सरल व सुरक्षित होता है। व्यक्ति का ग्रहण करने का दायरा सीमित होता है, जबकि संगठन का विस्तृत होता है। इसके अलावा सामूहिक स्तर पर उपयोग भी ज्यादा हो जाता है, क्योंकि यह अनेक दिशाओं में होता है, बशर्ते तालमेल बना रहे।

आज ज्ञान संपदा कंपनी की रणनीतिक संपदा मानी जाती है, क्योंकि यही अंतत: विजय का कारण बनती है। इससे निम्नलिखित चार में अत्यधिक वृद्धि होती है—

1. कंपनी की प्रतिष्ठा,
2. उत्पाद की प्रतिष्ठा,
3. कर्मचारियों का ज्ञान,
4. संगठन की संस्कृति।

किंतु ज्ञान को अवैध रूप से प्राप्त करने या नकल करने के प्रयास घातक हो सकते हैं। एक बार यदि नकलची का ठप्पा लग जाता है तो उसे मिटाना कठिन हो जाता है और उसके बाद नए या मौलिक ज्ञान को भी संदेह की दृष्टि से देखा जाता है। इसके अलावा एक तथ्य यह भी है कि हर प्रकार के ज्ञान की नकल पक्के तौर पर नहीं की जा सकती है। इसी तरह हर ज्ञान का विकल्प भी उत्पन्न नहीं हो पाता है।

जब ज्ञान एक कंपनी से दूसरी कंपनी में वैध स्थानांतरण या नकल के द्वारा

जाता है तो उसमें बदलाव आ जाता है। कुछ जगह ज्ञान कूटबद्ध तरीके से या जटिल आवरण में होता है और उस स्थिति में परिवर्तन अधिक होता है। नकल करनेवाले व्यक्ति की भी अपनी सीमाएँ होती हैं।

अतः ज्ञान के स्थानांतरण के लिए योग्यता विकसित करना भी अनिवार्य है। प्रभावी रूप से ज्ञान प्राप्त करने या वर्तमान ज्ञान में चरणबद्ध तरीके से वृद्धि करने में यह ध्यान रखना आवश्यक है कि कौन सा ज्ञान क्रांतिक (क्रिटिकल) है और कौन सा सामान्य। जिस ज्ञान में मामूली सी कमी भी उसे अनुपयोगी बना दे, उस पर विशेष ध्यान देने की आवश्यकता होती है। इसके अलावा कौन सा ज्ञान अप्रासंगिक है, यह पहचान करना भी आवश्यक है। ज्ञान का प्रबंधन करनेवालों में यह योग्यता अनिवार्य रूप से होनी चाहिए।

हर ज्ञान की अपनी शक्ति होती है। हर व्यक्ति, हर कंपनी, हर देश ज्ञान उत्पन्न करने के लिए विभिन्न रणनीतियों का सहारा लेते हैं। इन रणनीतियों में भारी विविधता देखने को मिलती है। इनका कार्यान्वयन भी अलग-अलग स्तर पर होता है, जैसे—व्यक्ति स्तर पर, कंपनी के स्तर पर, सामान्य व्यावसायिक स्तर पर आदि।

जो ज्ञान एकत्रित होता है वह विभिन्न कंपनियों, समाजों में विभिन्न प्रक्रियाओं के अंतर्गत होता है और अलग-अलग स्वरूपों में सुरक्षित रहता है। आपसी बातचीत व संपर्क द्वारा यह एक-दूसरे के पास पहुँचता है। आमतौर पर यह चार रूपों में रहता है—

1. आँकड़ों व सूचना के रूप में,
2. सीखने के रूप में,
3. अनुभवों के रूप में,
4. सामाजिक ज्ञान के रूप में।

इनका आपसी संतुलन संगठन में संतुलन बनाए रखता है। किसी की भी अधिकता अनुपयोगी होती है। यदि व्यक्ति के पास अनावश्यक आँकड़े हों तो वह जल्दी व ज्यादा भ्रमित हो जाता है। इसी तरह अत्यधिक अनुभव भी व्यक्ति को पूर्वग्रह से ग्रस्त कर देता है।

नए ज्ञान को ग्रहण करने की योजना बनाने से पूर्व वर्तमान ज्ञान का उचित आकलन आवश्यक होता है। साथ ही ज्ञान के आधार को सशक्त बनाए रखने के लिए ज्ञान का लगातार उत्पादन, वितरण तथा उपयोग होते रहना चाहिए। हर नया ज्ञान नए तथा कई बार अजीबोगरीब परिवर्तन उत्पन्न करता है। अतः इसके लिए

उचित वातावरण तैयार करना अनिवार्य है।

उदाहरण के लिए, यदि कंपनी वैज्ञानिक व औद्योगिक अनुसंधान पर खर्च करती है तो उसे साथ में अपनी निर्माण सुविधाएँ भी विकसित करनी चाहिए। इसके अलावा कंपनी के स्वरूप में, कर्मचारियों की योग्यता में, संगठन में प्रशिक्षण प्रदान करने की क्षमता में भी तदनुरूप परिवर्तन होना चाहिए। तभी संगठन की उत्पादकता व लाभ उत्पन्न करने की क्षमता बढ़ेगी। यदि किसी क्षेत्र के सभी उद्योगों में ऐसा होगा तो उस औद्योगिक क्षेत्र का समग्र विकास होगा।

ज्ञान संपदा व बौद्धिक क्षमता में अंतर

ज्ञान संपदा के अंतर्गत हर प्रकार का सामान्य, विशिष्ट तथा पृष्ठभूमि ज्ञान शामिल होता है। इसमें वह ज्ञान भी होता है जो प्रत्यक्ष दिखाई देता है और वह भी होता है जो प्रत्यक्ष दिखाई नहीं देता है। दूसरी ओर बौद्धिक संपदा में केवल प्रत्यक्ष रूप से न दिखाई देनेवाले घटक होते हैं और यह आवश्यक नहीं है कि वे ज्ञान संपदा के अंग हों। अनेक प्रकार के कौशल, योग्यताएँ, समझ, बाहरी छवि भी बौद्धिक क्षमता के भाग होते हैं।

बौद्धिक क्षमता में ज्ञान के अलावा निम्नलिखित भी होते हैं—

1. अनुप्रयुक्त (एप्लाइड) अनुभव,
2. संगठन की प्रौद्योगिकी,
3. ग्राहकों से संबंध,
4. व्यावसायिक योग्यता, जो बाजार में चल रही प्रतिस्पर्धा में लाभदायक हो।

बौद्धिक पूँजी को अन्य तरीके से भी परिभाषित किया जा सकता है—

बौद्धिक पूँजी = मानव पूँजी + संरचनात्मक पूँजी

संरचनात्मक पूँजी में निम्न शामिल होते हैं—

1. संगठन की अपनी समझ (कंसेप्ट)।
2. इसकी छवि तथा गुडविल (सदाशयता)।
3. इसकी व्यावसायिक प्रक्रियाएँ।
4. इसके उत्पादों व प्रक्रियाओं से संबंधित दस्तावेज।
5. इसका गुणवत्ता तंत्र।

उपर्युक्त सभी मानव पूँजी का सहारा बनते हैं। कुछ लोग इन्हें संगठनात्मक ज्ञान या योग्यता भी कहते हैं। यह तब भी विद्यमान रहता है जब कर्मचारी छुट्टी पर

होते हैं। दूसरी ओर कर्मचारी कार्य करने के दौरान इसमें वृद्धि करते रहते हैं—

आम तौर पर बौद्धिक संपदा के बारे में निम्न विचार सामने आते हैं—

1. ज्ञान संपदा बौद्धिक संपदा का एक भाग होती है।
2. बौद्धिक संपदा का दायरा ज्ञान संपदा से काफी ज्यादा होता है।

इसके मूल्यांकन का एक तरीका यह है—

बौद्धिक पूँजी = कंपनी का बाजार मूल्य = खातों में दर्ज कंपनी का मूल्य

इसका स्पष्ट अर्थ यह है—जो पूँजी दिखाई नहीं देती है और जिसे स्पष्ट रूप से खाते में दर्ज नहीं किया जाता है, वह बौद्धिक पूँजी कहलाती है। हालाँकि यह परिभाषा भी पूरी तरह स्पष्ट नहीं है, क्योंकि कंपनी के पास उपलब्ध ज्ञान, विभिन्न योग्यताएँ, अनुभव आदि कुछ हद तक दिखाई भी देते हैं।

अत: बौद्धिक पूँजी का प्रबंधन एक बड़ी चुनौती होता है। इसको विकसित करने, इसकी देख-रेख करने, इसको आपस में जोड़ने, एकीकृत करने, उपयोग करने आदि के लिए विशेष संगठनात्मक संस्कृति की आवश्यकता होती है।

उपर्युक्त संपदा लंबे समय में विकसित होती है। जब इस संपदा का उपयोग होता है तो अच्छे उत्पाद तैयार होते हैं। उत्पादन तंत्र की दक्षता बढ़ती है। साथ ही प्रबंधन की योग्यता भी बढ़ती है, जो समग्र उत्पादकता की वृद्धि का कारण बनती है।

ज्ञान-रूपी पूँजी का उपयोग तभी होता है जब आवश्यकता पड़ती है। शेष अवधि में यह या तो लिखित सूचना व आँकड़ों के रूप में पड़ी रहती है या कर्मचारियों/अधिकारियों के मस्तिष्क में रहती है। आवश्यकता पड़ने पर या तो कर्मचारी इसका स्वयं इस्तेमाल करते हैं या अपने वरिष्ठ के कहने/हस्तक्षेप करने पर करते हैं।

बौद्धिक संपदा के भाग

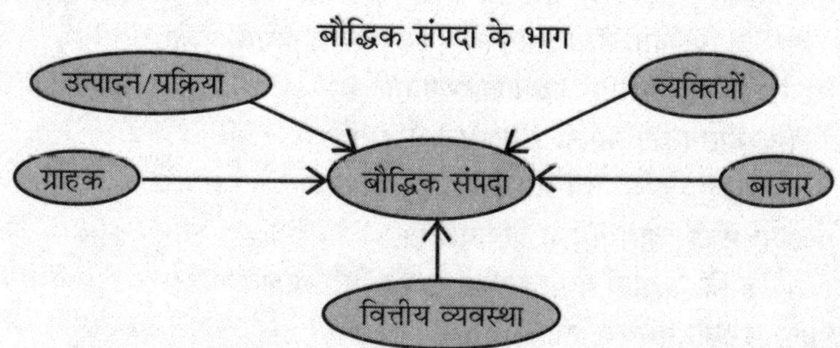

इस प्रकार हम देखते हैं कि यह सब ओर से आ सकती है। हम बौद्धिक संपदा व ज्ञान संपदा में अंतर इस प्रकार भी समझ सकते हैं—

ज्ञान संपदा	*बौद्धिक संपदा*
1. व्यावसायिक प्रक्रिया के बारे में ज्ञान	1. उपयुक्त अनुभव
2. बाजार के बारे में ज्ञान	2. संगठन की प्रौद्योगिकी
3. सामग्री व उत्पादन के बारे में ज्ञान	3. ग्राहकों के साथ संबंध
4. वित्त व प्रबंधन संबंधी ज्ञान	4. व्यावसायिक योग्यता
5. कुल, मिला-जुला अनुभव आधारित ज्ञान	
अन्य विशेषताएँ	
1. यह लोगों के पास ही रहती है।	
2. यह आम तौर पर हस्तांतरित नहीं होती है।	
3. एक बार जब ज्ञान संपदा बौद्धिक संपदा में परिवर्तित हो जाती है तो एक निश्चित प्रक्रिया के अंतर्गत स्थानांतरित होती है।	
4. ज्ञान धारण करनेवाला व्यक्ति यदि दूसरी कंपनी में चला जाता है तो ज्ञान उस कंपनी के पास आ जाता है।	

□

ज्ञान प्राप्त करने की प्रक्रियाएँ

किसी भी कंपनी में विभिन्न परियोजनाओं व कार्यक्रमों का प्रबंधन तभी प्रभावी रूप में हो सकता है जब कंपनी की ज्ञान की पहचान करने की क्षमता होगी।

आज हर कंपनी ज्ञान प्राप्त करने में जुटी हुई है। इसके लिए यह आवश्यक है कि कंपनी में कार्यरत हर कर्मचारी की योग्यता उचित पैमाने पर नापकर दर्ज की जाए। उदाहरण के लिए—

1. कंपनी में कितने कर्मचारी व्यावसायिक शिक्षा प्राप्त हैं?
2. कंपनी में कितने यांत्रिक, इलेक्ट्रॉनिक आदि अभियंता हैं?
3. अन्य शैक्षिक योग्यता प्राप्त, जैसे डिप्लोमा-धारक, टेक्नीशियन आदि कितने हैं?

इस तरह यह भी पता चल जाता है कि कहाँ-कहाँ पर खाली स्थान हैं और यदि उस क्षेत्र का ज्ञान लिया जाए तो क्या अतिरिक्त उपाय किए जाएँगे। आजकल इस कार्य के लिए बढ़िया सॉफ्टवेयर भी उपलब्ध हैं। इनसे पता चल जाता है कि कंपनी के पास ज्ञान ग्रहण करने की कितनी क्षमता है।

ज्ञान प्राप्त करने की रणनीति तैयार करने के लिए अन्य जानकारियाँ भी आवश्यक हैं, जैसे—

1. कंपनी के ग्राहक कितने व किस प्रकृति के हैं? ग्राहक-आधार कितना सशक्त है?
2. प्रतिस्पर्धी कितने हैं और कैसे हैं?
3. नए उत्पाद तैयार करने के लिए आंतरिक योग्यता कितनी है और किस प्रकार की है?

4. कंपनी का नेतृत्व कैसा है ?

5. नए आधारभूत ढाँचे व प्रौद्योगिकी के लिए निवेश की संभावना कितनी है ?

उपर्युक्त के अलावा अभी तक हमने ज्ञान प्रबंधन के अंतर्गत यह जाना कि इसके तीन प्रमुख अंग हैं—

1. ज्ञान का आदान-प्रदान,
2. ज्ञान का उत्पादन,
3. ज्ञान की खरीद।

इनमें से ज्ञान का आदान-प्रदान सर्वाधिक महत्त्वपूर्ण, किंतु काफी कठिन है। इसी तरह ज्ञान के उत्पादन में भी कठिनाइयाँ आती हैं, पर इनके बिना ज्ञान की खरीद या प्राप्त करना कठिन होता है। तीसरी प्रक्रिया के लिए पहली दोनों बातों में दक्षता होना आवश्यक है। कम-से-कम ज्ञान के आदान-प्रदान में दक्षता अवश्य होनी चाहिए।

इसके अतिरिक्त ज्ञान प्राप्त करने की प्रक्रिया में निम्नलिखित का महत्त्व है—

'क्या' जानना है (Know what)—इसके अंतर्गत यह समझा जाता है कि कार्यों व निर्णयों का आधार क्या है। यह आधार वर्तमान में भी हो सकता है और भविष्य में भी। इसके अंतर्गत तमाम तथ्य और उनके बीच आपसी संबंध आते हैं। उदाहरण के लिए, आलू के चिप्स तैयार करने के लिए क्या-क्या सामग्री आवश्यक है। इसके अंतर्गत तकनीकी तथ्य भी आते हैं और व्यावसायिक भी।

आधुनिक युग में सफलतापूर्वक व्यवसाय चलाने के लिए कानून, नियम, वाणिज्य, वित्त, कर आदि सभी के बारे में सही व सटीक जानकारी अनिवार्य होती है। प्रभावी प्रबंधन के लिए यह समझ अनिवार्य होती है कि आखिर क्या हो रहा है ?

'क्यों' जानना है (Know why)—अकसर छोटा बालक भी पूछ बैठता है—'क्यों'? हमारा ज्ञान तभी पूर्ण हो सकता है जब हम यह समझ लें कि कोई प्रक्रिया इस तरह क्यों हो रही है ? इसके अंतर्गत उसके पीछे वैज्ञानिक सिद्धांत, नियम, मॉडलों आदि की जानकारी ली जाती है।

इस प्रश्न का उत्तर व्यक्ति विशेष भी देते हैं और वैज्ञानिक संस्थान भी। इस उत्तर के लिए विशिष्ट ज्ञान का धारक होना आवश्यक है। इस प्रश्न का उत्तर पाने की धुन में हम तमाम प्राकृतिक व सामाजिक प्रक्रियाओं के बारे में समझते हैं। इसी के द्वारा हम दो प्रक्रियाओं के बीच समानता या अंतर भी समझते हैं।

'कैसे' जानना है (Know-how)—इसके अंतर्गत यह जाना जाता है

कि कोई प्रक्रिया कैसे संपन्न होती है। इसके अंतर्गत विभिन्न प्रक्रियाओं की तकनीकी जानकारियाँ तैयार की जाती हैं और उनका आदान-प्रदान किया जाता है। किसी भी कार्य को करने के लिए क्या-क्या आवश्यक है, यह भी इसी के अंतर्गत जाना जाता है।

आमतौर पर यह ज्ञान महत्त्वपूर्ण व कीमती होता है। इस कारण कंपनियाँ इसे सँभालकर व सुरक्षित रखती हैं। वे इसे अपनी कंपनी में भी तभी किसी को देती हैं जब उससे कोई काम कराना हो। इसके लिए भी एक निश्चित विधि होती है।

इस ज्ञान को नए ज्ञान के साथ आवश्यकतानुसार जोड़ा जाता है। यह किसी भी कंपनी का मुख्य आधार होता है।

'किसको' जानना है (Know who)—हर किसी के लिए किसी ज्ञान विशेष का मूल्य नहीं होता है। अत: यह तय करना भी अनिवार्य है कि किसको जानना है या जानना चाहिए।

ज्ञान संबंधी रणनीति दूरद्रष्टा ही तैयार कर सकते हैं। इसके लिए विशेष योग्यता व रणनीति की आवश्यकता होती है। ये लोग ज्ञान प्राप्त करके कंपनी के आधार की भूमिका निभाते हैं।

मुख्य या आधारभूत ज्ञान ज्ञान विशेषज्ञों के पास ही होता है। ये लोग विभिन्न प्रक्रियाओं का आधार बनाते हैं और किसको क्या करना है, इसके आधार पर आवश्यक ज्ञान उन लोगों में बाँटते हैं।

प्रौद्योगिकी का विकास ज्यों-ज्यों आगे बढ़ रहा है त्यों-त्यों ऐसे ज्ञान विशेषज्ञों की आवश्यकता व महत्त्व बढ़ रहे हैं।

'कब' जानना है (Know when)—कोई भी ज्ञान उपयुक्त परिस्थिति में अधिकतम प्रभाव उत्पन्न करता है। अत: ज्ञान के उपयोग के लिए उचित समय, उचित परिस्थिति व उचित स्थान अनिवार्य होता है।

अत: किसी भी तकनीकी जानकारी का उपयोग कब करना है, यह जानना भी अनिवार्य है। किस काम को लगातार करना है और किसको रुक-रुककर करना है, यह इसी के अंतर्गत जाना जाता है।

इस प्रकार हम ज्ञान प्रबंधन के पाँच चरणों को निम्न चित्र के अनुसार देख व समझ सकते हैं—

कौन जानेगा

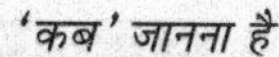

'कब' जानना है

क्या जानना है

कैसे काम करना है

क्यों होता है

ज्ञान परिवर्तन प्रक्रियाएँ

जो भी ज्ञान उत्पन्न होता है, उसे आवश्यकतानुसार उपयोगी रूप दिया जाता है। हर व्यक्ति अपने ज्ञान का प्रबंधन इस प्रकार करता है, ताकि उससे संबंधित लक्ष्य पूरा हो सके। यही कारण है कि अलग-अलग क्षेत्रों में अलग-अलग ज्ञान आधारों के साथ ज्ञान परिवर्तन रणनीति में अंतर देखने को मिलता है।

उदाहरण के लिए, आज भारत में सूचना प्रौद्योगिकी पर सबसे ज्यादा जोर है। भारतीय युवक कंप्यूटर से संबंधित ज्ञान तेजी से प्राप्त करके देश-विदेश में उसका उपयोग कर रहे हैं। चीन में जैव प्रौद्योगिकी पर ज्यादा जोर है। वहाँ पर लोग उपलब्ध जैव विविधता और परंपरागत ज्ञान का उपयोग करके नए-नए उत्पाद (हर्बल) तैयार करके पूरे विश्व में पहुँचा रहे हैं। दोनों की रणनीतियों में अंतर है।

ज्ञान में परिवर्तन करके उसे उपयोगी रूप देने में निम्न बातें सहायक सिद्ध होती हैं—

1. **पर्याप्त धन निवेश**—ज्ञान को उचित रूप देने में भी धन महत्त्वपूर्ण भूमिका निभाता है।
2. **आधारभूत ढाँचा**—विभिन्न प्रकार की आधारभूत सुविधाएँ, जैसे—सड़क, बिजली, यातायात आदि ज्ञान को उपयोगी रूप देने में सहायक सिद्ध होती हैं।
3. **संचार**—ज्ञान के विस्तार के लिए संचार-प्रणाली अनिवार्य है। तरह-तरह का ज्ञान संचार-प्रणाली के माध्यम से एक स्थान से दूसरे स्थान तक आता-जाता है। संचार प्रणाली या उसकी गुणवत्ता के अभाव में या कमी में यह प्रक्रिया न सिर्फ बाधित हो जाएगी वरन् ज्ञान का स्वरूप भी विकृत हो जाएगा, जिससे ज्ञान की उपयोगिता कम हो जाएगी और

उसकी विश्वसनीयता गिरेगी।

4. **विशेषज्ञ**—ज्ञान की उत्पत्ति, उसके उचित प्रयोग, प्रचार-प्रसार आदि के लिए विशेषज्ञों की भी आवश्यकता होती है। ये विशेषज्ञ ज्ञान प्रबंधन से जुड़े सभी कार्य संपन्न करते हैं।
5. **लक्ष्य व दूरदृष्टि**—ज्ञान संबंधी योजना दीर्घकालिक होती है। अत: ज्ञान का प्रबंधन करनेवालों, उसे उचित रूप देनेवालों के पास स्पष्ट लक्ष्य व दूरदृष्टि होनी चाहिए।

वे संगठन, जो लगातार ज्ञान उत्पादन व ज्ञान का उपयोग करते रहते हैं, गतिशील बने रहते हैं। उनमें निम्न गतिविधियाँ लगातार चलती रहती हैं—

1. सामाजिक आदान-प्रदान—ये संगठन विभिन्न प्रकार के ज्ञानों को आपस में बाँटते रहते हैं। इस प्रक्रिया में वे अव्यक्त ज्ञान लगातार उत्पन्न करते रहते हैं।
2. इन संगठनों में अव्यक्त ज्ञान लगातार ठोस रूप लेता रहता है और वह स्पष्ट ज्ञान के रूप में जमा होता रहता है।
3. इनमें ज्ञान का लगातार उपयोग होता रहता है, जिसमें विभिन्न प्रकार का ज्ञान आपस में जुड़ता रहता है।
4. इन संगठनों में ज्ञान को आत्मसात् करने की प्रवृत्ति भी तीव्रता से चलती रहती है। स्पष्ट ज्ञान के अनुभव से अव्यक्त ज्ञान उत्पन्न होता है। वह फिर स्पष्ट ज्ञान का रूप ले लेता है। इस प्रकार यह प्रक्रिया सतत चलती रहती है।

ज्ञान परिवर्तन की प्रक्रिया में ज्ञान का उत्पादन भी होता है और उसका उपयोग भी। इसका संश्लेषण भी होता है और अवशोषण भी। इस कार्य में अलग-अलग संगठनों की दक्षता अलग-अलग होती है। साथ ही उत्पन्न ज्ञान के प्रभाव में भी अंतर होता है।

आज इस बात के लिए प्रयास किए जा रहे हैं कि उपर्युक्त कार्य बिना किसी सीमा के एक दैनिक कार्य के रूप में किए जाते रहें।

□

ज्ञान का प्रबंधन

ज्ञान का प्रबंधन काफी हद तक अनुसंधान के प्रबंधन जैसा ही होता है। अनुसंधान का प्रबंधन अपेक्षाकृत अधिक नियोजित तरीके से किया जाता है। दोनों में अंतर इस प्रकार समझा जा सकता है—

ज्ञान	*अनुसंधान*
1. कंपनी का ज्ञान इसके व्यापार, विनिर्माण व विपणन गतिविधियों, ग्राहक, सेवा कार्यक्रम आदि में देखा जा सकता है। यह अपेक्षाकृत खुला होता है।	1. कंपनी का अनुसंधान मूलत: नए उत्पाद तैयार करने की रणनीति से संबंधित होता है और यह अधिक गोपनीय होता है।
2. इसे सरल रूप में प्रस्तुत करना अपेक्षाकृत आसान होता है।	2. इसे सरल करना कठिन होता है।
3. ज्ञान की नकल कम मुश्किल होती है।	3. अनुसंधान प्रयासों की नकल करना अपेक्षाकृत कठिन होता है।
	4. अनुसंधान प्रयासों के अंतर्गत वर्तमान ज्ञान का विस्तार किया जाता है।
	5. इसके अंतर्गत नया ज्ञान उत्पन्न होता है, जो नई प्रौद्योगिकी का रूप धारण करता है।

ज्ञान के प्रबंधन के लिए अनेक स्तरों पर प्रयास किए जाते हैं। अनेक अल्पकालिक समस्याओं का हल वर्तमान ज्ञान से निकाल लिया जाता है। दूसरी

ओर, कुछ के लिए विशेष ज्ञान की आवश्यकता होती है। इसके लिए तरह-तरह की खोज व प्रयोग आदि किए जाते हैं।

अनेक कंपनियाँ केवल समस्या हल करने के लिए ही नहीं वरन् अपना दायरा बढ़ाने के लिए नए उत्पाद, नई प्रक्रिया, नई सेवा उत्पन्न करने का प्रयास करती हैं। वे ज्ञान पाने के लिए अनेक अनुसंधान करते हैं और तरह-तरह की रणनीति तैयार करते हैं; परंतु ज्ञान का प्रबंधन अलग ही प्रकार का होता है। इसका एक कारण यह है कि भौतिक संपदा की तुलना में ज्ञान संपदा का मूल्य बहुत तेजी से और बहुत ज्यादा घटता-बढ़ता है। विशेष रूप से प्रतिस्पर्धा की स्थिति में परिवर्तन बहुत ज्यादा होता है।

ज्ञान व अनुसंधान दोनों का लक्ष्य संगठन की बौद्धिक संपदा बढ़ाना है। इनके द्वारा नए उत्पाद, नई प्रक्रियाएँ, पेटेंट, डिजाइन, आँकड़े, सूचनाएँ, प्रौद्योगिकी, तंत्र आदि तैयार होते हैं। आजकल अनेक कंपनियाँ यही सब करती हैं; जबकि अनेक ऐसी हैं जो इनपर अधिक ऊर्जा केंद्रित करती हैं। वे अपने लाभ का बड़ा भाग उसमें लगा देती हैं।

नए ज्ञान की बढ़ोतरी से कंपनी की कार्यप्रणाली में ज्यादा चमक-दमक आ जाती है। कंपनी की संचार व्यवस्था चुस्त-दुरुस्त हो जाती है, वित्तीय व्यवस्था मजबूत होती है। इसके अलावा एक अन्य परिवर्तन देखने को मिल रहा है कि पहले कंपनी में कुछ लोग ही ज्ञान या अनुसंधान की चिंता करते थे, पर अब यह सभी का विषय बन चुका है। यह कार्य-संस्कृति का हिस्सा बनता जा रहा है।

विभिन्न संस्थानों में अनुसंधान व विकास हेतु एक अलग विभाग होता है। इसमें अनुसंधान के अंतर्गत नए विचारों का उत्पादन होता है, जबकि विकास के अंतर्गत विचारों को उपयोगी, सृजनात्मक परिणाम में परिवर्तित किया जाता है। इन दोनों का ही संबंध ज्ञान से है। ज्ञान के मामले में पहले नए विचारों का उत्पादन होता है। आजकल इसके अंतर्गत सामूहिक चिंतन पर जोर दिया जाता है। इस क्षेत्र में चार प्रकार के लोग काम करते हैं—

1. विशुद्ध चिंतक—जो विभिन्न सिद्धांतों व नियमों आदि पर चिंतन करके विचार उत्पन्न करते हैं।
2. प्रयोगकर्ता—जो प्रयोग करने पर अधिक समय व ऊर्जा लगाते हैं।
3. जोड़नेवाले अर्थात् वे लोग, जो विभिन्न सिद्धांतों, कार्य-प्रणालियों आदि से संबंधित ज्ञान को जोड़ने में सक्षम होते हैं।
4. लक्ष्य के अनुसार काम करनेवाले, जो विभिन्न प्रकार के ज्ञान को

समाजोपयोगी रूप देने में सक्षम होते हैं।

उपर्युक्त कार्यों के लिए आजकल विभिन्न कंपनियों में समय-समय पर बैठकें होती हैं, जिनमें अनेक स्तरों के कर्मचारी भाग लेते हैं। इनमें न सिर्फ ज्ञान संबंधी प्रयासों की सूचना दी जाती है वरन् किए गए कामों से प्राप्त लाभ-हानि का लेखा-जोखा भी दिया जाता है। भविष्य के लिए मजबूत रणनीति बनाने का प्रयास किया जाता है।

उपर्युक्त काम कई रूपों में होता है, जैसे—

1. चायकाल में चर्चा अनौपचारिक रूप से होती है।
2. औपचारिक सेमिनारों में विधिवत् चर्चा होती है।
3. इंटरनेट पर भी विभिन्न विषयों पर विचारों व सुझावों का आदान-प्रदान होता है।
4. कंपनी द्वारा चलाए जानेवाले कॉल सेंटरों से ग्राहकों, आपूर्तिकर्ताओं, संबंधित लोगों से विचार व सुझाव लिये जाते हैं।

उपर्युक्त सभी के लिए संचार व्यवस्था का सशक्त होना आवश्यक होता है। इसके अलावा आधुनिक ज्ञान प्रबंधन के अंतर्गत सभी व्यावसायिक प्रक्रियाओं को कलमबद्ध किया जाता है। इन्हें एक विशेष प्रारूप में लिखा जाता है तथा समय-समय पर परिष्कृत किया जाता है। इसके लिए पिछले अनुभवों तथा नए प्रयोगों दोनों की सहायता ली जाती है। यह इस तरह किया जाता है, ताकि गलतियों से बचा जाए और पुनरावृत्ति व बरबादी रोकी जाए।

आज हर संगठन अपने यहाँ कार्य के मानक तरीके विकसित कर रहा है। ये तरीके इस लक्ष्य को ध्यान में रखकर विकसित किए जाते हैं कि परिणाम उच्च गुणवत्तावाला हो। चाहे क्षेत्र सॉफ्टवेयर का हो या चिकित्सा का, उत्तम कार्य-प्रणाली पर जोर दिया जाता है।

प्रत्येक कंपनी के वरिष्ठ प्रबंधक वर्तमान व नए ज्ञान को कलमबद्ध करते हैं। वे इसे भावी उपयोग के लिए तैयार करते हैं। अपने संसाधनों की सीमा में रहते हुए ही ज्ञान के लिए आवश्यक रणनीति व प्रक्रिया विकसित कर लेते हैं।

उपर्युक्त के अंतर्गत कंपनी की दूरसंचार व्यवस्था, कार्य-प्रणाली, सीखने संबंधी रणनीति आदि इस तरह एक-दूसरे में पिरोई जाती हैं, ताकि कंपनी की व्यावसायिक दिनचर्या लक्ष्यपरक हो जाए।

निम्न के बीच तालमेल सुचारु बनाया जाता है—

1. उत्पाद व प्रक्रिया के मध्य,

2. उत्पादन व सूचना प्रौद्योगिकी,
3. कंपनी की आधारभूत संरचना के सभी घटक आपस में एक-दूसरे से मजबूती से जोड़े जाते हैं।

उपर्युक्त के अलावा हर कंपनी के कुछ शुभचिंतक भी होते हैं, जो परिसर में रहकर योगदान नहीं करते बल्कि बाहर रहकर योगदान करते हैं। इनका कंपनी में काफी कुछ दाँव पर लगा होता है। ये हैं—

1. आपूर्तिकर्ता,
2. ग्राहक,
3. प्रतिस्पर्धी,
4. सरकार,
5. विश्वविद्यालय,
6. अनुसंधान संस्थान,
7. वित्तीय संस्थान, जैसे—बैंकर, कर्जदाता,
8. सलाहकार,
9. उद्योग संघ जैसे—फिक्की (FICCI) आदि।

ज्ञान के उचित प्रबंधन के लिए इन सबसे भी सहयोग व विचार-विमर्श आवश्यक होता है। ज्ञान प्राप्त करने तथा उपयोग करने का एक प्रमुख लक्ष्य यह भी होता है कि किए गए निवेश पर अधिकतम लाभ हो। साथ ही हर स्तर पर मूल्यवर्द्धन प्रक्रिया की दक्षता बढ़े। ज्ञान-रूपी पूँजी को हासिल करने तथा सुचारु रूप से प्रयोग करने के लिए यह भी आवश्यक है कि देश में या समाज में तमाम नियम-कानून आदि हों तथा उनका सम्मान किया जाए। यदि बाहरी सामाजिक वातावरण उथल-पुथलवाला होगा तो ज्ञान का प्रबंधन प्रभावित हुए बिना नहीं रह पाएगा।

ज्ञान प्रबंधन व अनुसंधान प्रबंधन में कुछ अन्य अंतर इस प्रकार हैं—

ज्ञान	*अनुसंधान*
1. ज्ञान प्रबंधन के अंतर्गत कंपनी के वर्तमान ज्ञान का प्रबंधन किया जाता है।	1. अनुसंधान प्रबंधन के अंतर्गत मुख्यतः नए ज्ञान व विशिष्ट ज्ञान का प्रबंधन किया जाता है।
2. ज्ञान को वर्तमान ज्ञान में अवशोषित किया जाता है।	2. नए ज्ञान को उत्पन्न किया जाता है।

ज्ञान प्राप्त करने की धुन में व्यक्ति समस्याओं का हल तलाश करने में जुटता

है। अत: इसका प्रबंधन करनेवाले इस प्रकार की रणनीति अपनाते हैं—

1. समस्याओं की तलाश की जाती है।
2. सृजनात्मकता तथा समाज में विचार-विमर्श के द्वारा हल का पूर्वानुमान लगाया जाता है।

कई बार उपर्युक्त रणनीति के अंतर्गत व्यक्ति अनजानी राह पर चल पड़ता है। ज्ञान प्रबंधन के अंतर्गत तरह-तरह की गतिविधियाँ संपन्न होती हैं; जैसे—

1. नए ज्ञान का सृजन होता है।
2. अब तक निष्क्रिय पड़े ज्ञान को सक्रिय किया जाता है।
3. ज्ञान का हस्तांतरण किया जाता है।
4. ज्ञान का प्रसार किया जाता है।
5. ज्ञान को संगठन की आवश्यकताओं के अनुकूल बनाया जाता है और उसके प्रयोग में महारत हासिल की जाती है।
6. इस पर आवश्यक नियंत्रण लागू किए जाते हैं।
7. ज्ञान को संगठन की आवश्यकतानुसार, भौगोलिक आवश्यकतानुसार, राष्ट्रीय आवश्यकतानुसार एकीकृत किया जाता है।

उपर्युक्त के अंतर्गत भौतिक संसाधनों व मानव संसाधनों को आपस में जोड़ा जाता है। इसमें विभिन्न विषयों, जैसे—दर्शनशास्त्र, नीतिशास्त्र, विभिन्न प्रौद्योगिकियों जैसे—संचार माध्यमों, इंटरनेट तथा विशेषज्ञों आदि की अलग-अलग भूमिका होती है।

इस प्रक्रिया में तमाम विविधताएँ भी देखने को मिलती हैं। दवा उद्योग, कानूनी क्षेत्र, कंप्यूटर उद्योग, सैन्य प्रबंधन आदि की अपनी-अपनी आवश्यकताएँ होती हैं और उनके अनुरूप उनमें ज्ञान का प्रबंधन होता है।

ज्ञान प्रबंधन के पाँच लक्ष्य माने जाते हैं—

1. ज्ञान के मूल्य के बारे में जागृति लाना।
2. प्रमुख ज्ञान उत्पत्तिकर्ताओं की पहचान करना।
3. सृजनात्मक क्षमता की पहचान करना।
4. स्पष्ट ज्ञान उत्पन्न करनेवाले लक्ष्य उत्पन्न करना।
5. आर्थिक उद्देश्य के अलावा भी ज्ञान का मूल्यांकन करना।

पहले अधिकतर फैसले केवल अंतरात्मा की आवाज पर ले लिये जाते थे। उनका स्पष्ट व मजबूत आधार नहीं होता था; पर अब निर्णय लेने का स्पष्ट आधार होता है, जो ज्ञान प्रबंधन तंत्र द्वारा उपलब्ध कराया जाता है।

इसके अलावा ज्ञान संबंधी रणनीतियाँ इस बात पर भी निर्भर करती हैं कि कंपनी की आंतरिक व बाह्य काररवाइयाँ कितनी स्थिर व सतत हैं। आमतौर पर काररवाइयों को स्थिर व सतत बनाने के लिए रणनीति तैयार की जाती है। इसके अंतर्गत निम्नलिखित प्रयास होते हैं—

1. ज्ञान को कूटबद्ध करने के लिए रणनीति बनाई जाती है।
2. ज्ञान के भंडार से ज्ञान को आगे ले जाने के लिए रणनीति तैयार की जाती है।
3. ज्ञान प्रबंधन को उद्देश्य पर केंद्रित किया जाता है।
4. ज्ञान के प्रवाह को नियंत्रित करने के लिए रणनीति तैयार की जाती है।

आमतौर पर ज्ञान उस ओर बहता है जिधर सीखने की प्रक्रिया चलती है। सीखनेवाले के अंदर यह प्रवृत्ति जन्म लेती है कि किस प्रकार किसी काम को नए तरीके से किया जाए। नए तरीके तैयार करने की प्रक्रिया में ज्ञान का उपयोग भी होता है और नया ज्ञान तैयार भी होता है। किसी भी संगठन में काम अर्थात् व्यवसाय करने के तरीके विकसित करने एवं बदलने में ज्ञान का उपयोग होता है। इसके अलावा, जब कभी प्रौद्योगिकी में व्यापक परिवर्तन होता है तब भी ज्ञान संबंधी रणनीति की अत्यधिक आवश्यकता महसूस होती है।

ज्ञान संबंधी रणनीति तैयार करना—ज्ञान संबंधी रणनीति वास्तव में कंपनी की व्यावसायिक प्रक्रिया संबंधी रणनीति का ही एक हिस्सा होती है। इसके चार भाग होते हैं—

1. ज्ञान उत्पन्न करने की रणनीति,
2. ज्ञान बाँटने संबंधी रणनीति,
3. ज्ञान को व्यवसाय से जोड़ने संबंधी रणनीति और
4. सीखने संबंधी रणनीति।

इनके अंतर्गत निम्नलिखित कार्य संपन्न किए जाते हैं—

1. उपलब्ध ज्ञान का लेखा-जोखा किया जाता है।
2. भविष्य के लिए आवश्यक ज्ञान का पूर्वानुमान लगाया जाता है।
3. ज्ञान विकसित करने तथा उसका उपयोग करने संबंधी रणनीति तैयार की जाती है।

उपर्युक्त रणनीति में अलग-अलग कंपनियों की आवश्यकताओं के मद्देनजर काफी विविधताएँ होती हैं। नई कंपनियों की रणनीति अलग होती है और सुस्थापित कंपनियों की अलग। इसमें निम्न लक्ष्य महत्त्वपूर्ण होते हैं—

1. समय के साथ कंपनी में परिवर्तन लाने की आवश्यकता बढ़ती चली जाती है।
2. नया ज्ञान पहले समझ के रूप में होता है। फिर यह प्रोटोटाइप का रूप ले लेता है। बाद में यह परीक्षित उत्पाद का रूप ले लेता है।
3. उपर्युक्त प्रक्रिया में ज्ञान का मूल्य लगातार बढ़ता चला जाता है।
4. ज्यों-ज्यों ज्ञान का मूल्य बढ़ता है त्यों-त्यों कंपनी की अपने आपको बदलने की आवश्यकता बढ़ती जाती है।
5. जटिल स्थिति में कंपनी के लिए यह आवश्यक हो जाता है कि वह अब तक सबसे ज्यादा सफल रहे लोगों को इस स्थिति में उतारे।
6. इस तरह भविष्य के ज्ञान के लिए नेतृत्व उपलब्ध हो जाता है।
7. यह नेतृत्व ज्ञान के स्रोतों से सीधे या अपने प्रतिनिधियों के माध्यम से संपर्क करता है।
8. ज्ञान के स्रोतों की पहचान के साथ ही ज्ञान के हस्तांतरण की प्रक्रिया प्रारंभ हो जाती है।
9. कुछ मामलों में ज्ञान पहले कंपनी के शीर्षस्थ व्यक्तियों के पास आता है और फिर वह धीरे-धीरे नीचे आता है।
10. कुछ मामलों में हर स्तर के कर्मचारियों को इस प्रक्रिया में शामिल किया जाता है।

उदाहरण—अनेक कंपनियों ने इस संबंध में अपनी स्पष्ट नीतियाँ बना रखी हैं। दवा कंपनियाँ, जैव प्रौद्योगिकी कंपनियाँ, माइक्रो इलेक्ट्रॉनिक्स कंपनियाँ इस क्षेत्र में काफी आगे हैं। इन कंपनियों में निम्न विशेषताएँ देखने को मिलती हैं।

1. मानवीय व्यवहार बहुत अच्छा होता है।
2. जिम्मेदारी स्पष्ट बँटी हुई होती है और इसमें काफी पारदर्शिता होती है।
3. प्रबंधन में कर्मचारियों की असीमित साझेदारी होती है।
4. सीखने का कार्यक्रम लगातार चलता रहता है।
5. गुणवत्ता के पैमाने स्पष्ट और चुनौतीपूर्ण होते हैं।
6. सहयोगी कर्मचारियों को निरंतर प्रशिक्षण दिया जाता है।

रणनीतियों पर अन्य प्रभाव भी पड़ते हैं और वे महत्त्वपूर्ण भूमिका निभाते हैं। इनके कुछ उदाहरण इस प्रकार हैं—

आवश्यकता से प्रेरित ज्ञान रणनीति—कुछ कंपनियों में बहुत महँगी संपदा होती है; जैसे—वायुसेवा प्रदान करनेवाली कंपनी सहारा को बहुत महँगे

हवाई जहाज खरीदने पड़ते हैं। कंपनी के लिए अपनी सेवा की गुणवत्ता बढ़ाने के लिए जल्दी-जल्दी आधुनिकतम प्रौद्योगिकी पर आधारित जहाज खरीदना संभव नहीं होता है।

इसके अलावा जहाजों के परिचालन व रख-रखाव पर भी भारी खर्च आता है। इसमें भी ऐसा परिवर्तन करना संभव नहीं होता जो महँगा हो। इसी तरह की स्थिति दवा कंपनी की होती है। दवा का पेटेंट, प्लांट आदि महँगे होते हैं। उनका परिचालन, रख-रखाव संबंधी खर्च भी अधिक होता है। ऐसे में अपनी सेवा का मूल्य बढ़ाने के लिए ज्ञान आधारित रणनीति अपनाई जाती है, जो ग्राहकों को आकर्षित करती है और कंपनी की प्रतिस्पर्धा में बने रहने की क्षमता बढ़ती है।

प्रौद्योगिकी से प्रेरित ज्ञान रणनीति—हर कंपनी अपनी प्रौद्योगिकी संबंधी पसंद व क्षमता को व्यवस्थित करने के लिए तरह-तरह के प्रयास करती है। प्रौद्योगिकी वास्तव में ज्ञान का ही एक उत्पाद है। इसके माध्यम से कंपनी उत्पाद व सेवा तैयार करती है। इसमें विभिन्न प्रकार की कारीगरी का उचित समावेश किया जाता है।

कंपनी की ज्ञान संबंधी रणनीति प्रौद्योगिकी के विकास पर भी जोर डालती है और उपयोग पर भी। इससे कर्मचारियों की योग्यता में लगातार वृद्धि होती रहती है और परिणामस्वरूप कार्य संबंधी विभिन्न सूत्र, डिजाइन आदि परिवर्धित होते हैं।

कंपनी में उपलब्ध प्रौद्योगिकी किसी उत्पाद विशेष को ही नहीं प्रभावित करती है वरन् पूरी कार्य-प्रणाली, निर्माण-प्रक्रिया, ग्राहक सेवा आदि को समृद्ध करती है। समय के साथ प्रौद्योगिकी और अधिक सुसज्जित होती चली जाती है और ज्ञान संबंधी रणनीति उसे और अधिक सुसज्जित बनाने पर बल देती है। इस रणनीति के अंतर्गत लोगों का मशीनों, उत्पादों व प्रक्रियाओं से संबंध सुधारा जाता है तथा उसे और अधिक उन्नत बनाया जाता है। इसमें कंपनी के प्रबंधक, इंजीनियर, वैज्ञानिक व सामान्य कर्मचारी—सभी अपना-अपना योगदान करते हैं।

उपर्युक्त प्रक्रिया में विभिन्न प्रौद्योगिकियाँ पहचानी व परिभाषित की जाती हैं, जैसे—

1. **कोर या मुख्य प्रौद्योगिकी**—इस पर पूरी कंपनी की कारवाई निर्भर करती है।
2. **पेरिफेरल या बाह्य प्रौद्योगिकी**—इस पर कंपनी की दक्षता निर्भर करती है तथा कारवाइयों का उचित प्रभाव सुनिश्चित होता है।
3. **उत्पाद प्रौद्योगिकी**—इसकी सहायता से उत्पाद विशेष तैयार होता है।

4. **प्रक्रिया प्रौद्योगिकी**—इसकी सहायता से कंपनी में विभिन्न उत्पादन प्रक्रियाएँ संपन्न होती हैं।

ज्ञान संबंधी रणनीति उपर्युक्त के मध्य उचित तालमेल बैठाती है।

अव्यक्त ज्ञान से प्रेरित रणनीति—प्रत्येक संगठन लगातार तमाम स्रोतों से तरह-तरह की कूटबद्ध सूचनाएँ प्राप्त करता रहता है। पर इनमें से वही सूचनाएँ या ज्ञान उपयोगी साबित होता है जो व्यक्ति के मस्तिष्क में स्थान बना लेता है।

अतः हर कंपनी ऐसी रणनीति तैयार करती है जो तमाम सूचनाओं को व्यक्ति के मस्तिष्क में उपयोग के अनुसार ही स्थान बनाने में सहायक हो। इसके अंतर्गत व्यक्ति को यह जानने या समझने की आदत होनी चाहिए—'कैसे व क्यों'?

इस प्रकार का अव्यक्त ज्ञान बौद्धिक संपदा में परिवर्तित नहीं हो पाता है। इसको उपयोगी रूप देने में काफी समय लगता है। ज्यादातर लोगों को यह पता ही नहीं होता है कि उन्हें क्या-क्या मालूम है।

इसके अलावा अनेक लोग ऐसे ज्ञान को दबाए रखते हैं और बाँटना नहीं चाहते हैं।

अतः कंपनी की रणनीति यह होती है कि लोग ज्ञान को बाँटें। ज्ञान शक्ति तब ही बनता है जब वह अच्छी तरह अवशोषित होता है। अव्यक्त ज्ञान को ऐसा रूप दिया जाना आवश्यक होता है, ताकि वह स्पष्ट हो सके। इसके लिए उन्हें दस्तावेजों में दर्ज करना, अन्य ज्ञानों के साथ जोड़ना और फिर व्यावसायिक कार्यों में उपयोग करना आवश्यक होता है। इसके लिए उचित अनुभव आवश्यक होता है।

अनेक कंपनियाँ अपने यहाँ ऐसी व्यवस्था उत्पन्न करती हैं कि अव्यक्त ज्ञान शीघ्रातिशीघ्र उपयोगी ज्ञान का रूप ले ले।

इस प्रकार तीनों प्रकार की रणनीतियों को कंपनियों में उचित स्थान दिया जाना चाहिए तथा उनके आधार पर नवीनीकरण की क्षमता विकसित करनी चाहिए। तभी कंपनी की प्रतिस्पर्धा में टिकने की क्षमता बढ़ेगी।

□

ज्ञान का क्षेत्र

ज्ञान का क्षेत्र अनंत है; किंतु व्यवस्था की दृष्टि से हर कंपनी में ज्ञान के उचित भंडारण के लिए अलग-अलग उपयुक्त ढाँचे तैयार किए जाते हैं। इन ढाँचों की संख्या, क्षमता व गुणवत्ता पर ही संगठन की योग्यता व प्रतिस्पर्धा में बने रहने की क्षमता निर्भर करती है।

उपर्युक्त ज्ञान के भंडार में कंपनी का स्पष्ट व अव्यक्त दोनों प्रकार का ज्ञान समाहित होता है। साथ ही यह कंपनी की व्यावसायिक प्रक्रियाओं, उत्पादों, बौद्धिक संपदा, आपूर्तिकर्ताओं व ग्राहकों के संपर्क जाल में भी जमा रहता है।

उपर्युक्त के आधार पर भावी ज्ञान का विकास होता है। ज्ञान का यह भंडार जितना सक्रिय होता है, संगठन उतना ही जीवंत होता है। उसकी कार्य-प्रणाली उतनी ही स्पष्ट व तीव्र होती है। संगठन के अंदर उत्पन्न विचार व बाहर से लिये गए विचार उसमें आकर लगातार मिलते रहते हैं।

उपर्युक्त ज्ञान भंडारों को और अधिक समृद्ध व गतिशील बनाने के लिए उन्हें विशेष संस्थानों से जोड़ा जाता है। विभिन्न देशों की सरकारें अपने यहाँ ऐसे विशिष्ट संस्थानों को विकसित करती हैं या तरह-तरह से सहायता देती हैं। ये विशिष्ट संस्थान, जैसे—रक्षा अनुसंधान व विकास संगठन, वैज्ञानिक व औद्योगिक अनुसंधान परिषद्, आई.आई.टी. आदि राष्ट्र के ज्ञान भंडार माने जाते हैं। ये संगठन नई ज्ञान संपदा के विकास व उसके प्रचार-प्रसार का दायित्व निभाते हैं।

विभिन्न व्यावसायिक संगठन इन राष्ट्रीय ज्ञान भंडारों से ज्ञान लेते हैं। वे अपनी आवश्यकता के अनुरूप ज्ञान विकसित करने के लिए उनसे तालमेल भी करते हैं।

पहले ऐसे ज्ञान भंडार सिर्फ सरकारी क्षेत्र में ही होते थे और सरकारी तथा

गैर-सरकारी संगठन उनसे ज्ञान प्राप्त करते थे। इन ज्ञान भंडारों को सरकारी अनुदान पर ही आश्रित रहना पड़ता था।

परंतु अब इस स्थिति में परिवर्तन आया है। आज निजी क्षेत्र भी ऐसे ज्ञान भंडार स्थापित करने के लिए आगे आ रहा है। निजी क्षेत्र की बड़ी कंपनियाँ अकेले या मिलकर ऐसे ज्ञान भंडारों के विकास में निवेश कर रही हैं।

इसके अलावा सरकारी क्षेत्र के ये ज्ञान भंडार अब केवल सरकारी अनुदान पर निर्भर नहीं हैं। ये उत्पन्न ज्ञान को सरकारी व निजी क्षेत्र की कंपनियों को आकर्षक दामों पर बेच रहे हैं और प्राप्त धन को भावी ज्ञान विकास में लगा रहे हैं।

ज्ञान प्रबंधन क्षेत्र में अग्रणी तथा अनुगामी

आज व्यावसायिक क्षेत्र में काफी विविधता देखने को मिलती है। अनेक संगठन नए क्षेत्र में उतरने के लिए लालायित रहते हैं। ये नए ज्ञान को प्राप्त करने तथा उसे अधिकाधिक रूप में विकसित करने के लिए अधिकाधिक प्रयास करते हैं। ऐसे संगठन ज्ञान के क्षेत्र में अग्रणी या लीडर कहलाते हैं। इनमें लगातार नए-नए विचार उमड़ते रहते हैं।

ये अग्रणी संगठन ज्ञान के क्षेत्र में भारी जोखिम भी उठाते हैं। पर साथ ही कभी-कभी इन्हें भारी मुनाफा भी होता है।

दूसरी ओर अन्य संगठन उपर्युक्त संगठनों से ज्ञान प्राप्त करते हैं। ये संगठन प्राप्त नए ज्ञान को अपनी वर्तमान गतिविधियों में जोड़ते हैं और उससे लाभ उठाते हैं। ऐसे संगठन अनुगामी या फॉलोअर कहलाते हैं।

ये संगठन अकसर नए काम में हिचकिचाते हैं। वे स्वयं कदम कम बढ़ाते हैं और दूसरों को ज्यादा देखते हैं। ये उन गलतियों से बचते हैं, जो अकसर अग्रणी संगठन कर बैठते हैं।

आमतौर पर अग्रणी संगठन फ्रैंचाइजिंग व लाइसेंसिंग के माध्यम से अनुगामी संगठनों को ज्ञान देते हैं।

बीसवीं सदी के उत्तरार्द्ध में जापान, अमेरिका, यूरोप व अन्य कुछ देश ज्ञान के क्षेत्र में अग्रणी माने जाते थे। भारत व अन्य विकासशील देश अनुगामी माने जाते थे, पर अब स्थिति बदल रही है।

विभिन्न देशों में भी अनेक संगठन अग्रणी माने जाते हैं और शेष अनुगामी। यही नहीं, संगठनों में भी कुछ लोग अग्रणी माने जाते हैं और कुछ अनुगामी।

अग्रणी संगठन व व्यक्ति अनुसंधान में अधिक निवेश करते हैं। ऐसे संगठनों

की अनुसंधान इकाइयाँ अधिक सशक्त होती हैं तथा उनमें नए विचारों का विकास निरंतर होता रहता है। इन संगठनों में ज्ञान विकास का कार्य अनुसंधान परियोजना या अनुसंधान कार्यक्रम के रूप में चलता रहता है। इन परियोजनाओं व कार्यक्रमों के माध्यम से कंपनी का ज्ञान भंडार बढ़ता रहता है। इनमें जो अनुसंधान होता है वह वस्तुपरक भी होता है और मूल्यवर्द्धन उसका लक्ष्य होता है।

ये कंपनियाँ अपने वर्तमान ज्ञान के भंडार के आधार पर ज्ञान का प्रबंधन करती हैं। इस प्रकार की कंपनियों की रणनीति का एक उदाहरण इस प्रकार है—

1. ये कंपनियाँ अपने उत्पाद की विश्वसनीयता पर विशेष जोर देती हैं।
2. ये कंपनियाँ अपने क्षेत्र में अग्रणी बने रहने का प्रयास करती हैं।
3. ये सर्वाधिक योग्य व दक्ष कर्मचारियों की भरती पर जोर देती हैं।
4. ये कंपनियाँ केवल अपने ज्ञान विकास पर ही निर्भर नहीं रहती हैं वरन् इस कार्य के लिए इस क्षेत्र में अग्रणी अन्य देशी-विदेशी संगठनों से भी तरह-तरह का गठजोड़ करती हैं।
5. ये विभिन्न अनुबंधों के अंतर्गत ज्ञान लेती हैं और देती भी हैं।
6. इन कंपनियों में नया, आविष्कारी कार्य करनेवालों का महत्त्व बहुत ज्यादा होता है। ऐसे लोगों को विशेष वेतन तथा अन्य सुविधाएँ दी जाती हैं। इन कंपनियों में कार्य-प्रदर्शन का मूल्यांकन करने और इसके आधार पर वेतन निर्धारण के लिए स्पष्ट विधियाँ होती हैं।
7. इस प्रकार की कंपनियों में पेटेंट हासिल करने के लिए सुस्पष्ट रणनीति होती है। पेटेंटों की संख्या तथा उनके मूल्य पर विशेष ध्यान दिया जाता है। इसके अलावा ये कंपनियाँ इस बात पर भी नजर रखती हैं कि इनके पेटेंटों की कोई अवैध नकल तो नहीं कर रहा। ऐसी स्थिति में ये कंपनियाँ तत्काल व सख्त काररवाई करती हैं।
8. ये कंपनियाँ अपने क्षेत्र तथा संबंधित क्षेत्र में हो रहे तकनीकी विकास पर विशेष नजर रखती हैं। इनका सूचना-तंत्र परिपक्व एवं अति दक्ष होता है। आधुनिक सूचना प्रौद्योगिकी के हर आयाम, जैसे लोकल एरिया नेटवर्क, इंटरनेट आदि का ये लाभ उठाती हैं।
9. ये कंपनियाँ आवश्यकता पड़ने पर प्रौद्योगिकी खरीदती हैं और प्रौद्योगिकी पर आधारित उत्पाद भी। ये अपने वैज्ञानिकों, अनुसंधानकर्ताओं को दूसरे संगठनों में जाकर संपर्क बढ़ाने का पूरा अवसर देती हैं।
10. इन कंपनियों में तेजी से विकास होता है। इनकी व्यावसायिक गतिविधियों

में भारी विविधता देखने को मिलती है।

11. इन कंपनियों में ज्ञान का प्रसार करने के लिए अनेक स्तरों की बैठकें होती हैं, जिनमें कई बार शीर्ष अधिकारी भी भाग लेते हैं। इनमें ज्ञान का प्रसार ऊपर से नीचे भी होता है और सीधी क्षैतिज रेखा में भी। ज्ञान का प्रसार जितना व्यवस्थित होता है, प्राप्त ज्ञान का विकास तथा अनुकूलन आगे भी उतना ही शीघ्र व प्रभावी होता है।
12. इन कंपनियों का बाजार में काफी हिस्सा होता है और यह निरंतर बढ़ता रहता है।

इस प्रकार हम देखते हैं कि ज्ञान के क्षेत्र में अग्रणी कंपनियों की संसाधनों के उपयोग संबंधी रणनीति अलग ही होती है। ये कंपनियाँ बाजार में अपना हिस्सा बढ़ाती हैं और अपनी तकनीकी बढ़त भी बनाए रखती हैं। इन दोनों में अद्‌भुत संतुलन ही इनकी विशेषता है।

ज्ञान का उपयोग

ज्ञान का व्यापार तभी संभव है जब यह बाजार में प्रवेश करे। बाजार में यह तभी प्रवेश करता है जब उपयोगी रूप लेता है। इसका उपयोग दो रूपों में उभरता है। एक रूप के अंतर्गत यह पेटेंट, कॉपीराइट के रूप में परिवर्तित होता है; किंतु उस रूप में इसका मूल्य सभी नहीं समझ पाते हैं और इसका बाजार सीमित होता है। इसका दूसरा रूप तब उभरता है जब यह उपयोगी उत्पाद या सेवा का रूप ले लेता है। सभी प्रकार का वैज्ञानिक ज्ञान आर्थिक रूप से मूल्यवान् उत्पाद का रूप नहीं ले सकता है। यह वैज्ञानिक ज्ञान जब तकनीकी रूप ले लेता है तो इससे आर्थिक रूप से मूल्यवान् उत्पाद तैयार हो जाते हैं।

इसका कारण है कि तकनीकी ज्ञान वस्तुपरक होता है और यह निश्चित उपयोग में काम आता है। यह भी कहा जा सकता है कि तकनीकी ज्ञान वह ज्ञान है जिससे उत्पाद व सेवाएँ तैयार की जा सकती हैं।

अत: यदि कोई कंपनी ज्ञान आधारित कार्य करना चाहती है तो उसे तकनीकी ज्ञान में महारत हासिल करनी चाहिए। साथ ही उसे बाजार की कार्य-प्रणाली का भी पूरा ज्ञान होना चाहिए। जैसे—

1. बाजार में किस प्रकार की वितरण व्यवस्था है?
2. उत्पाद के क्या-क्या उपयोग हैं?
3. उपभोक्ताओं की क्या-क्या अपेक्षाएँ हैं?

4. ग्राहकों की जरूरतें क्या हैं और वे क्या चाहते हैं ?

5. किन परिस्थितियों में वे क्या-क्या पसंद करेंगे ?

उदाहरण के लिए, कोई दवा कंपनी औषधि निर्माण के सूत्र का समुचित उपयोग तभी कर सकती है जब उसके पास विभिन्न प्रकार के रसायनशास्त्र, शरीर विज्ञान, दवा निर्माण प्रौद्योगिकी का ज्ञान हो और साथ में बाजार के स्वरूप, विभिन्न कानूनों, नियमों, मरीजों की आर्थिक स्थिति, पसंद, जरूरतों का ज्ञान हो। जो कंपनी इनमें उचित समन्वय स्थापित कर लेगी वह सफल हो जाएगी।

ज्ञान पूँजी का क्षय—अब तक सभी लोग ज्ञान का वर्णित मूल्य नहीं समझ पाए हैं। यह देखा गया है कि जब भी कंपनी आर्थिक संकट में पड़ती है और कर्मचारियों या अधिकारियों की छँटनी की नौबत आती है तो देखा जाता है कि पहली कुल्हाड़ी अनुसंधान व विकास विभाग पर ही पड़ती है। इससे स्पष्ट है कि इस कंपनी को अभी भी ज्ञान के महत्त्व पर विश्वास नहीं है और साथ ही उसे यह भी पता नहीं है कि उसके पास कितना ज्ञान है, जो इन कर्मचारियों को निकालते ही चला जाएगा।

इसके अलावा ज्ञान का मूल्य तभी बना रहता है जब उसका उपयोग व पुनरुपयोग जारी रहता है। इसके लिए कंपनी के कर्मचारियों के बीच आपसी विश्वास व समझ का बना रहना अनिवार्य होता है। यह तभी संभव होता है जब कंपनी के कर्मचारियों के मध्य आपसी समझ एवं विश्वास कायम रहे। उन्हें नए ज्ञान की तलाश तथा फिर उसे आपस में बाँटने के लिए लगातार प्रेरित किया जाए। यदि खर्च कम करने के लिए कर्मचारियों की संख्या कम की जाएगी तो कंपनी का ज्ञान आधार क्षतिग्रस्त हो जाएगा तथा शेष कर्मचारी भी हतोत्साहित हो जाएँगे।

अनेक कंपनियाँ मात्र अल्पकालिक लक्ष्य लेकर चलती हैं और अपने यहाँ न्यूनतम कर्मचारियों की भरती करती हैं। वे उत्पादन की मौलिक सुविधाओं तथा अनुसंधान व विकास संबंधी सुविधाओं पर न्यूनतम खर्च करती हैं। वे उत्पादन की निरंतरता में भी विश्वास नहीं करती हैं और मात्र छोटे-छोटे फायदों के लिए काम या उसका हिस्सा बाहर ठेके पर दे देती हैं। वे कर्मचारियों को भी अंशकालिक ठेके पर नियुक्त करती हैं।

ऐसी कंपनियों का ज्ञान भंडार जल्दी ही खाली हो जाता है। ये कंपनियाँ दीर्घकालिक प्रगति नहीं कर पाती हैं।

दूसरी ओर, ज्ञान आधारित कंपनियाँ दूसरी कंपनियों से भी बड़े पैमाने पर

तालमेल करती रहती हैं। ये कंपनियाँ उत्पाद विकास, उत्पादन, खरीद, विपणन आदि सभी क्षेत्रों में तालमेल करती हैं। वे इस बात पर नजर रखती हैं कि व्यवसाय संबंधी सेवाओं में क्या-क्या विकास हो रहा है। वे उन्हें खरीदती रहती हैं, क्योंकि उन्हें बदलाव के लिए लगातार तैयार रहना पड़ता है। इन कंपनियों, उनके साझीदारों, आपूर्तिकर्ताओं, ठेकेदारों, उप-ठेकेदारों के बीच लगातार सूचनाओं का आदान-प्रदान निर्बाध गति से चलता रहता है।

□

ज्ञान-प्रबंधन द्वारा सीखने की क्षमता का विकास

आज के युग में किसी भी कंपनी के लिए सफलता हेतु सीखना अत्यावश्यक है। व्यक्ति, दल, विभाग, संगठन जिस तेजी से सीखते हैं, उनकी सफलता उसी गति से सुनिश्चित होती चली जाती है।

यही कारण है कि आज व्यावसायिक क्षेत्र के लोग लगातार सीखने पर जोर देते हैं और अनवरत शिक्षा की व्यवस्था जोर पकड़ती जा रही है। इंजीनियरिंग या प्रौद्योगिकी की शिक्षा आमतौर पर चार वर्ष में पूरी हो जाती है और प्रबंधन की औपचारिक शिक्षा दो-तीन वर्ष में पूरी होती है, उसके बाद भी व्यावसायिक लोग अथवा विशेषज्ञ लगातार सीखते रहते हैं और प्राप्त ज्ञान का उचित प्रयोग करते हुए फिर आगे सीखते हैं।

आज सीखना रोजमर्रा के कार्य का एक हिस्सा बन चुका है। इससे प्रतिस्पर्धा में बने रहने की व्यक्ति की क्षमता बढ़ती चली जाती है। ज्ञान के इस युग में इस क्षमता की आवश्यकता व महत्त्व दोनों बढ़ रहे हैं। कर्मचारी काम करते हुए भी सीखते हैं। वे काम में मिली सफलता से भी सीखते हैं और प्राप्त असफलता से भी।

इस प्रकार आज ज्ञान-प्रबंधन युग में सीखना एक प्रमुख गतिविधि बन चुका है। इसके अलावा वैश्वीकरण के युग में प्रबंधकों पर काम का दबाव भी बढ़ता चला जा रहा है। इसका एक कारण यह है कि उन्हें अलग-अलग क्षेत्रों में अलग-अलग प्रकार का कार्य एक साथ देखना होता है। 'ई' प्रबंधन के आगमन के साथ आधुनिक प्रबंधक अब किसी भी समय किसी भी जगह काम भी करता है और सीखता भी है।

आज सीखने के लिए प्रयोग करने की विद्या अधिक लोकप्रिय होती जा रही है। अपने काम को करते समय कर्मचारी तरह-तरह के प्रयोग करते हैं। आधुनिक युग में ई-कॉमर्स तथा ई-व्यापार के आगमन के साथ ही काम करने की प्रक्रिया में लचीलापन आया है और काम के बीच प्रयोग करने में भी। आज बातचीत व संपर्क के जरिए सीखने की प्रक्रिया तेजी से जोर पकड़ रही है। बहुत सारा सीखने का काम मध्यांतरों व भोजनावकाश आदि में संपन्न हो जाता है।

आज व्यक्तिगत कौशल के साथ-साथ सामूहिक रूप से सीखने पर भी जोर दिया जा रहा है। लोग इसके माध्यम से उपयोगी कुशलता हासिल कर रहे हैं और ज्ञान भी। उनकी मनोवृत्ति भी अनुकूल होती जा रही है। वे अपने ज्ञान का समुचित उपयोग कर रहे हैं। व्यावसायिक क्षेत्र में यह ज्ञान एक स्थान से दूसरे स्थान तक आ-जा रहा है। इसके दो केंद्रबिंदु होते हैं। एक, जो ज्ञान उत्पन्न करता है और दूसरा, वह जो ज्ञान सीखता है और फिर आगे उसका उपयोग करता है।

ये दोनों संगठन की दीर्घकालिक क्षमता को असाधारण रूप से बढ़ा देते हैं। उधर सीखना, उसके अनुरूप क्रिया व प्रदर्शन के बीच उचित तालमेल संगठन को मजबूत आधार प्रदान करते हैं।

अभी तक सीखने की प्रक्रिया परंपरागत रूप में संपन्न होती थी, जिसमें एक कक्ष होता था, कुछ पाठ्य पुस्तकें होती थीं और सिखानेवाले तथा सीखनेवाले साथ बैठकर सीखते थे। पर अब सीखने की प्रक्रिया में नए-नए आयाम जुड़ चुके हैं। इंटरनेट के द्वारा शिक्षा को परंपरागत शिक्षा के साथ जोड़कर एक सम्मिलित शिक्षा-पद्धति विकसित की जा रही है। इस नई पद्धति के माध्यम से परंपरागत पद्धति की खामियों को दूर किया जा रहा है; जैसे—

1. पहले शिक्षक केवल पाठ्य पुस्तकों पर निर्भर रहते थे और नए विषयों से बचने का प्रयास करते थे।
2. शिक्षक की पृष्ठभूमि अलग होती थी और इस कारण नए विषयों को पढ़ाने में वह कठिनाई महसूस करता था; पर अब विशेषज्ञ व वेबसाइट नया ज्ञान देने का प्रयास करते हैं।

इसके अलावा कार्य करते समय सीखने (ऑन द जॉब लर्निंग) का चलन जोर पकड़ता जा रहा है। ज्ञान-प्रबंधन के इस युग में ज्ञान का गतिशास्त्र अधिक गतिशील हो चुका है। इस कारण अनवरत ज्ञान प्राप्त करने की आवश्यकता बढ़ रही है।

इसके अलावा वास्तविक विषयों से अवगत होने के लिए कार्य के दौरान

नया ज्ञान प्राप्त करने हेतु भी नए-नए प्रयोग जारी हैं। इन प्रयोगों के परिणामों से नवीन ज्ञान प्राप्त होता है, जो अधिक उपयोगी होता है।

आज यदा-कदा ज्ञान प्राप्त करने के स्थान पर विधिवत् तरीके से ज्ञान प्राप्त करने का चलन बढ़ रहा है। किसी भी परियोजना में विभिन्न चरणों में अलग-अलग प्रकार के प्रयोग किए जाते हैं और यह सब योजनाबद्ध तरीके से संपन्न होता है। इस संबंध में कुछ सिद्धांत इस प्रकार हैं—

1. **कार्य द्वारा सीखना**—वास्तव में अनुभव सबसे बड़ा शिक्षक होता है। बहुत सारा ज्ञान हम अपने दैनिक अनुभवों से सीख लेते हैं। कई बार हम योजनाबद्ध तरीके से अनुभव प्राप्त करते हैं। पायलट योजना या पायलट उत्पादन बहुत सारा ज्ञान देता है।
2. **परिणाम द्वारा सीखना**—किसी भी प्रक्रिया में परिणाम हमें बताता है कि हम जो कर रहे हैं वह ठीक है या नहीं। परिणाम का विश्लेषण अनेक तरीकों से किया जाता है। विभिन्न सूचनाएँ व आँकड़े हमें विश्लेषण करने के लिए प्रेरित करते हैं और इस तरह हमें नया ज्ञान प्राप्त होता है, जो हमें सही निर्णय लेने के लिए अभिप्रेरित करता है और फिर हम वांछित परिणाम प्राप्त करते हैं।
3. **जाँच द्वारा सीखना**—बहुत सारी समस्याएँ हमें समस्या की जाँच करने के लिए प्रेरित करती हैं। जाँच के दौरान हमारे मन में नए-नए विचार उमड़ते हैं तथा इनसे ही इस तरह-तरह के प्रयोग करते रहते हैं। जाँच जितनी गहरी होती है, प्रयोग उतने ही ज्यादा होते हैं और नई-नई व विविध सूचनाएँ प्राप्त होती हैं, जो हमारे ज्ञान के भंडार को समृद्ध करती हैं।

आधुनिक कंपनियाँ ग्राहकों की संतुष्टि, उनकी पसंद-नापसंद जानने के लिए तरह-तरह की जाँच स्वयं भी करती तथा दूसरों से भी करवाती हैं। इस संबंध में बृहत् चर्चाएँ भी आयोजित की जाती हैं।

ज्ञान प्रबंधन के इस युग में उपर्युक्त प्रयोग बड़ी सावधानी से डिजाइन किए जाते हैं। इसके अलावा इन प्रयोगों से प्राप्त सूचनाओं के निर्बाध प्रवाह का भी प्रबंध किया जाता है। ई-मेल के चलन से कागज-विहीन सूचना प्रवाह व्यवस्था विकसित हो चुकी है। प्राप्त सूचनाओं के आधार पर सभी संबंधित पक्ष गहन चर्चा करते हैं।

आजकल चर्चा के लिए भी अनेक प्रकार के मंच उपलब्ध हैं। एक साथ बैठकर चर्चा करने के अलावा अपने-अपने स्थान पर बैठकर इंटरनेट, इंट्रानेट आदि

के द्वारा भी चर्चा होती है।

इन सभी से न सिर्फ निर्धारित लक्ष्य, जैसे ग्राहकों की संतुष्टि सुनिश्चित होती है वरन् किसी भी समय और किसी भी जगह सीखने का लक्ष्य भी प्राप्त होता है। कई बार एक चरण में किए गए प्रयास इतने परिणाम दे देते हैं कि अगले चरण की योजना तैयार हो जाती है और सीखने का कार्य आगे बढ़ता जाता है।

कई बार नई-नई खोज करने के लिए उपर्युक्त प्रक्रिया संपन्न की जाती है, जबकि कई बार निश्चित लक्ष्य प्राप्त करने के लिए ही यह किया जाता है। पर इस प्रक्रिया के तीन लक्ष्य होते हैं—

1. लोग,
2. प्रक्रिया,
3. प्रौद्योगिकी।

सीखने की प्रक्रिया उपर्युक्त तीनों के इर्द-गिर्द घूमती रहती है। इस प्रक्रिया में ग्राहकों को भी शामिल किया जाता है। ग्राहकों को समस्याओं के बारे में वास्तविक ज्ञान होता है। पर उन्हें उन नई घटनाओं का ज्ञान नहीं होता, जो इस समस्या को हल कर सकती हैं। उन्हें उन नई घटनाओं से लगातार अवगत कराया जाता है। उन्हें प्रयोगों के बारे में बारीकी से समझाया जाता है और नए-नए लाभों के बारे में बताया जाता है। धीरे-धीरे वे भी नई सुविधाओं का स्वागत करते हैं और सहर्ष स्वीकार करने लगते हैं।

कई बार भागीदारी बढ़ाने के लिए तरह-तरह के प्रोत्साहन भी दिए जाते हैं। इससे सृजनात्मकता और बढ़ती चली जाती है।

इसके अलावा प्रक्रिया को भी लगातार नया बताया जाता है। अनेक परियोजनाओं के परिचालन के दौरान प्रौद्योगिकी का भी नवीनीकरण हो जाता है। कई बार प्रौद्योगिकी में उपयुक्त लचीलापन आ जाता है। प्रारंभ में प्रौद्योगिकी क्री कीमत ज्यादा लगती है, किंतु धीरे-धीरे यह साबित हो जाता है कि कीमत की तुलना में लाभ अधिक हैं।

आज हर कंपनी ज्ञान-प्रबंधन का उपयोग करते हुए पूरे तंत्र की दक्षता बढ़ाने का प्रयास कर रही है। साथ ही उपयोगिता बढ़ाने के भी प्रयास हो रहे हैं। आनेवाले समय में निम्न प्रयासों के जोर पकड़ने की संभावना है—

1. आनेवाले समय में हर स्तर के लोग, जैसे—नियोजन करनेवाले, डिजाइन करनेवाले, कार्यान्वयन करनेवाले अपने प्रयासों में तरह-तरह के प्रयोग करेंगे और सीखेंगे।

2. प्रौद्योगिकी का स्तर बढ़ता ही चला जाएगा; पर इसका प्रबंधन इस प्रकार करना होगा, ताकि अधिक-से-अधिक व उत्कृष्ट परिणाम सामने आ सकें।
3. हर व्यक्ति अपने काम की पूरी प्रक्रिया उचित रूप से डिजाइन कर लेगा और स्वयं ही अपने मानदंड, दिशा-निर्देश व सहायक तंत्र तैयार कर लेगा।
4. तंत्र ऐसा बनाता चला जाएगा जो जन-केंद्रित होगा। यह लोगों की समस्याओं का निदान करेगा। लोग प्रौद्योगिकी पर नहीं वरन् प्रौद्योगिकी लोगों पर ध्यान देगी और ग्राहकों की वास्तविक समस्याएँ हल होंगी।
5. हर जगह खुले तंत्र व स्थानीय समाधान पर जोर दिया जाएगा। यह प्रयास किया जाएगा कि स्थानीय उपलब्ध संसाधनों की सहायता से ही हल निकल जाए। इसके अलावा समय व स्थान की दृष्टि से लचीलापन भी उपलब्ध हो जाए—अर्थात् किसी भी समय व किसी भी स्थान पर हल उपलब्ध हो।
6. विकल्पों का नियोजन, डिजाइन, कार्यान्वयन बेहतर होगा।
7. संचार व्यवस्था सुदृढ़ होगी और साथ ही उसमें लचीलापन भी उपलब्ध होगा।

इस प्रकार हम कह सकते हैं कि प्रौद्योगिकी की सहायता से ज्ञान-प्रबंधन एवं सीखने की प्रक्रिया मिलकर एक अद्‍भुत कार्य-संस्कृति उत्पन्न कर सकते हैं। इसके साथ ही प्रौद्योगिकी को उचित रणनीति के साथ प्रयोग किया जाना भी आवश्यक है। प्रौद्योगिकी की पहचान, चयन, हस्तांतरण, अवशोषण, प्रोन्नति आदि गतिविधियाँ भी सावधानीपूर्वक की जानी चाहिए। अनुप्रयुक्त प्रौद्योगिकी से हलके परिणाम प्राप्त होते हैं और कई बार तो पूर्ण असफलता ही हाथ लगती है।

□

ज्ञान-प्रेरित समाज

विज्ञान, प्रौद्योगिकी तथा ज्ञान के मध्य जोड़ दो प्रकार का होता है। एक प्रकार का जोड़ इस बात पर निर्भर करता है कि विज्ञान व प्रौद्योगिकी में ज्ञान की प्रकृति किस प्रकार की है। इससे ज्ञान विज्ञान व प्रौद्योगिकी के स्वरूप में ढलता चला जाता है। दूसरे प्रकार के अंतर्गत यह देखा जाता है कि ज्ञान की स्थिति में विज्ञान व प्रौद्योगिकी का क्या योगदान है।

इस तरह विज्ञान व प्रौद्योगिकी ज्ञान की स्थिति का संकेत देनेवाली होती है या ज्ञान की उत्पत्ति का आधार होती है।

विज्ञान से अनेक परिणाम निकलते हैं। उनमें से एक परिणाम सूचना भी है। वैज्ञानिक परिणामों का मूल्यांकन प्रकाशित रचनाओं, जैसे—पुस्तकों, पत्रिकाओं, लेखों, रिपोर्टों आदि के आधार पर होता है। इन सभी में वैज्ञानिक प्रयासों से प्राप्त सूचनाएँ होती हैं। इस तरह विज्ञान को इससे उत्पन्न सूचनाओं के आधार पर परिभाषित किया जा सकता है।

इसी तरह प्रौद्योगिकी में भी सूचनाएँ निहित होती हैं। ये सूचनाएँ उन वैज्ञानिक प्रयासों को दरशाती हैं जिन्होंने प्रौद्योगिकी के विकास में योगदान किया है। इस तरह ज्ञान वह है जो वास्तविकता और अवलोकनकर्ता के मध्य लगातार प्रवाहित होता रहता है। इसे ग्रहण किया जाता है और यह एकत्र भी होता रहता है। यह आवश्यकतानुसार उपयोग होता है। इस प्रक्रिया के अंतर्गत मस्तिष्क व भौतिक पदार्थ या व्यवस्था एक-दूसरे के पूरक की भूमिका निभाते हैं।

ज्ञान योग्यता उत्पन्न करता है। सूचनाओं की प्रक्रिया से जो ज्ञान उत्पन्न होता है, वह उस संगठन की योग्यता को अत्यधिक बढ़ा देता है। यह योग्यता कंपनी की कारीगरी, संसाधनों व दिनचर्या में निहित होती है तथा उनकी सहायता से कंपनी अपने

व्यावसायिक परिवेश में स्थित प्रतिस्पर्धा में सफलतापूर्वक भाग लेती है।

अनेक मामलों में ज्ञान सीधे ही कंपनी की क्षमता बढ़ा देता है। कंपनी ज्ञान को ही अपना मुख्य अस्त्र बनाती है और आगे बढ़ती है। कंपनी ज्यों-ज्यों ज्ञान आधारित व्यवसाय में आगे बढ़ती है त्यों-त्यों ज्ञान का उपयोग बढ़ता चला जाता है और ज्ञान में वृद्धि भी होती चली जाती है। इस प्रकार कंपनी निरंतर आगे बढ़ती चली जाती है।

उदाहरण के लिए, अनेक कंपनियों में प्रारंभ में सूचना प्रौद्योगिकी संबंधी कार्य एक अतिरिक्त कार्य के रूप में प्रारंभ हुआ। यह प्रौद्योगिकी कंपनी के अन्य कार्यों या प्रौद्योगिकी के सहायक की भूमिका निभाती रही। दूसरी ओर, कुछ कंपनियों ने सूचना प्रौद्योगिकी को ही मुख्य कार्य बना लिया और इस क्षेत्र में उनका ज्ञान व योग्यता बढ़ती चली गई। इस तरह शीघ्र ही वे बहुत आगे बढ़ गईं। इसका प्रमुख कारण यह है कि सूचना प्रौद्योगिकी में ज्ञान एक घटक है। साथ ही सूचना प्रौद्योगिकी द्वारा ज्ञान उत्पन्न भी होता है, जो कंपनी की मुख्य क्षमता बन जाता है।

हर कंपनी की कार्य-प्रणाली, उत्पाद, प्रौद्योगिकी आदि में ज्ञान निहित होता है। इस तरह कंपनी ज्ञान का एक भंडार होती है। इस ज्ञान का कंपनी की संरचना के अनुसार विभिन्न कार्यों में उपयोग किया जाता है। इस तरह व्यक्त व अव्यक्त दोनों प्रकार के ज्ञान उपयोग होते हैं और ज्ञान का उपयोग करनेवाले 'ज्ञान कर्मी' (Knowledge worker) कहलाते हैं।

जब कंपनी विज्ञान व प्रौद्योगिकी का योग्यतानुसार उपयोग करती है तो आर्थिक प्रगति होती है। जब कंपनी व अन्य संगठन, जैसे सरकारी संगठन, विश्वविद्यालय आदि मिलकर ज्ञान का उत्पादन करते हैं तो ज्ञान अर्थव्यवस्था में भी समाहित हो जाता है। इस प्रकार ज्ञान हमारी व्यवस्था को गतिशील बना देता है। ज्ञान का प्रसार ज्यों-ज्यों तेज होता है त्यों-त्यों समाज में समृद्धि बढ़ती चली जाती है। इसका प्रभाव सामाजिक घटनाओं व गतिविधियों, विज्ञान व प्रौद्योगिकी, ज्ञान शिक्षा-पद्धति, विभिन्न प्रकार के प्रशिक्षणों, समाजीकरण आदि पर भी पड़ता है।

इसके अलावा एक विषय में उत्पन्न ज्ञान दूसरे विषय तक पहुँचता है। उदाहरण के लिए—जीव विज्ञान, जेनेटिक इंजीनियरिंग से प्राप्त ज्ञान अपराध विज्ञान तक पहुँचता है और उनके आधार पर बलात्कार के अभियोगी न्याय पाते हैं। नवजात शिशु से लेकर मरनेवाले व्यक्ति की जाँच के द्वारा उत्तरदायित्व व वारिस तय किए जाते हैं। इसी तरह पदार्थ विज्ञान में होनेवाली प्रगति वाहन-निर्माण में उपयोग होती है।

ज्ञान-प्रेरित समाजीकरण

यदि हम पिछले कुछ दशकों के आँकड़ों को देखें तो पाते हैं कि ज्यों-ज्यों विज्ञान व प्रौद्योगिकी नए ज्ञान को जन्म दे रही है त्यों-त्यों अर्थव्यवस्था में उत्साह बढ़ रहा है और इसके साथ ही सामाजिक विकास भी जोर पकड़ रहा है। ज्ञान का प्रभाव शिक्षा, स्वास्थ्य-रक्षा, संचार आदि सभी पर पड़ रहा है। मानवीय प्रगति का कोई भी पहलू इससे अछूता नहीं है।

इक्कीसवीं सदी में जो संगठन ज्ञान-प्रबंधन संबंधी प्रौद्योगिकी तथा तौर-तरीकों का बढ़िया उपयोग अपनी गतिविधियों में करेंगे, वे तेजी से प्रगति करेंगे। आनेवाला समय ऐसे व्यावसायिक वातावरण का होगा जिसका पूर्वानुमान लगाना कठिन होगा, क्योंकि इसमें ज्ञान का महत्त्व बढ़ता ही चला जाएगा। इस प्रकार के संगठनों के निम्न लक्षण होंगे—

1. संगठन का विस्तार होता चला जाएगा।
2. ग्राहकों के साथ नए-नए संबंधों के माध्यम से उत्पाद एवं सेवा में मूल्य वृद्धि।
3. ग्राहकों के साथ अब तक बने संबंधों के आधार पर ग्राहक को संतुष्ट करनेवाली बिक्री।
4. अति गतिशील संगठन।
5. संगठन में रणनीतिक सूचना प्रौद्योगिकी संबंधी संरचना।
6. सशक्त कर्मचारी।
7. कार्यस्थल की लचीली डिजाइन।

ज्ञान अर्थव्यवस्था व ज्ञान के अतिरिक्त उपयोग के परिणामस्वरूप ज्ञान का प्रसार व ग्रहण तेजी से होगा। इस प्रकार के ज्ञान आधारित समाज की गति अनोखी ही होगी, नई-नई सीमाएँ होंगी, संगठनों व समाज का ढाँचा भी नया होगा।

एक अन्य विशेष बात यह होगी कि लोग इस बात पर कम जोर देंगे कि ज्ञान का मूल स्रोत क्या है? वे इसके उपयोग पर अधिक जोर देंगे, किंतु संस्थाएँ ज्ञान का रख-रखाव पूरी दृढ़ता से करेंगी। विज्ञान व प्रौद्योगिकी की सहायता से ऐसा नया ज्ञान उत्पन्न होगा कि उसका शीघ्र ही उपयोग हो जाए, ताकि उसे बेचने में न्यूनतम समय लगे। इसके अलावा विज्ञान व प्रौद्योगिकी के उत्पादन से नए उपयोग किए जा सकनेवाले ज्ञान तक के मार्ग को न्यूनतम करने का भी प्रयास किया जाएगा।

यदि हम ज्ञान के प्रसार व ग्रहण की प्रणाली को ध्यानपूर्वक देखें तो पाएँगे—

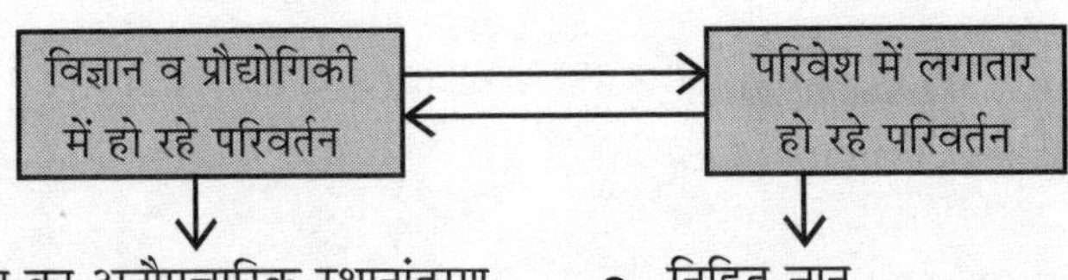

- ज्ञान का अनौपचारिक स्थानांतरण,
- उत्पाद व प्रक्रिया में ज्ञान का समाहित होना,
- अन्य प्रकार के ज्ञान।

- निहित ज्ञान,
- अव्यक्त ज्ञान के साथ एकीकरण,
- प्रक्रियाओं को अनुकूल बनाना व स्वीकार करना।

ज्ञान-प्रेरित समाज में

ज्ञान-प्रेरित समाज की संस्थाएँ नए ज्ञान का बाहर से आयात करती हैं और अपने यहाँ उपलब्ध ज्ञान को प्राप्त भी करती हैं तथा उनमें इस ज्ञान को ग्रहण करने और आवश्यकतानुसार उपयोग करने की पर्याप्त क्षमता होती है। इस प्रकार के समाज में शिक्षण संस्थाएँ, औद्योगिक संगठन, सरकारी विभाग—सभी मिलकर तरह-तरह के नए ज्ञान का उत्पादन करते हैं और एक स्वचालित व्यवस्था भी कार्य करती रहती है, जिसके अंतर्गत नया ज्ञान ग्रहण होता रहता है। ज्ञान के वातावरण का अवशोषण व ग्रहण प्रक्रिया पर गहरा प्रभाव पड़ता है। ज्यों-ज्यों ज्ञान का उत्पादन बढ़ता है, ग्रहण व आत्मसात् करने की उसकी प्रक्रिया भी जोर पकड़ती जाती है।

हालाँकि ज्ञान-प्रेरित समाज में भी ज्ञान को ग्रहण व आत्मसात् करने में आमतौर पर अनुभव की जानेवाली बाधाएँ; जैसे—मानवीय बाधाएँ, संगठनात्मक बाधाएँ आदि रहती हैं और वे अपना प्रभाव भी दिखाती हैं; पर उनका प्रभाव कम होता जाता है।

इसके अलावा सामाजिक विकास के लिए यह भी आवश्यक है कि विज्ञान व प्रौद्योगिकी के क्षेत्र में उत्पन्न होनेवाले नए ज्ञान का तालमेल सामाजिक व आर्थिक क्षेत्र के संगठनों की आवश्यकताओं के साथ होना अनिवार्य है। इससे ज्ञान को आत्मसात् करने, प्रसार व उपयोग करने में आनेवाली बाधाएँ स्वत: समाप्त होती चली जाती हैं।

उपर्युक्त तालमेल जितना बेहतर होता है, ज्ञान का उपयोग उतना ही बेहतर होता चला जाता है। कई बार नया ज्ञान क्रांतिकारी होता है और उसकी उत्पत्ति से अब तक की व्यवस्था उलट-पुलट होने लगती है; पर बेहतर तालमेल से शंकाओं आदि का बेहतर समाधान हो जाता है एवं ज्ञान उत्पादन करनेवालों तथा ज्ञान ग्रहण करनेवालों के लक्ष्य एक जैसे हो जाते हैं।

□

ज्ञान का आर्थिक लेखा-जोखा

अब तक प्रचलन में रही आर्थिक लेखा-जोखा पद्धति सदियों से कंपनियों व संगठनों का आर्थिक हिसाब-किताब रखती रही है। इस लेखा प्रणाली में काफी पारदर्शिता देखने को मिलती है और इसपर विश्वास करके बड़े पैमाने पर आर्थिक लेन-देन किया जाता रहा है।

लेकिन अब यह माना जाता है कि यह प्रणाली नई अर्थव्यवस्था में ज्ञान के प्रभाव का उचित लेखा-जोखा करने में सक्षम नहीं है। इसका एक कारण यह है कि अब तक की लेखा प्रणाली भौतिक संपदाओं का लेखा-जोखा तो कर सकती है, पर वह अव्यक्त ज्ञान का उचित मूल्यांकन करने में सक्षम नहीं है।

अत: लेखा प्रणाली में इस नई आवश्यकता की पूर्ति के लिए कुछ परिवर्तन अनिवार्य हैं। इसके अलावा ज्ञान के आर्थिक मूल्यांकन के लिए स्पष्ट वैकल्पिक तरीके भी ढूँढ़ने होंगे।

वर्तमान लेखा प्रणाली में भौतिक संपदा व अव्यक्त संपदा के बीच काफी अंतर माना जाता है। भौतिक संपदा, जैसे—जमीन, भवन, प्लांट, मशीनरी आदि को बैलेंस शीट में दर्ज करने का एक स्पष्ट तरीका है और इसके अंतर्गत उनका जो मूल्य निकाला जाता है वह उनका खरीद मूल्य-अवमूल्यन (डेप्रिशिएशन) के समतुल्य होता है। दूसरी ओर, अव्यक्त संपदा के खरीदा मूल्य को ही दर्ज किया जाता है। उदाहरण के लिए, यदि कोई सॉफ्टवेयर खरीदा गया हो तो उसका खरीद मूल्य ही खातों में दर्ज किया जाता है। इसी तरह यदि कंपनी के अंदर कोई विशिष्ट ज्ञान या अव्यक्त संपदा विकसित की जाती है तो उसका भी खर्च मूल्य के रूप में दर्ज होता है।

आधुनिक संदर्भ में विशेषज्ञों का यह मानना है कि इस प्रकार की अव्यक्त

संपदा या ज्ञान का इस प्रकार मूल्यांकन करने से बड़ी-बड़ी कंपनियों द्वारा उत्पन्न ज्ञान भंडार का कम मूल्य आँका जा रहा है; क्योंकि उनका वास्तविक मूल्य इसमें लगे खर्च से काफी अधिक होता है। इस तरह अनेक कंपनियों का समग्र मूल्यांकन कम दर से हो रहा है।

ज्ञान के आर्थिक मूल्यांकन की प्रक्रिया का सार यह है कि ज्ञान उत्पन्न करने की प्रक्रिया की सही पहचान कब होनी चाहिए। ज्ञान प्रबंधन के प्रयासों की सफलता तब सामने आती है जब कंपनी की बिक्री बढ़ जाती है या खर्चे कम हो जाते हैं। कुछ मामलों में ये दोनों हो जाते हैं।

परंतु इसमें भी एक समस्या है कि कई बार प्रयासों व परिणामों के बीच लंबा अंतराल होता है। दूसरी ओर भौतिक संपदा खरीदते ही कंपनी का मूल्य बेतहाशा बढ़ जाता है और भवनों, प्लांट, मशीनरी आदि की लागत का एक निश्चित प्रतिशत ही अवमूल्यन के रूप में हर वर्ष कम होता है। दूसरी ओर भौतिक संपदा में निवेश से लाभ तत्काल होता है। अव्यक्त संपदा में निवेश का लाभ अकसर बहुत देर से होता है। इसके अलावा प्रारंभिक दौर में लाभ भी अपेक्षाकृत कम होता है।

उदाहरण के लिए, यदि कंपनी नया भवन खरीद लेती है या किराए पर ले लेती है तो उसकी छवि, कार्य के पैमाने आदि में पर्याप्त वृद्धि होती है। दूसरी ओर, कंपनी एक सलाहकार नियुक्त करके कार्य-प्रणाली में परिवर्तन करती है तो तत्काल वृद्धि कम होती है; पर दीर्घकालिक वृद्धि ज्यादा हो सकती है।

वास्तव में परंपरागत लेखा प्रणाली में कोई मूल्य या खर्च तभी दर्ज हो पाता है जब उसके बारे में विश्वसनीय, निष्पक्ष, पूर्ण व सत्यापित की जा सकनेवाली सूचना प्राप्त हो। इसके अलावा मापने का पैमाना भी स्पष्ट होना चाहिए। साथ ही ये मूल्य या खर्चे प्रासंगिक होने चाहिए—अर्थात् कंपनी के काम या लक्ष्य से सीधे जुड़े होने चाहिए। विश्वसनीयता व प्रासंगिकता का ज्यादातर सीधा संबंध भी होता है। कुछ मामलों में ही ऐसा नहीं होता है, जैसे—किसी कंपनी का प्रबंधन किसी दिशा में कदम उठाता है और यह कदम कंपनी के लक्ष्य के लिए प्रासंगिक होता है। परंतु इससे होनेवाले लाभों के बारे में जो अनुमान लगाए जाते हैं, जरूरी नहीं हैं कि वे विश्वसनीय हों।

कंपनी की ज्ञान संबंधी संपदाओं के बारे में भी विश्वसनीयता व प्रासंगिकता का आकलन किया जाता है। इस मामले में अकसर देखा जाता है कि विश्वसनीयता पर ज्यादा जोर तथा प्रासंगिकता पर कम जोर दिया जाता है।

यहाँ ध्यान देने योग्य बात यह भी है कि कंपनी की बैलेंस शीट में कर्मचारियों

को संपदा के रूप में दर्ज नहीं किया जाता, जबकि कर्मचारी किसी भी कंपनी की वास्तविक व अति महत्त्वपूर्ण संपदा होते हैं। अनेक विचारकों का मानना है कि लेखा प्रणाली में इस प्रकार परिवर्तन किए जाने चाहिए, ताकि कर्मचारियों को संपदा माना जाए। इसके अलावा जो संपदा खरीदी जाती है और जो आंतरिक रूप से निर्मित की जाती है, उसे कंपनी के खातों में दर्ज करने की व्यवस्था में अंतर है। जो संपदा खरीदी जाती है, वह बाजार प्रणाली से होकर गुजरती है और उसकी विश्वसनीयता अधिक मानी जाती है। दूसरी ओर, आंतरिक रूप से विकसित संपदा की लागत का मूल्यांकन कठिन होता है। उदाहरण के लिए, जब पेटेंट अधिकार खरीदा जाता है तो उसका मूल्य आसानी से दर्ज हो जाता है; जबकि वही पेटेंट जब स्वयं हासिल किया जाता है तो उसके मूल्य के दर्ज होने में लेखा परीक्षक अनेक तरह के सवाल-जवाब करते हैं।

वित्तीय दस्तावेजों को तैयार करने का उद्देश्य यह होता है कि विभिन्न कंपनियों, क्षेत्रों, देशों के बीच स्पष्ट रूप से तुलना की जा सके। आमतौर पर स्पष्ट तुलना के लिए हर सूचना को मुद्रा—जैसे रुपए, यूरो या डॉलर—के रूप में दर्ज किया जाता है। इससे सूचना को विश्वसनीय, वस्तुपरक व तुलनीय बनाया जाता है।

इसके अलावा वित्तीय दस्तावेजों में ऐसी सूचनाएँ भी दी जाती हैं जो पूरक कहलाती हैं और उनका वित्त से सीधा संबंध नहीं होता है। ये सूचनाएँ इन दस्तावेजों में फुटनोट के रूप में दी जाती हैं; पर उन्हें उतना महत्त्व नहीं दिया जाता है।

अभी तक ज्ञान संपदा को भी इसी प्रकार व्यक्त किया जाता रहा है। उदाहरण के रूप में, अनेक कंपनियाँ अपने यहाँ कार्य कर पी-एच.डी. धारकों की संख्या फुटनोट के रूप में दर्ज करती हैं। पर उनसे होनेवाला लाभ जब रुपयों या डॉलरों का स्वरूप ले लेता है तभी दर्ज हो पाता है, अन्यथा लेखा परीक्षकों के लिए इसका कोई खास अर्थ नहीं होता है। परंतु आज की आवश्यकता यह है कि प्रबंधन को इस बात के लिए प्रोत्साहित किया जाए कि वह कंपनी में स्थित अव्यक्त संसाधनों को ज्यादा-से-ज्यादा व्यक्त करे।

एक अन्य विषय यह है कि अभी तक लेखा परीक्षक इस बात पर ज्यादा जोर देते रहे हैं कि जो वित्तीय दस्तावेज तैयार हों, वे कंपनी की वास्तविक स्थिति को अधिक-से-अधिक व्यक्त करें। इसका एक कारण यह भी रहा है कि जब कंपनी शेयर बाजार में पिटने लगती है तो शेयरधारक लेखा परीक्षकों पर मुकदमा कर सकता है। वह यह कह सकता है कि ये वित्तीय दस्तावेज, जो लेखा परीक्षक द्वारा सत्यापित हैं, वास्तविक वित्तीय स्थिति को प्रस्तुत नहीं कर रहे हैं। वास्तव में

निवेशक, प्रबंधक, लेखा परीक्षक आदि सभी के लिए यह जरूरी है कि कंपनी की वास्तविक स्थिति दस्तावेजों में दर्ज हो। पर सभी की समझ में अंतर होता है। प्रबंधन ज्ञान का सही मूल्य समझता है और वह यह मान सकता है कि यदि दो प्रबंधकों को विदेश में प्रशिक्षण दिया जाए तो उनपर हुआ खर्च अगले तीन वर्षों में प्राप्त हो जाएगा; पर अकसर लेखा परीक्षक इस दावे को नहीं मान पाता।

ज्ञान का आर्थिक मापन—ज्ञान के आर्थिक पैमाने पर मापन के लिए वैकल्पिक मॉडल भी तैयार किए जा रहे हैं। वर्तमान मॉडल में उन्हें तब दर्ज किया जाता है जब उनसे आर्थिक प्राप्ति (monetary realization) हो जाती है। वैकल्पिक मॉडल में यह देखा जाता है कि ज्ञान प्रबंधन से कितना मूल्य उत्पन्न होता है। यह मूल्य वित्तीय गतिविधि, जैसे बेचने आदि से पहले आँका जाता है। इस प्रकार की पद्धति के पक्षधरों का मानना है कि यह पद्धति वर्तमान पद्धति की पूरक है, विकल्प नहीं है। इसके अंतर्गत उत्पन्न संपदा को बेचने से पूर्व आँका जाएगा और यह कार्य आंतरिक समिति करेगी।

उदाहरण के लिए, कोई कंपनी अपने यहाँ ज्ञान-प्रबंधन हेतु पाँच कंप्यूटर लगाती है और इसके लिए 2 लाख 50 हजार रुपए खर्च करती है। यह अनुमान लगाया जाता है कि इनके प्रयोग से जो कुल संपदा उत्पन्न हुई है वह 10 लाख रुपए के समतुल्य है। इसका अर्थ है कि जो लाभ होगा वह 10 लाख रुपए के समतुल्य निवेश से होगा।

वर्तमान लेखा पद्धति के अंतर्गत बैलेंस शीट में मात्र 2 लाख 50 हजार रुपए का निवेश दर्ज होगा, जबकि इस वैकल्पिक प्रणाली के अंतर्गत 10 लाख रुपए का निवेश दर्ज होगा।

इस संबंध में अनेक विधियाँ विकसित की जा रही हैं। इनमें से एक के अंतर्गत मूल्यांकन निम्न बातों को ध्यान में रखकर किया जाता है—

1. वित्तीय व्यवस्था,
2. ग्राहक,
3. आंतरिक प्रक्रियाएँ,
4. नवीनीकरण व शिक्षा (सीखना)।

उपर्युक्त मूल्यांकन कंपनी के रणनीतिक लक्ष्यों के अनुरूप ही होता है, पर इसमें लेखा-जोखा भविष्य के लिए होता है। वर्तमान लेखा पद्धति इस बात पर अधिक जोर देती है कि 'क्या हुआ'? भविष्य में इस विषय पर और अधिक मंथन होगा तथा अधिक स्वीकार्य पद्धति उभरकर सामने आएगी।

□

ज्ञान आधारित संगठनों का उदय

यदि हम पिछले कुछ हजार वर्षों के इतिहास का अवलोकन करें तो पाएँगे कि दुनिया की प्रगति संगठनों की कार्यक्षमता व प्रभाव पर निर्भर करती है। दुनिया के विभिन्न भागों में अनेक धर्मों का उदय हुआ और अपने-अपने धर्म के प्रचार-प्रसार के लिए संगठन बने। जो संगठन जितना ज्यादा प्रभावी हुआ वह धर्म उतना ज्यादा फैला। यही नहीं, अपने धर्म की शुद्धता बनाए रखने तथा विकृतियों को दूर करने में भी संगठन अहम भूमिका निभाते रहे थे।

समय के साथ-साथ व्यापारिक संगठन बने। उन्होंने व्यापार को आगे बढ़ाया, जिससे आर्थिक प्रगति जोर पकड़ती गई। अपने-अपने क्षेत्रों में सुरक्षा कानून व व्यवस्था को बनाए रखने के लिए राजनीतिक संगठन बने, जो रियासत, राज्य आदि के नाम से जाने गए। क्षेत्र की स्थिरता एवं सामान्य विकास इन राजनीतिक संगठनों की कुशलता पर निर्भर करता रहा है। यह स्थिरता सामाजिक विकास में भी सहायक बनी रही। इसी प्रकार सामाजिक व सांस्कृतिक संगठनों ने भी अहम भूमिका निभाई।

हर संगठन की एक निश्चित संरचना होती है और उसके अनुसार उसके सदस्य संगठन के उद्देश्यों की प्राप्ति के लिए अपनी-अपनी भूमिका निभाते हैं। इस तरह उनके बीच निश्चित संबंध स्थापित हो जाते हैं। इतना ही नहीं, उसमें एक संस्कृति विकसित हो जाती है। उसके नेतृत्व, प्रबंधन आदि के तौर-तरीके भी बन जाते हैं।

नौकरशाही आधारित संगठन

मानव चरित्र अत्यंत जटिल होता है। अत: उनके संगठनों में भी काफी जटिलता होती है। इस कारण उनमें काफी लचीलापन भी उत्पन्न हो जाता है।

संगठन की सफलता अनेक बातों पर निर्भर करती है, जैसे—

1. उपलब्ध सूचनाओं पर,
2. उपलब्ध अनुभवों पर,
3. अंतर्दृष्टि पर।

वैसे तो प्रौद्योगिकी का विकास प्राचीनकाल से ही होता रहा है, किंतु अठारहवीं सदी में यह तब जोर पकड़ गया जब भाप के इंजन का उपयोग बढ़ा और कारखानों में उसकी सहायता से बड़े पैमाने पर उत्पादन होने लगा। इससे संगठनों का आकार भी बढ़ने लगा तथा उनके द्वारा किए गए कार्यों का दायरा भी। नई-नई व्यवस्थाओं, जैसे—रेल, संचार, वाहन आदि के आगमन से विशेषज्ञों की माँग बढ़ी और संगठनों की कार्य-प्रणाली में अब तक रहा लचीलापन भी समाप्त होता गया। अब कार्य-प्रणाली बनने लगी, नियम बनने लगे। कार्य के साथ-साथ नियमों के अनुपालन पर जोर दिया जाने लगा।

पहले-पहल मैक्स वेबर नामक एक वकील ने इस व्यवस्था को ब्यूरोक्रेसी अर्थात् नौकरशाही का नाम दिया। इस व्यवस्था की निम्न विशेषताएँ होने लगीं—

1. एक निश्चित क्रमवाली संरचना (hierarchy),
2. कार्य का स्पष्ट विभाजन,
3. स्पष्ट नियम,
4. कार्य-प्रणाली,
5. प्रशासनिक व्यवस्था,
6. योग्यता के अनुसार पारितोषिक,
7. लिखित निर्णय व नियम-कानून।

उपर्युक्त व्यवस्था का एक लक्षण यह भी होता है कि मालिक ही प्रबंधन करे। पर यह आवश्यक नहीं है कि मालिक ही प्रबंधन करे। प्रबंधन के पास निश्चित अधिकार होते हैं। कामगार प्रबंधन के निदेशों को मानने के लिए बाध्य होते हैं।

उपर्युक्त व्यवस्था में अधिकार व नियमों को अधिक महत्त्व दिया जाता रहा है। ज्यों-ज्यों नौकरशाह सफल होते हैं, उनकी शक्ति बढ़ती है। साथ ही उनके कार्य करने के तरीकों में गोपनीयता बढ़ती जाती है। ज्ञान व सूचनाएँ सुपरवाइजरों व प्रबंधकों तक ही सीमित रहने लगती हैं। वे इनका उपयोग संगठन की प्रगति के लिए कम और अपनी सत्ता व शक्ति बनाए रखने के लिए ज्यादा करने लगते हैं।

एक समय नौकरशाही व्यवस्था धार्मिक संगठनों, सेनाओं आदि सभी में

प्रभावी रूप से लागू हो गई। ज्यों-ज्यों संगठनों का आकार बढ़ता गया त्यों-त्यों इस व्यवस्था की कमियाँ उभरने लगीं। यह व्यवस्था प्रगति में बाधक सिद्ध होने लगी।

धीरे-धीरे भागीदारी पर आधारित व्यवस्था जोर पकड़ने लगी। कामगारों को सशक्त किया जाने लगा और उनपर भी जिम्मेदारी डाली जाने लगी। इसके साथ ही कामगारों की गतिशीलता और अपेक्षाएँ भी बढ़ने लगीं। दूसरी ओर सूचनाओं के उत्पादन में वृद्धि हुई और संचार प्रौद्योगिकी मजबूत होती चली गई।

इस कारण ज्ञान का विकास इतनी तेजी से होने लगा कि अनेक संगठनों ने अपनी संरचना में स्वयं परिवर्तन किए, जबकि अनेक ये परिवर्तन करने के लिए मजबूर हो गए। जो ऐसा नहीं कर पाए वे बंद होने लगे या बिकने लगे। ज्ञान अब व्यक्तिगत स्तर पर सीमित नहीं रहा, बल्कि इसकी नेटवर्किंग होने लगी। ज्ञान अब कर्म को प्रेरित करने लगा।

इक्कीसवीं सदी के संगठनों की व्यवस्था

समय बीतता गया और दूरियाँ सिमटती चली गईं। नेटवर्कों का विस्तार होता चला गया। एक-दूसरे पर निर्भरता ज्यामितीय गति से बढ़ती चली गई।

उपर्युक्त कारणों से जटिलता बढ़ी और अनिश्चितता भी। असावधानियों के कारण संगठनों का अस्तित्व मिटने की संभावना बढ़ गई। पर साथ ही कामगारों की शिक्षा का स्तर बढ़ता गया। उत्पादन व उत्पादकता दोनों बढ़े, साथ ही बेहतर रोजगार की तलाश में नौकरी छोड़ने की प्रवृत्ति भी बढ़ी। कामगार अब समृद्ध होता गया और उसकी अपेक्षाएँ भी बढ़ती चली गईं।

अब अनेक संगठन विश्व स्तर के संगठनों का रूप लेने लगे। ज्ञान आधारित संगठनों के विकास की दर तेज होती चली गई। ये संगठन आँकड़ों व सूचनाओं को उपयोगी रूप देने में विशेषज्ञता प्राप्त करने लगे। गहराई से अध्ययन, उचित संदर्भ का संयोग, किसी तंत्र के साथ संगम आदि इस ज्ञान को अधिकाधिक रूप से उपयोगी बनाते चले गए। ये संगठन इतने कुशल हो गए कि परिस्थिति की अनुकूलता को भाँपकर असाधारण लाभ उठाने लगे। समस्याएँ उनके लिए छोटी साबित होने लगीं। और शीघ्र ही वे अनुनाद की स्थिति उत्पन्न करने लगे। इस स्थिति में इन संगठनों द्वारा किया गया कार्य असाधारण परिणाम देने लगा।

अन्य नए-नए प्रभाव भी देखने को मिलने लगे। अब कामगार चाहने लगे कि उनकी पहचान बने तथा उन्हें सम्मान भी मिले। वे कार्य में बराबर की भागीदारी करें और अपने कार्य का स्वरूप स्वयं ही निश्चित करें। अर्थव्यवस्था और प्रौद्योगिकी

न सिर्फ गतिशीलता का सामान उत्पन्न कर रही थीं वरन् गति बनाए रखने के लिए दबाव डालने लगीं। अब काम करनेवाले चुनौतीपूर्ण काम करने की प्रवृत्ति अपनाने लगे। समृद्धि व आर्थिक सफलता उनका स्पष्ट लक्ष्य बनने लगी।

हर संगठन अपने परिवेश के अनुसार फलता-फूलता है। परिवेश के निम्न घटक होते हैं—

1. आर्थिक,
2. सामाजिक,
3. वैज्ञानिक,
4. प्रौद्योगिकीय एवं
5. राजनीतिक।

इनके अनुसार सभी नियम, कानून, पैमाने तैयार होते हैं; जैसे—

1. कार्य के दौरान सुरक्षा व स्वास्थ्य,
2. कार्मिकों से संबंधित नियम-कानून,
3. पर्यावरण संबंधी नियम।

इनके अलावा आर्थिक पत्रकारिता जगत् अर्थात् मीडिया भी कार्य-संस्कृति को प्रभावित करता है। आधुनिक युग में व्यवसाय जगत् में छोटी-मोटी हलचलें भी शेयर बाजार को प्रभावित करती हैं और अकसर तत्काल कारवाई की जाती है।

ज्ञान के युग के अन्य प्रभाव इस प्रकार हैं—

1. प्रौद्योगिकी में विकास प्रतिस्पर्धा के स्तर को सीधे तौर पर प्रभावित करता है।
2. प्रौद्योगिकी कामगारों की सांस्कृतिक व शैक्षिक आवश्यकताओं पर भी प्रभाव डालती है।
3. प्रौद्योगिकी हर संगठन का मार्गदर्शन करती है और बताती है कि इस युग में किस प्रकार उत्कृष्ट प्रदर्शन किया जाए। उदाहरण के लिए, गति बढ़ाने के प्रयास, आकार छोटा करने के प्रयास, उचित परिकलन-प्रक्रिया तैयार करने के प्रयास आदि प्रौद्योगिकी पर ही निर्भर करते हैं।
4. प्रौद्योगिकी की सहायता से ही आपसी संपर्क तेज व प्रभावी होता है। प्रौद्योगिकी के स्तर के आधार पर दो संगठनों के बीच गठजोड़ होता है। विभिन्न संगठनों के बीच नेटवर्किंग भी प्रौद्योगिकी के आधार पर ही होती है।

विश्व स्तर के संगठनों की प्रगति की रफ्तार अति तीव्र होती है और साथ में

उनका लाभ भी अत्यधिक बढ़ता चला जाता है। इन संगठनों में आम उपकरण, तरीके, संरचना, सिद्धांत आदि असाधारण परिणाम दिखाते हैं। इस वर्ग के संगठनों का कई बार गहराई से अध्ययन किया गया और इनमें निम्न विशेषताएँ पाई गईं—

1. ये संगठन अपने आपको सुधारने का सतत प्रयास करते रहते हैं। उनका हर दिन पिछले दिन से बेहतर होता है और वे अपने ग्राहकों व परिवेश के प्रति लगातार संवेदनशील रहते हैं।
2. वे केवल लाभ पर ध्यान केंद्रित नहीं करते हैं। वे अपने कर्मचारियों के जीवन की गुणवत्ता, आस-पास के समुदाय के साथ संबंधों, पर्यावरण सुरक्षा, निवेशकों को लाभ आदि के बीच अद्भुत संतुलन बनाए रखते हैं।
3. वे जोखिम उठाते हैं, पर जोखिम को सँभालने की क्षमता भी रखते हैं तथा उसे बढ़ाते जाते हैं। मोटे तौर पर वे धन लुटाने में विश्वास नहीं करते हैं बल्कि सोच-समझकर खर्च करते हैं।
4. उनकी विचारधारा स्पष्ट व सशक्त होती है और वे इसे आसानी से नहीं त्यागते हैं। वे फैशन बदलने से प्रभावित नहीं होते हैं। उनकी संस्कृति अलग ही होती है और पहचान स्पष्ट व अनोखी होती है।
5. इस प्रकार की कंपनियों के अपने कर्मचारियों के साथ संबंध भी अलग तरह के होते हैं। वे उन्हीं कर्मचारियों को रखती हैं जो उनकी संस्कृति के अनुकूल होते हैं और उनके मानदंडों पर खरे उतरते हैं। इस कारण उनके कर्मचारी अपने संगठन को महान् कार्यस्थल मानते हैं और तेजी से प्रगति करते हैं। जो ऐसा नहीं मान पाते हैं, वे जल्दी ही छोड़ देते हैं। पर साथ ही उन कंपनियों में काफी लचीलापन भी होता है। वे कर्मचारियों को अनेक प्रकार से परखती हैं और एक सीमा तक बरदाश्त भी करती हैं।

वर्तमान काल में सफल कंपनी के लिए उपर्युक्त गुण अपनाना आवश्यक है। आज के युग में तेजी से नया उत्पाद विकसित करना, उसे शीघ्रातिशीघ्र बाजार में उतारना, जल्दी-से-जल्दी बेचना आवश्यक है। इसके लिए ऐसी निर्माण सुविधाएँ होनी चाहिए, जो एक साथ कई काम कर सकें। जाँच की स्थिति कृत्रिम रूप से विकसित करना अनिवार्य हो गया है तथा काम करनेवालों के ऐसे दल की जरूरत है जो हर प्रकार के काम संपन्न कर सके। साथ में विशेषज्ञों के साथ उचित संपर्क व तालमेल भी जरूरी है, ताकि नया-नया ज्ञान व नए विचार निर्बाध गति से आते रहें।

इस तरह न सिर्फ नए उत्पाद आएँगे वरन् उत्पादन भी तेजी से होगा। कंपनी इस तरह उत्पादन करेगी, ताकि थोक खरीदारों को अधिकतम लाभ मिल सके। इसके अलावा ग्राहकों की पसंद व आवश्यकताओं को भी आसानी से पूरा किया जा सके और उत्पाद में उत्पादन के दौरान या बाद में आसानी से परिवर्तन हो सके।

ज्ञान आधारित संगठनों में सृजनात्मकता तथा आविष्कार अथवा नवप्रवर्तन की प्रचुरता होती है। इनके लिए प्रबंधन, कर्मचारियों, ग्राहकों आदि की ओर से सम्मिलित प्रयास होते हैं तथा स्थिति के अनुसार कार्य किया जाता है।

उपर्युक्त संगठनों में नौकरशाही का प्रभाव कम होता चला जाता है और कर्मचारियों के बीच आपसी संवाद बढ़ता है। बेहतर कार्य करनेवाले कर्मचारियों को श्रेय, प्रोत्साहन, पुरस्कार आदि मिलते रहते हैं। इन संगठनों में सबसे कम शिक्षा वाले तथा सबसे कम वेतन पानेवाले कर्मचारियों को भी महत्त्व देने में संकोच नहीं किया जाता है। ज्ञान का प्रसार हर स्तर पर होता है। इनके निम्नलिखित प्रभाव होते हैं—

1. साझा लक्ष्य,
2. स्पष्ट मूल्य,
3. संगठन की सशक्त दिशा,
4. स्पष्ट उद्‌देश्य,
5. खुला संवाद।

इन सभी का पूरा लाभ ग्राहक तक पहुँचता है। इन संगठनों का ढाँचा नौकरशाही आधारित संगठनों से बिलकुल अलग होता है। पूर्ण गुणवत्ता प्रबंधन तथा पूर्ण गुणवत्ता नेतृत्व द्वारा प्रेरित व्यवसाय के बेहतर तौर-तरीके इस प्रकार के संगठनों की पहचान बन चुके हैं। इसमें कर्मचारियों के ज्ञान व सृजनात्मकता के अधिकतम उपयोग के लिए अनेक प्रकार के औजार आदि उपलब्ध होते हैं।

सन् 1990 के दशक में जब ज्ञान-प्रबंधन प्रारंभ हुआ तो उस समय प्रौद्योगिकी का विकास भी जोरों पर था और नए, समझदार, संवेदनशील ग्राहकों की भी संख्या बढ़ती जा रही थी। सूचना व ज्ञान के महत्त्व के बारे में जानकारी जोर पकड़ती चली गई। साथ ही सही ज्ञान को सही व्यक्तियों तक सही समय पर पहुँचाने के लिए तौर-तरीकों की भी आवश्यकता पड़ने लगी। इन तौर-तरीकों में ज्ञान की उत्पत्ति, भंडारण, एकीकरण, सही आकार देने, बाँटने आदि के तरीके शामिल थे। इनमें से कुछ इस प्रकार हैं—

ज्ञान-प्रेरित संगठन	नौकरशाही आधारित संगठन
1. ये संगठन लचीलेपन एवं ग्राहक की प्रतिक्रिया पर ध्यान केंद्रित करते हैं।	ये संगठन स्थिरता तथा आंतरिक प्रक्रियाओं की शुद्धता व दोहरावपन पर जोर देते हैं।
2. निर्णय लेने तथा संगठन का प्रभाव बढ़ाने में कर्मचारियों के विचारों व क्षमता का अधिक-से-अधिक ध्यान रखा जाता है।	वरिष्ठ नेतृत्व निरंकुश तरीके से निर्णय लेते हैं और कर्मचारी बिना शर्त अनुपालन करते हैं।
3. प्रौद्योगिकी का उपयोग कर्मचारियों की सहायता के लिए किया जाता है, ताकि वे और अधिक प्रभावी रूप से कार्य कर सकें।	प्रौद्योगिकी का उपयोग दक्षता बढ़ाने के लिए किया जाता है और कर्मचारियों से अपेक्षा की जाती है कि वे इसे स्वीकार कर लें।
4. मूल्यवर्द्धन पर अधिकतम बल दिया जाता है, जबकि बरबादी एवं अनावश्यक प्रक्रियाओं को समाप्त करने का प्रयास किया जाता है।	यहाँ प्रक्रियाएँ निश्चित होती हैं, जो शुद्धता, सूक्ष्मता, स्थिरता पर अधिक जोर देती हैं और मूल्यों की कम चिंता की जाती है।
5. 'ज्ञान जितना बाँटा जाए वही शक्ति है'—यह नारा होता है। इनमें कार्यदलों का ज्यादा-से-ज्यादा गठन किया जाता है, ताकि ज्ञान ज्यादा-से-ज्यादा बाँटा जा सके।	'व्यक्तिगत ज्ञान ही शक्ति है'—यह नारा होता है। इनमें ज्ञान पर वरिष्ठ लोगों का अधिकाधिक कब्जा होता है।

नए ज्ञान आधारित संगठनों की उपर्युक्त विशेषताएँ देखने में आकर्षक लगती हैं, पर इनका कार्यान्वयन काफी कठिन होता है और परिणाम अपेक्षा से कम ही आता है। इसके कई कारण हैं, जैसे—

1. आधारभूत सुविधाओं में कमी होती है।
2. संस्कृति में आवश्यक बदलाव नहीं आ पाता है।
3. कर्मचारियों की मान्यताओं तथा काम करने के तरीकों में बदलाव हमेशा धीमी गति से होता है।

हर नया विचार तब दीर्घकालिक रूप में अच्छा मूल्य दे सकता है जब उसे बेहतर ढंग से और लगातार अध्ययन की प्रक्रिया द्वारा समझा जाए। ज्यों-ज्यों परिवेश में परिवर्तन होता है त्यों-त्यों संगठन को उसके अनुरूप ढलना होता है।

आज के परिवेश में कोई भी हल समय या संदर्भ से अलग नहीं हो सकता है। इसी तरह संगठन की संरचना भी स्वतंत्र नहीं हो सकती है। उसे भी तेजी से बदलना होता है।

इसी तरह आधुनिक ज्ञान-प्रेरित संगठन सूचना प्रौद्योगिकी के लाभों के अधिकतम दोहन में लगे हैं। इससे आकर्षित होकर अनेक लोगों ने इसको अपनाने के लिए भारी निवेश भी कर दिया है। इनमें से कुछ लोगों को आशा थी कि इसको अपनाते ही उत्पादकता तत्काल व बहुत ज्यादा बढ़ जाएगी। अब वे निराशा का अनुभव कर रहे हैं।

वास्तव में सूचना प्रौद्योगिकी व संस्कृति का सीधा संबंध है। सूचना प्रौद्योगिकी कर्मचारियों को कंपनी के लक्ष्यों के बारे में जानने-समझने में सहायक होती है। और ऐसा होने पर यह प्रभावी सिद्ध होने लगती है। अत: आवश्यकता इस बात की है कि संगठन सूचना प्रौद्योगिकी की सहायता से अपनी संस्कृति बदलने का प्रयास करें। ज्यों-ज्यों कर्मचारी इसे स्वीकार करते जाएँ, उन्हें और प्रेरित किया जाना चाहिए, ताकि कार्य की दिशा अनुकूल हो।

आज अनेक संगठन अपने आपको ज्ञान-प्रेरित संगठन बनाना चाह रहे हैं, पर वे इस दिशा में अनेक बाधाएँ भी महसूस कर रहे हैं। वास्तव में इस प्रकार का संगठन तैयार करने के लिए सीधा सूत्र उपलब्ध नहीं है, जो गारंटी सहित हल सामने रख देता हो। हर संगठन की अपनी परिस्थिति होती है, जिसके अनुसार अलग-अलग प्रकार की चुनौतियाँ होती हैं तथा अलग-अलग प्रकार की बाधाएँ होती हैं। सफलता के लिए अलग प्रकार के तरीके अपनाए जाते हैं।

संगठन को नया स्वरूप देने के जब प्रयास होते हैं तो सबसे पहले मध्य स्तर के प्रबंधन से प्रतिरोध का सामना करना पड़ता है। यह स्तर अपने अधिकार व निर्णय लेने की क्षमता को छोड़ना नहीं चाहता है। अभी तक कर्मचारी इस स्तर, जो 'सुपरवाइजरी स्तर' भी कहलाता है, से सूचनाएँ प्राप्त करता है और काफी प्रभावित भी होता है।

इसके अलावा जब भी संगठन में परिवर्तन होता है तो अनेक प्रकार की अनिश्चितताएँ उत्पन्न हो जाती हैं। इसके अलावा अफवाहें भी फैलने लगती हैं। सत्ता में परिवर्तन, नौकरी चले जाने का डर आदि भी होने लगता है। इन सभी की सूचना की शुद्धता, उसमें निहित अवांछित शोर तथा उपयोगिता पर प्रभाव पड़ता है।

इस स्थिति का एक हल यह है कि परिवर्तन के दौरान कर्मचारियों को अधिकाधिक अवसरों पर घटनाओं, परिवर्तनों, संभावनाओं की सूचना दी जाए।

सिद्धांत रूप में यह सरल लगता है और कई बार सफल भी हो जाता है, पर बड़े परिवर्तनों के अवसर पर इसमें कठिनाई आती है।

इसके अलावा अन्य कई पहलू भी हैं, जैसे—कर्मचारी वर्ग तब नए तरीकों को स्वीकार करता है जब वह यह मान लेता है कि उसका अब तक का तरीका अपूर्ण या अपर्याप्त है। उसके अंदर इस बात की जागृति उत्पन्न करनी पड़ती है कि जानने का यत्न करे कि व्यवसाय कैसे संपन्न होता है और उसके लिए क्या-क्या किया जाना चाहिए। इस स्थिति तक लाने में काफी प्रतिरोध उत्पन्न होता है और प्रबंधन उसे पहचान नहीं पाता है। कर्मचारियों के मस्तिष्क में पिछले तौर-तरीके व मान्यताएँ तथा उनसे प्राप्त सफलताएँ इस कदर छाई रहती हैं कि जब उन्हें नई मान्यताओं के बारे में बताया जाता है तो नई बात सीखने व पुरानी बात भूलने में उन्हें काफी समय लग जाता है। लगभग यही स्थिति मध्य स्तर के प्रबंधन की होती है।

इसके अलावा, नेतृत्व के लिए भी अपने अधिकार तथा निर्णय लेने के अधिकार को एक सीमा के आगे छोड़ना गवारा नहीं होता है। कई जगह स्थानीय परिस्थितियाँ ऐसी होती हैं कि कर्मचारियों को एक सीमा से अधिक सशक्त बनाने में झिझक होती है। नए प्रबंधन के अंतर्गत यह आवश्यक होता है कि ज्ञान व सूचनाओं का प्रसार होता रहे तथा उच्च प्रबंधन अपने अधिकार या अपनी पकड़ छोड़ते हुए जिम्मेदारी बनाए रखे। यह स्थिति बहुत कम लोग स्वीकार कर पाते हैं। कई बार कर्मचारियों के ज्ञान की वृद्धि के लिए तरह-तरह के निर्देश भी देने पड़ते हैं तथा उन्हें इस योग्य भी बनाया जाता है कि चुनौतियों को स्वयं भी स्वीकार कर सकें।

ज्ञान-प्रेरित संगठन को वास्तव में एक सीखनेवाला संगठन बनना होता है, जिसमें ऊपर से नीचे तक लोग काम करते हुए सीखते रहते हैं। इस तरह वे बाजार या परिवेश में होनेवाले परिवर्तनों के अनुरूप अपने कार्य को ढाल लेते हैं। इसमें सीखने की एक अद्‌भुत परंपरा होती है और हर कर्मचारी के ज्ञान व योग्यता का निरंतर नवीनीकरण होता रहता है। इसके अलावा इन संगठनों में ज्ञान का अधिकाधिक आदान-प्रदान होता है और इस प्रक्रिया को अनेक प्रकार का प्रोत्साहन दिया जाता है। इनमें कर्मचारी मानते हैं कि ज्ञान ही उनकी शक्ति है और नौकरी की सुरक्षा का कारण भी है।

भावी परिदृश्य

भविष्य में अर्थात् सन् 2020 के संगठन कैसे होंगे और उनकी विशेषताएँ कैसी होंगी, इस बारे में कल्पना की जा सकती है। यह इस प्रकार है—

1. विश्व में शांति स्थापित होगी अर्थात् घोषित युद्ध नहीं होंगे।
2. सूचना प्रौद्योगिकी का प्रसार तीव्र गति से जारी रहेगा। अभी तक हर 18 महीने में इसकी शक्ति व गति दोगुनी हो जाती है। आगामी समय में जैव प्रौद्योगिकी व नैनो प्रौद्योगिकी की सहायता से वृद्धि की रफ्तार और तेज होगी।
3. इंटरनेट की सहायता से संपूर्ण विश्व की दूरियाँ कम होती चली जाएँगी।

उपर्युक्त कारणों से अब अलग-थलग रहना संभव नहीं रह जाएगा। इतना ही नहीं, संबंधों की संख्या व प्रकार में वृद्धि होगी।

सन् 2020 के विश्व स्तर के संगठनों में संबंधों की जटिल स्थिति होगी, जिसके लक्षण इस प्रकार हो सकते हैं—

1. प्रबंधन व व्यक्ति के बीच श्रेणीबद्धता आधारित संबंध भी होंगे।
2. इसके अलावा स्वयं की व्यवस्थित करने की प्रवृत्ति भी होगी।

उपर्युक्त दोनों के बीच संतुलन संगठन की परिस्थितियों, लक्ष्यों व नेतृत्व पर निर्भर करेगा। इस व्यवस्था का लाभ यह होगा कि कर्मचारियों की सृजनात्मकता व नवीनीकरण को आविष्कारी प्रवृत्ति का अधिकतम लाभ मिलेगा।

उपर्युक्त संगठनों के कर्मचारी मूल्यों का भी अधिकाधिक सम्मान करेंगे। इससे उनका आत्मविश्वास बढ़ेगा और वे अधिकाधिक प्रभावी होते चले जाएँगे। वे हमेशा अच्छी तरह तैयार मिलेंगे। उनकी सोच परिस्थितियों के अनुकूल ढलेगी। वे आवश्यकतानुसार अपनी मुद्रा बना लेंगे तथा उचित निर्णय लिया करेंगे।

वे उपलब्ध संसाधनों का तेजी से मूल्यांकन करेंगे और अपनी सोच द्वारा जटिल समस्याओं का समाधान कर लेंगे। विभिन्न स्थितियों में उनके हाव-भाव परिस्थितियों के अनुकूल ही होंगे।

इन संगठनों में उत्तम विचार व गतिविधियों को चुनने की एक अच्छी व प्रभावी व्यवस्था भी होगी। कर्मचारी नए-नए विचार व प्रयोग लेकर सामने आएँगे, जिनका अधिकाधिक उपयोग होता रहेगा।

□

संस्कृति : एक अद्भुत ज्ञान संपदा

यदि ध्यान से देखा जाए तो प्रौद्योगिकी वास्तव में संस्कृति का ही एक विस्तार है। संस्कृति तथा प्रौद्योगिकी दोनों ही अपने-अपने तरीके से उपयोगी सेवाओं का उत्पादन करती हैं। संस्कृति हमारे समाज में विभिन्न स्तरों पर व्याप्त है और इस तरह यह ज्ञान का एक बड़ा तथा अद्भुत भंडार है।

दोनों में एक अंतर यह है कि प्रौद्योगिकी हमें आँखों से स्पष्ट दिखाई देती है। इस कारण व्यक्ति इसे आसानी से समझ-पहचान जाता है, जबकि संस्कृति के मामले में थोड़े ही लोग अधिक गहराई से समझ पाते हैं। प्रौद्योगिकी अधिक व्यक्त है, जबकि संस्कृति अधिक अव्यक्त है।

संस्कृति के मामले में हम पाते हैं कि प्रौद्योगिकी व कला पक्ष अधिक व्यक्त है। इसमें छिपा ज्ञान आसानी से अनुभव किया जा सकता है। इसका शेष भाग सामाजिक प्रक्रियाओं, तौर-तरीकों एवं परंपराओं में निहित होता है और उनका अनुभव केवल मस्तिष्क ही कर सकता है। उदाहरण के लिए—पूजा-पाठ, शादी-विवाह में किस प्रकार के वस्त्र पहनने हैं, यह संस्कृति का एक अंग है और इसके पीछे भी ज्ञान व तर्कसंगत आधार होता है; किंतु इसे सभी लोग समझ नहीं पाते हैं। संस्कृति का पर्याप्त प्रभाव व्यावसायिक प्रक्रियाओं पर भी पड़ता है। कुछ जगहों के लोग काफी विश्वास करते हैं। वे बातचीत में विनम्र भाषा व तौर-तरीकों का प्रयोग करते हैं। कुछ परिस्थितियों में वे आक्रामक भी हो जाते हैं। ये सब उस समाज की सांस्कृतिक पृष्ठभूमि पर निर्भर करता है।

विभिन्न देशों की व्यावसायिक कंपनियों पर उन देशों की संस्कृति की गहरी छाप देखने को मिलती है। आज का युग बहुराष्ट्रीय कंपनियों का युग कहा जा सकता है। इस कारण विभिन्न संस्कृतियों व व्यवसायों पर उनके प्रभाव का अध्ययन

भी आवश्यक है।

संस्कृति का कार्य-स्तर अनेक स्तरोंवाला होता है। समूह की संस्कृति अलग होती है और कंपनी की अलग। उद्योग जगत् की संस्कृति व व्यवसाय विशेष की संस्कृति में भी अंतर होता है। भारत जैसे विशाल देश के विभिन्न राज्यों की संस्कृति अलग-अलग होती है। इसी तरह सार्क देशों, यूरोपीय संघ के देशों, लैटिन अमेरिकी देशों की संस्कृति अलग ही प्रकार की है।

उपर्युक्त संस्कृतियाँ एक पीढ़ी से दूसरी पीढ़ी में जाती हैं। हर नई पीढ़ी उसमें थोड़ा-बहुत बदलाव लाती है, पर फिर भी मौलिकता बरकरार रहती है। प्रौद्योगिकी के विकास में भी स्थानीय व सांस्कृतिक तौर-तरीके समाहित हो जाते हैं।

जब एक देश से कोई प्रौद्योगिकी, कार्य का तरीका या प्रबंधन का तरीका दूसरे देश में जाता है तो उसके साथ सांस्कृतिक पहलू भी चले जाते हैं। उदाहरण के लिए, जापान में पहले जस्ट इन टाइम पद्धति विकसित हुई। उन्होंने सामग्री की मात्रा को न्यूनतम रखने का प्रयास प्रारंभ किया। इसके प्रबंधन के लिए उन्होंने अनेक पद्धतियाँ विकसित एवं प्रारंभ कीं और आपूर्तिकर्ताओं से अनेक प्रकार का तालमेल रखना शुरू किया। इसके साथ ही आपूर्तिकर्ताओं के साथ नए प्रकार के अनुबंध आरंभ हुए।

जब कच्ची सामग्री का चक्रकाल कम होने लगा तो कंपनी को लाभ होने लगा। इससे यह व्यवस्था और मजबूती से उपयोग होने लगी। कंपनियों के बीच के संबंध इस प्रबंधन तकनीक पर आधारित होने लगे। धीरे-धीरे यह संस्कृति का अंग बन गई।

जब अन्य देशों ने जापान के साथ कारोबार किया तो उन्होंने भी इस परंपरा को अपनाया। पर अन्य जगहों पर प्रारंभ में अनेक कठिनाइयाँ आईं। कुछ जगहों पर आपूर्तिकर्ताओं के साथ संबंध उसके लिए पर्याप्त विश्वास योग्य नहीं थे। कुछ जगहों पर कंपनी की आंतरिक व्यवस्था उसके अनुकूल नहीं थी, किंतु धीरे-धीरे यह विश्व की कार्य-संस्कृति का अंग बन गई।

संस्कृति से ज्ञान निकालने के लिए आवश्यक सावधानी बरतनी पड़ती है। हर ज्ञान का एक संदर्भ होता है और यह संदर्भ आमतौर पर सामाजिक होता है। कुछ जगहों पर सौंदर्य का एक पैमाना होता है और दूसरी जगह यह पैमाना बदसूरती का बन जाता है। अतः ज्ञान लेते समय काफी स्वतंत्रता व सावधानी बरती जानी चाहिए। कई बार कुछ डिजाइनें आरंभ में बहुत भद्दी लगती हैं; किंतु कई बार

देखकर व संदर्भों के बारे में जानकर वे उतनी ही खूबसूरत लगने लगती हैं।

ज्ञान का सामाजिक आयाम

ज्ञान के उत्पादक व उपभोक्ता ज्ञान को उचित आकार देते रहते हैं और आपस में विनिमय करते हैं। समय के साथ कागजों पर वर्णित ज्ञान पुराना पड़ता चला जाता है; पर जो ज्ञान हमारे समाज में समा जाता है वह संस्कृति का अंग बन जाता है

उदाहरण के लिए, यदि हम स्थापत्य कला का बारीकी से अध्ययन करें तो हमारी प्राचीन व ऐतिहासिक इमारतों में प्रयुक्त डिजाइनें, निर्माण कला आदि पर संस्कृति का गहरा प्रभाव पड़ा है। दक्षिण भारत के मंदिर, मुगलकाल की इमारतें, जैसे—लालकिला, ताजमहल, राजपूताना के किले आदि दरशाते हैं कि उस समय की अभियांत्रिकी व वास्तुकला पर संस्कृति का विशेष प्रभाव था। रोम के प्राचीन अवशेष, यूरोप के पुराने गिरजाघर भी इस प्रकार के ज्ञान के अद्‌भुत उदाहरण हैं।

इतना ही नहीं, शिक्षा व्यवस्था व राजनीतिक सत्ता भी इस ज्ञान पर अपना प्रभाव डालती हैं। जब ज्ञान दूसरी जगह जाता है तो नई भाषा, नए कानून, नई मुद्रा, नई परंपराएँ, संस्थाओं के तौर-तरीके इनपर अपना प्रभाव डालते हैं। यही कारण है कि कॉरपोरेट संस्कृति पर राष्ट्रीय संस्कृति का प्रभाव होता है। किसी भी कंपनी में अलग से संस्कृति नहीं थोपी जा सकती है, क्योंकि हर कंपनी को विभिन्न ठेकेदारों, उप-ठेकेदारों, आपूर्तिकर्ताओं, एजेंटों, ग्राहकों आदि से तालमेल करना पड़ता है, जो कि स्थानीय संस्कृति से ही प्रभावित होते हैं। इस बात का ध्यान तब विशेष रूप से रखना पड़ता है जब कंपनी अपना काम बाहर ठेके पर देती है। यदि दूरस्थ स्थान पर ठेका दिया जा रहा है तो वहाँ की संस्कृति का विशेष ध्यान रखना पड़ता है।

सूचना प्रवाह

किसी भी संगठन में सूचना प्रवाह उस संगठन की संस्कृति से भी प्रभावित होता है। यदि यह सूचना संस्कृति के अनुकूल नहीं होती है तो बड़ी कठिनाई से आगे बढ़ती है। कई बार यह जटिल रूप भी धारण कर लेती है। अतः हर कंपनी में सूचना प्रवाह के लिए एक संस्कृति विकसित की जाती है, जो सूचनाओं के आदान-प्रदान को बिस्कुट या टॉफी के आदान-प्रदान की तरह सरल व स्पष्ट बना देती है।

इस प्रक्रिया में यह भी ध्यान रखा जाता है कि सूचना प्रवाह प्रक्रिया की लागत न्यूनतम हो। इसके लिए सूचना का आकार इस प्रकार का बनाया जाता है,

ताकि उसे देना व लेना अति सरल हो। यदि सूचनाएँ ज्यादा छोटी होंगी तो उन्हें बार-बार देने व ग्रहण करने में अधिक समय और लागत लगेगी। दूसरी ओर, यदि आकार बड़ा होगा तो उसे ग्रहण करना कठिन होगा और वह प्रभावी भी नहीं होगी।

सूचना प्रवाह की आवश्यकता समाज की व्यवस्था और स्थिति पर निर्भर करती है। उदाहरण के लिए, यदि ग्राहक किसी विशाल डिपार्टमेंटल स्टोर में जाता है तो सामान को सिर्फ दूर से इशारा करके दिखा दिया जाता है। वह न तो दाम पूछता है और न ही दाम के बारे में मोल-भाव करता है। इसके दो कारण होते हैं— या तो उसे सामान के बाजार मूल्य के बारे में ज्ञान है या उसे उस बात का ज्ञान है कि इस स्टोर में दाम निर्धारित होते हैं और जो दाम होगा, देना होगा। उसे यह भी मालूम है कि वह जो भी नोट देगा, सही दाम काटकर उसे शेष राशि अपने आप वापस मिल जाएगी।

पर यही ग्राहक जब पटरी पर सामान खरीदेगा तो कई बार दाम पूछेगा। तरह-तरह से अपनी तसल्ली करेगा। इसका कारण यह है कि उसे इस बात का ज्ञान है कि यहाँ की संस्कृति अलग है। इसमें माल की गुणवत्ता एवं कीमत आदि के बारे में विश्वसनीयता कम है।

अत: पहले वातावरण में बेचनेवाला उतना कमाता है जितनी मात्रा में वह माल बेचता है। दूसरी ओर ग्राहक उतना खरीदता है जितनी उसे जरूरत है या जितना पैसा उसकी जेब में है। ऐसे में यदि दाम ऊपर-नीचे होते हैं तो विक्रेता व ग्राहक की आय-व्यय में अंतर आता है। यदि दूसरा विक्रेता बाजार में उतरता है तो उसे भी अपनी स्थिति पहले ही मालूम हो जाती है। पहले प्रकार की स्थिति में डिपार्टमेंटल स्टोर में उथल-पुथल कम मचती है, जबकि दूसरे प्रकार की स्थिति में पटरी पर एक-दो अतिरिक्त विक्रेता या ग्राहक के आ जाने से ज्यादा उथल-पुथल मच जाती है।

दोनों ही स्थितियों में अधीनस्थ कर्मचारियों की नियुक्ति करने में पड़ने वाला प्रभाव अलग-अलग होता है। यदि डिपार्टमेंटल स्टोर नया कर्मचारी रखता है तो उसे काम सिखाना आसान है, क्योंकि वहाँ सूचना का प्रवाह सरल व स्पष्ट है। दूसरी ओर पटरीवाला अपने कर्मचारी को आसानी से काम नहीं सिखा पाता है।

पहले प्रकार की संस्कृति में वरिष्ठ कर्मचारी व अधीनस्थ कर्मचारी बहुत जल्दी एक सी मन:स्थिति पर आ जाते हैं और इस तरह ऐसे वातावरण में नया कार्य बेहतर तरीके से हो सकता है, जबकि दूसरे मामले में मत-भिन्नता की संभावना ज्यादा होती है।

वैज्ञानिक संस्थानों, उच्च प्रौद्योगिकीवाले संस्थानों में पहले प्रकार की संस्कृति अनिवार्य होती है। इनमें तंत्र की विश्वसनीयता बहुत ज्यादा होती है और यह वैज्ञानिक तथ्यों के समतुल्य ही होती है।

पर उपर्युक्त संस्कृति में कुछ परिस्थितियों में दरार भी पड़ जाती है। यह आमतौर पर तब होता है जब बहुत ज्यादा प्रतिस्पर्धा की स्थिति उत्पन्न हो जाती है। उदाहरण के लिए, आज क्रेडिट कार्ड देने के लिए या कर्ज देने के लिए वित्तीय संस्थानों में काफी प्रतिस्पर्धा और अफरा-तफरी की सी स्थिति है। बाजार का स्वरूप काफी बिगड़ा हुआ है।

विभिन्न प्रकार की संस्कृतियाँ

किसी भी देश का बाजार तीन प्रकार की संस्कृतियों से प्रभावित होता है—

1. कॉरपोरेट संस्कृति,
2. औद्योगिक संस्कृति,
3. राष्ट्रीय संस्कृति।

इन सभी के आपसी संसर्ग से ज्ञान का प्रवाह भी प्रभावित होता है। इन सभी में समय के साथ बदलाव भी आता है। आमतौर पर बड़ी कंपनियाँ किसी सामान्य व्यक्ति द्वारा ही प्रारंभ होती हैं। यह व्यक्ति अकसर करिश्माई व्यक्तित्ववाला होता है। वह जब अपनी कंपनी स्थापित करता है तो तेजी से प्रगति करने लगता है और जल्दी ही उसमें विभाग एवं उपकेंद्र बन जाते हैं। कंपनी के आर्थिक व मानव संसाधन उनमें बँट जाते हैं। धीरे-धीरे उसमें कार्य करने के तरीके निर्धारित हो जाते हैं और हर क्षेत्र में अनेक प्रकार के मानदंड स्थापित हो जाते हैं।

इनका प्रबंधन प्रबंधकों द्वारा किया जाता है। उन्हें प्रशिक्षण दिया जाता है कि वे कर्मचारियों से स्पष्ट प्रश्न करें और उनसे स्पष्ट उत्तर की ही अपेक्षा करें। साथ ही तोड़-मरोड़कर जवाब देनेवालों को हतोत्साहित या प्रताड़ित किया जाए। उनके प्रश्न इस प्रकार के होते हैं—

1. क्या हम इस वर्ष के लक्ष्य को प्राप्त करेंगे?
2. क्या इस उत्पाद का पर्याप्त बाजार होगा?
3. हमें बाजार में उत्पाद उतारना चाहिए या नहीं?

कुछ कंपनियों की संरचना नौकरशाही जैसी हो जाती है। दूसरी ओर कुछ कंपनियाँ समय के साथ बड़ा आकार ग्रहण कर लेती हैं, पर वे अपने काम को छोटी-छोटी स्वतंत्र इकाइयों में बाँट देती हैं। इनमें कर्मचारियों को अपना नया

उत्पाद विकसित करने, उसे आगे बढ़ाने तथा बेचने में अधिक स्वतंत्रता मिल जाती है।

इन सबका इनके सीखने की प्रवृत्ति, व्यवहार आदि पर प्रभाव पड़ता है। एक प्रकार की कंपनियाँ ज्ञान संपदा को अपनी भौतिक संपदा के रूप में सहेजकर रखती हैं। अन्य प्रकार की कंपनियाँ इसे सीखने की प्रक्रिया में सहायक मानती हैं।

इन सबके अलावा हर कंपनी को एक निश्चित वातावरण में काम करना पड़ता है और उसे अपने आपूर्तिकर्ताओं, ग्राहकों, प्रतिस्पर्धियों आदि से भी संबंध बनाने होते हैं। हर कंपनी इन सबसे भी काफी कुछ सीखती है। इसके अलावा अनेक परिस्थितियों में कंपनी लाइसेंसिंग, संयुक्त उपक्रम, सेवा के ठेकों आदि के माध्यम से दूसरी कंपनियों से जुड़ती है। इस प्रक्रिया में संस्कृति मुख्य भूमिका निभाती है और ज्ञान के आदान-प्रदान को अनेक प्रकार से प्रभावित करती है। इस प्रक्रिया में अनेक प्रकार के संबंध बनते हैं, जो व्यक्तिगत, व्यवसायगत संबंध कहलाते हैं। इसके अलावा वफादारी भी विकसित होती है। इन संबंधों में उपहार देने व लेने की परंपरा प्रारंभ हो जाती है, जो संबंधों को और मजबूत बनाती है।

विभिन्न देशों की अपनी राष्ट्रीय संस्कृति होती है। यह संस्कृति उस देश के मूल्यों व मान्यताओं पर निर्भर करती है तथा उस देश की सामाजिक व्यवस्था, कानूनी ढाँचा एवं आर्थिक व्यवहार—सभी उनसे प्रभावित होते हैं। इस तरह उस देश की कंपनी से संबंध स्थापित करते समय संस्कृति का ध्यान रखना अनिवार्य है।

कुछ देशों के लोग कानूनी दाँव-पेंचों को बहुत ज्यादा महत्त्व देते हैं, जबकि कुछ देशों के लोग अनौपचारिक व अव्यक्त संबंधों पर विशेष जोर देते हैं। विभिन्न देशों में ठेका आदि देते समय कुछ कंपनियाँ नियमों व शर्तों को अधिकतम महत्त्व देती हैं, जबकि कुछ यह देखती हैं कि ठेका पानेवाली फर्म का अपने क्षेत्र में कितना प्रभाव है। अनेक फर्म तो इलाके के छत्रपों के साथ ही व्यवसाय करती हैं और कई बार उन्हें उनका असीमित लाभ भी होता है।

उपर्युक्त सभी सांस्कृतिक पहलुओं का ज्ञान-प्रबंधन पर प्रभाव पड़ता है। प्रौद्योगिकी ज्ञान संसाधनों का एक महत्त्वपूर्ण भाग है। इससे संबंधित जानकारियाँ संस्कृति का ही विस्तार मानी जाती हैं। आजकल प्रौद्योगिकी का तेजी से आदान-प्रदान हो रहा है। इसी तरह संस्कृति के विभिन्न पहलुओं का भी आदान-प्रदान बढ़ रहा है। इससे सीखने की प्रक्रिया सशक्त हो रही है और ज्ञान का तेजी से विस्तार भी हो रहा है।

□

संगठन की संस्कृति–एक ज्ञान संसाधन

हर संगठन या कंपनी के अपने कुछ मूल्य होते हैं, जिनके आधार पर कंपनी अपने आस-पास चल रही घटनाओं के प्रति अपनी प्रतिक्रिया विकसित करती है।

आज के युग में हर कंपनी विभिन्न प्रकार की विशेषताओं, विचारों, अंतर्दृष्टि आदि को अपनी सबसे बड़ी संपदा मानती है और ये सब कंपनी में विभिन्न स्तरों पर निहित होती हैं। पर कई मामलों में कंपनी की संस्कृति, जो कॉरपोरेट संस्कृति कहलाती है, ज्ञान-प्रबंधन के मार्ग में बाधक बन जाती है। ज्ञान-प्रबंधन के लिए एक विशिष्ट संस्कृति की आवश्यकता होती है, जिसके अंतर्गत ज्ञान के सृजन व उपयोग को हर प्रकार से बढ़ावा दिया जाता है तथा साथ ही उसे सभी कर्मियों में बाँटा जाता है। पर अनेक कंपनियों में व्यक्तिगत विशेषज्ञता को अत्यधिक महत्त्व दिया जाता है। विशेषज्ञों को अनेक प्रकार के प्रोत्साहन अलग से दिए जाते हैं। इस कारण ज्ञान को अधिकाधिक रूप से आपस में बाँटने की प्रकृति पर अंकुश लगने लगता है।

इसके अलावा अनेक कंपनियों में व्यक्तिगत सफलता को विशेष महत्त्व दिया जाता है। समूह में किए गए काम की सफलता का ज्यादा-से-ज्यादा श्रेय नेतृत्व या चुनिंदा लोगों को ही दिया जाता है। इससे भी ज्ञान-प्रबंधन का मूल सिद्धांत बाधित हो जाता है।

एक अन्य प्रकार की बाधा उन कंपनियों में आती है, जिनमें किसी एक विभाग या कुछ विभागों को बहुत अधिक महत्त्व दिया जाता है और दूसरे विभागों को दूसरे-तीसरे दर्जे का माना जाता है। उदाहरण के लिए, कुछ कंपनियों में विक्रय विभाग को विशेष महत्त्व दिया जाता है, क्योंकि वहाँ से पैसा आता है। इसी तरह

कुछ कंपनियों में मुख्य कार्यकारी अधिकारी जिस विभाग का होता है, उसे अधिक महत्त्व दिया जाता है। इसके अलावा अन्य क्षेत्रों में, जैसे अस्पतालों में मेडिकल स्टाफ जैसे—डॉक्टरों, सर्जनों को अतिविशिष्ट माना जाता है और अन्य स्टाफ जैसे—पैरा मेडिकल स्टाफ, नर्सों, टेक्नीशियनों को अपेक्षित महत्त्व नहीं मिल पाता है।

एक अन्य प्रकार की बाधा भी आती है। अनेक कंपनियों में नियमों, औपचारिकताओं आदि को बहुत अधिक महत्त्व दिया जाता है। इससे नए ज्ञान का उत्पादन भी बाधित होता है और उसका वितरण भी। ऐसी कंपनियों में नए काम अपेक्षित गति से नहीं हो पाते हैं। फिर भी, ज्ञान-प्रबंधन का विश्लेषण व मूल्यांकन करते समय संगठन की संस्कृति को नजरअंदाज नहीं किया जा सकता है। यह एक बहुआयामी बहूपयोगी संपदा है, जो लोगों के व्यवहार, मूल्यों एवं भावनाओं में निहित रहती है। यह प्रेरणास्रोत का भी कार्य करती है। यह लोगों की पसंद व नापसंद को भी अभिव्यक्त करती है। यह लोगों के दैनिक कृत्यों एवं स्वभाव में भी निहित होती है तथा संगठन से जुड़े किस्से-कहानियों व मान्यताओं में भी समाई रहती है।

अनेक दार्शनिकों ने संगठन की संस्कृति को परिभाषित करने का प्रयास किया है। एक परिभाषा के अनुसार, संगठन की संस्कृति संगठन के लोगों का काम करने का तरीका है। यह संगठन में निहित मान्यताएँ व विश्वास है। इसे इस तरीके से भी व्यक्त किया जा सकता है कि संगठन के लोगों के मस्तिष्क को एक सीमा तक एक तरीके से व्यवस्थित कर दिया गया है। यह एक मॉडल का भी कार्य करता है, जिसके अनुरूप संगठन के लोग अपने आप अपना व्यवहार तय करते हैं और दूसरों के व्यवहार को समझते व पहचानते हैं।

अनेक मामलों में संगठन की संस्कृति संगठन की क्षमता व प्रभाव को बढ़ावा देती है। पर यह भी सत्य है कि संगठन के लोगों को अपनी संस्कृति का अहसास नहीं होता है। उन्हें अपनी संस्कृति का मूल्य तब समझ में आता है जब वे किसी अलग संस्कृति के माहौल में जाते हैं या दूसरी संस्कृति की पृष्ठभूमिवाले व्यक्ति से संपर्क करते हैं।

आमतौर पर लोग यह समझते हैं कि संगठन की संरचना और उसके पास उपलब्ध प्रौद्योगिकी उस संगठन के प्रभाव का मुख्य आधार होती हैं; पर उनके साथ उस संगठन की संस्कृति भी एक प्रमुख आधार होती है। संगठन के निर्णयकर्ता निर्णय लेते समय संगठन की संस्कृति को नजरअंदाज नहीं कर पाते हैं। लोगों का व्यवहार, तौर-तरीके, पूर्वग्रह आदि इस संस्कृति पर निर्भर करते हैं। इतना ही नहीं,

संस्कृति को 'संगठन की जलवायु' भी कहा जा सकता है।

संस्कृति को अनेक प्रकार से वर्गीकृत किया जा सकता है। इनमें से कुछ आधार इस प्रकार हैं—

1. कुछ संस्कृतियाँ इस प्रकार की होती हैं जिनमें हर व्यक्ति की संगठन में अधिकतम स्वैच्छिक भागीदारी होती है। हर व्यक्ति मानसिक तौर पर अपने को कंपनी के स्वामित्व का भागीदार मानता है और कंपनी के लक्ष्य के प्रति समर्पित रहता है।
2. कुछ संस्कृतियाँ इस प्रकार की होती हैं, जिनमें लोगों के व्यवहार, तंत्र आदि में काफी समन्वय होता है तथा एकीकरण की भावना बहुत ज्यादा होती है। इस कारण नई परिस्थिति के प्रति अनुकूलन या परिवर्तन की संभावना कम होती है। इनमें वातावरण में एकरूपता ज्यादा होती है तथा लंबे समय तक बनी रहती है।
3. कुछ संस्कृतियाँ ऐसी होती हैं जिनमें बाहरी परिस्थितियाँ ज्यादा प्रभाव डाल पाती हैं। ये संस्कृतियाँ नई परिस्थितियों के अनुकूल ढलने का प्रयास करने लगती हैं।
4. कुछ संस्कृतियाँ मिशन आधारित होती हैं। इनमें संगठन का मुख्य लक्ष्य हमेशा स्थिर होता है। ये बदलती परिस्थितियों में भी दृढ़ बनी रहती हैं।

इस प्रकार यदि हम विश्लेषण करें तो पाते हैं कि—

1. आंतरिक गुणों के कारण उपर्युक्त पहले और दूसरे प्रकार की संस्कृतियाँ पहचानी जा सकती हैं। ये आंतरिक गुण संगठन में सदस्य की भागीदारी व संगठन के व्यवहार, प्रकृति आदि में एकरूपता प्रदर्शित करते हैं। जहाँ तक भागीदारी का सवाल है, इसमें काफी लचीलापन देखने को मिलता है। कई बार भागीदारी सुनिश्चित होने के बावजूद दिशाहीनता बनी रहती है। दूसरी ओर, एकरूपता की स्थिति में पर्याप्त स्थिरता होती है और एक निश्चित दिशा बनी रहती है।
2. बाहरी गुणों के कारण तीसरे व चौथे प्रकार की संस्कृतियाँ पहचानी जा सकती हैं। कुछ संस्कृतियाँ, जो लचीली होती हैं, बाह्य परिवर्तनों के अनुकूल ढल जाती हैं; किंतु मिशनरी संगठन अपने लक्ष्य के प्रति दृढ़ रहते हैं। उनकी एक निश्चित दिशा होती है।

उपर्युक्त के अलावा संस्कृतियों में अन्य प्रकार की विविधताएँ भी देखी जा सकतीं हैं, जैसे—

1. निर्णय केंद्रीकृत रूप से लिये जाते हैं या विकेंद्रीकृत रूप से?
2. औपचारिकताओं को कितना महत्त्व दिया जाता है?
3. पसंद किस प्रकार की है—अर्थात् लोग धन के पीछे दौड़ रहे हैं या कैरियर बनाने की चिंता में हैं? पारिवारिक जीवन को कितना महत्त्व दिया जाता है? परस्पर सहयोग को महत्त्व दिया जाता है या व्यक्तिगत पहचान को?

कुछ संस्कृतियों में व्यक्ति विशेष को पुरस्कार दिया जाता है, जबकि कुछ में समूह विशेष को।

इनके अलावा एक ही संगठन के विभिन्न विभागों में अलग-अलग प्रकार की संस्कृति देखने को मिलती है। कई बार एक ही संगठन के विभागों में परस्पर विरोधाभास भी देखने को मिलता है।

संस्कृतियों का व्यवहार पर प्रभाव

संस्कृति का सीधा प्रभाव संगठन के व्यवहार व संगठन के कर्मचारियों के व्यवहार पर पड़ता है। कर्मचारी इसी के आधार पर काम करते हैं। उदाहरण के लिए—

1. कुछ संगठनों में कर्मचारी काम करने की प्रक्रिया पर अधिक जोर देते हैं, वे मात्र लक्ष्य पर जोर नहीं देते। दूसरी ओर कुछ संगठनों में किसी भी प्रकार लक्ष्य प्राप्त करने पर ही जोर दिया जाता है।
2. कुछ संगठनों में निर्णय लेते समय कर्मचारी के कल्याण पर विशेष जोर दिया जाता है। दूसरी ओर अनेक संगठनों में काम पर जोर दिया जाता है और यदि कर्मचारी को असुविधा है तो भी किसी तरह काम पूरा कराया जाता है।
3. कुछ संगठनों में कर्मचारी अपने संगठन के प्रति पूरी तरह वफादार होते हैं। दूसरी ओर कुछ संगठनों में कर्मचारी अपने पेशे के प्रति वफादार होते हैं। उदाहरण के लिए, यदि कोई चार्टर्ड एकाउंटेंट है तो वह अपने पेशे व डिग्री की गरिमा बचाने का प्रयास पहले करेगा, चाहे इसके लिए संगठन का कुछ तात्कालिक नुकसान ही क्यों न हो जाए। दूसरी ओर पूरी तरह वफादार लोग संगठन के हित के लिए गलत काम या गैर-कानूनी काम करने के लिए भी तैयार हो जाते हैं। यही कारण है कि अनेक संगठनों में लोगों की कोई पहचान नहीं होती है, क्योंकि उनकी

पहचान संगठन की पहचान में विलीन हो जाती है। दूसरी ओर, अनेक संगठनों में लोग अपनी पहचान बनाए रखते हैं। वे अपनी व्यावसायिक योग्यता को निरंतर बढ़ाते रहने का प्रयास करते हैं।

4. कुछ संगठन खुली संस्कृतिवाले होते हैं। इनमें सदस्य या कर्मचारी बाहरी लोगों से खुलकर मेल-जोल रखते हैं। नए कर्मचारी को संगठन के ढाँचे में ढलने में अधिक समय नहीं लगता है। दूसरी ओर, अनेक संगठनों में लोग बाहरी दुनिया से कटे रहते हैं। इनमें कुछ लोग ही निर्णय लेते हैं और शेष उनका पालन करते हैं। ऐसे में नए व्यक्ति का संगठन के अनुरूप ढलना कठिन होता है और इस प्रक्रिया में समय अधिक लग जाता है।
5. कुछ संगठन ढीले माने जाते हैं, क्योंकि उनमें लिखित व अलिखित नियम-कानून कम होते हैं। दूसरी ओर, अनेक संगठनों में लिखित-अलिखित नियम-कानूनों की भरमार होती है। ऐसे में लोगों के पास व्यक्तिगत स्वतंत्रता नहीं के बराबर होती है। ये लोग संगठन की नीतियों के अनुसार चलने के लिए बाध्य होते हैं।
6. कुछ संगठन अपना व्यवसाय अपने मानदंडों के अनुसार चलाते हैं। वे अपनी नीतियों व कार्यक्रमों के अनुसार ही चलते हैं, चाहे बाहरी वातावरण में कुछ भी क्यों न हो रहा हो। दूसरी ओर, कुछ संगठन प्रगतिशील माने जाते हैं। वे ग्राहकों की आवश्यकताओं को विशेष महत्त्व देते हैं। कई बार ये अपने लेखा परिणामों को नजरअंदाज करते हुए भी ग्राहकों की संतुष्टि बनाए रखते हैं।

उपर्युक्त प्रकार की अनेक संस्कृतियाँ उद्योग जगत् में पाई जाती हैं। इन संस्कृतियों का ज्ञान-प्रबंधन पर विशेष प्रभाव पड़ता है, जो इस प्रकार है—

संस्कृतियाँ, जो ज्ञान उत्पादन को प्रभावित करती हैं—अनेक संगठनों में सीखने का अच्छा वातावरण होता है। ऐसे संगठनों में लोगों को नया ज्ञान या नई कार्य-कुशलता प्राप्त करने में सुविधा होती है और उन्हें प्रोत्साहन भी मिलता है। इन संगठनों में लोग आपस में संपर्क करते हैं, इस कारण उनका ज्ञान बढ़ता रहता है तथा उनमें नया ज्ञान उत्पन्न करने की प्रवृत्ति भी बढ़ती है।

ऐसे संगठनों में लोगों का व्यक्तित्व निखरता है। वे अपने काम से संबंधित ज्ञान को लगातार बढ़ाते रहते हैं। इन संगठनों के लोगों का बाजार मूल्य लगातार बढ़ता रहता है। ये संगठन अपेक्षाकृत अधिक लचीले होते हैं।

इस संबंध में विकसित परिकल्पना यह है कि जो संगठन अधिक परिवर्तनशील व लचीले होते हैं, उनमें ज्ञान उत्पादन की संभावना अधिक होती है। दूसरी ओर, जो संगठन अधिक नियंत्रित व स्थिर होते हैं उनमें ज्ञान उत्पादन की संभावना कम होती है।

संस्कृतियाँ, जो ज्ञान के भंडारण को बढ़ावा देती हैं—हर संगठन की अपनी एक स्मृति अर्थात् मेमोरी होती है, जिसमें संगठन के लिए आवश्यक ज्ञान भंडारित हो जाता है। यह ज्ञान अनेक रूपों में, अनेक स्थानों पर दर्ज होता है जैसे—लिखित दस्तावेज, इलेक्ट्रॉनिक दस्तावेज आदि। संगठन के विशेषज्ञों के पास भी ज्ञान होता है। इनके अलावा संगठन की प्रक्रियाओं, क्रियाकलापों में भी ज्ञान निहित होता है।

किंतु संगठन के साधारण व्यक्ति को इस स्मृति का स्पष्ट अहसास नहीं होता है। जो संगठन लचीले होते हैं उनमें नया ज्ञान जल्दी आ जाता है, जिससे पुराने भंडारित ज्ञान पर प्रभाव पड़ता है। दूसरी ओर, जो संगठन स्थिर प्रकार के होते हैं, उनमें नया ज्ञान जल्दी नहीं आ पाता है और पुराने ज्ञान का भंडारण देर तक सुरक्षित रहता है।

इस संबंध में जो परिकल्पना विकसित हुई है, उसके अनुसार जिन संगठनों की संस्कृति में स्थिरता और एक निश्चित दिशा होती है, उनमें ज्ञान भंडारण की क्षमता अधिक होती है। लचीली संस्कृतिवाले संगठन नए ज्ञान को पाने तथा आत्मसात् करने की धुन में पुराने ज्ञान को जल्दी भूल जाते हैं।

संस्कृतियाँ, जो ज्ञान के हस्तांतरण को बढ़ावा देती हैं—ज्ञान-प्रबंधन का एक महत्त्वपूर्ण हिस्सा है—ज्ञान का हस्तांतरण। संगठन की व्यवस्था ऐसी होनी चाहिए, ताकि ज्ञान की जहाँ जरूरत हो या जहाँ उसका उपयोग हो वहाँ यह निर्बाध रूप से पहुँचे।

यह हस्तांतरण कई स्तरों पर होता है। यह व्यक्तियों के बीच भी होता है और व्यक्तियों तथा निश्चित स्रोतों के बीच भी। यह व्यक्ति से समूहों की ओर भी जाता है और समूह के अंदर भी इसका आदान-प्रदान होता है। इसके अलावा यह समूह से पूरे संगठन में भी फैल जाता है।

अनेक संगठनों में लोग स्वेच्छा से प्राप्त ज्ञान को संगठन की स्मृति तक पहुँचाते हैं। हर संगठन के मूल्य व तौर-तरीके यह निर्धारित करते हैं कि कौन सा ज्ञान महत्त्वपूर्ण है। यह भी बताते हैं कि कौन सा ज्ञान व्यक्तिगत महत्त्व का है और कौन सा ज्ञान संगठन की संपदा है। इसी प्रकार संस्कृति न केवल ज्ञान का वर्गीकरण करने में सहायक है

वरन् ज्ञान-प्रबंधन के नए-नए तरीकों को प्रोत्साहित भी करती है।

अनेक संगठन ज्ञान को आपस में बेहतर ढंग से बाँटने की प्रक्रिया को बढ़ाने के लिए तरह-तरह के प्रोत्साहन देते हैं। वे तरह-तरह के प्रशिक्षण कार्यक्रम चलाते हैं, जिनमें ज्ञान का समुचित आदान-प्रदान होता है। कुछ प्रकाशन के जरिए ज्ञान के आदान-प्रदान को बढ़ावा देते हैं। इन सभी के द्वारा ज्ञान का उचित मूल्यांकन भी हो जाता है।

दूसरी ओर, कुछ संगठन इस प्रकार के प्रयास बिलकुल नहीं करते हैं। कुछ में प्रयास के तौर-तरीके अलग होते हैं। कुछ का यह मानना है कि ज्ञान का आदान-प्रदान अनौपचारिक तरीकों से बेहतर हो सकता है। कुछ में ज्ञान के प्रसार की व्यवस्था निर्बाध होती है। इनमें ज्ञान सीधी रेखा में भी चलता है—अर्थात् एक स्तर के लोग आपस में चर्चा करते हैं। ज्ञान नीचे से ऊपर और ऊपर से नीचे भी आता-जाता है। इस प्रकार की संस्कृति को खुली संस्कृति कहा जाता है। दूसरी ओर बंद संस्कृति में कुछ लोग, जिन्हें विशेषज्ञ कहा जाता है, ज्ञान को धारण करते हैं या उसे आगे आवश्यकतानुसार देते-लेते हैं।

इस संबंध में विकसित परिकल्पना के अनुसार खुली संस्कृतिवाले संगठनों में ज्ञान का आदान-प्रदान बेहतर व निर्बाध गति से होता है।

ज्ञान के आदान-प्रदान के मामले में दीर्घकालिक हित की पहचान व आकलन आवश्यक होता है। यह भी देखा जाता है—यदि ज्ञान को अपने तक सीमित रखा जाए तो व्यक्ति को तात्कालिक लाभ होता है। पर यदि ज्ञान संगठन के सभी लोगों में बाँटा जाता है तो ज्ञान का बेहतर उपयोग होता है और संगठन को बहुत ज्यादा लाभ मिलता है; उससे लाभ का जो हिस्सा व्यक्ति को मिलता है वह उस लाभ से अधिक होता है, जो ज्ञान को अपने तक सीमित रखने से होता।

अत: कंपनी में ऐसी संस्कृति विकसित करने की आवश्यकता है जिसमें लोग ज्ञान को कंपनी की संपदा मानें। इस प्रकार की संस्कृति उन संगठनों में होती है जिनमें व्यक्ति संगठन के प्रति निष्ठावान् होता है। वह अपने पेशे—जैसे वकालत, चार्टर्ड एकाउंटेंट आदि—के प्रति उसके बाद निष्ठा दिखाता है। ऐसे संगठनों में ज्ञान का आदान-प्रदान बेहतर तरीके से संपन्न होता है।

कुछ कंपनियों में कर्मचारियों को सशक्त बनाया जाता है। यह माना जाता है कि यदि कर्मचारी सशक्त व सक्षम होंगे तो काम तो अपने आप होता रहेगा। ऐसी कंपनियों में कर्मचारियों की कार्य-कुशलता बढ़ाने के लिए अनेक प्रयास किए जाते हैं और उच्च अधिकारियों व कर्मचारियों में आपस में संपर्क सूत्र कायम हो जाते हैं,

जो कि ज्ञान के आदान-प्रदान में उत्प्रेरक की भूमिका निभाते हैं।

दूसरी ओर, जिन कंपनियों में केवल काम पर जोर दिया जाता है, उनमें ऐसे संपर्क विकसित नहीं हो पाते हैं और उनमें ज्ञान का आदान-प्रदान कठिन होता है।

संस्कृति, जो ज्ञान के उपयोग को बढ़ावा देती है—अनेक संगठनों में ज्ञान का उत्पादन या आयात तो होता है, पर उसका समुचित उपयोग नहीं हो पाता है। अत: अपने लोगों को ज्ञान के उचित व लाभदायक उपयोग के लिए प्रेरित करना भी अनिवार्य है।

ज्ञान के समुचित उपयोग के लिए लोगों को मात्र पुरस्कार व सम्मान से ही प्रेरित नहीं किया जा सकता है। इसके लिए उचित संस्कृति का निर्माण आवश्यक है। जिन संगठनों में संस्कृति खुली होती है उनमें ज्ञान का अधिक उपयोग होता है। बंद संस्कृतिवाले संगठनों में उपयोग कठिन होता है। इसी तरह जिन संगठनों में लोग संगठन के प्रति पहली निष्ठा दिखाते हैं और अपने पेशे के प्रति वफादारी उनकी दूसरी प्राथमिकता होती है, उनमें ज्ञान का उपयोग ज्यादा होता है। इसी तरह जिन संगठनों में कर्मचारियों को सक्षम व सशक्त बनाने पर अधिक बल दिया जाता है, उनमें ज्ञान का बेहतर उपयोग होता है। जिन संगठनों में केवल निर्धारित काम पर बल दिया जाता है, उनमें ज्ञान का समुचित उपयोग कठिन होता है।

इस प्रकार हम देखते हैं कि ज्ञान का उपयोग ज्ञान के हस्तांतरण से संबद्ध है। जहाँ-जहाँ पर ज्ञान का हस्तांतरण बेहतर व सुगम होता है वहाँ-वहाँ पर ज्ञान का उपयोग भी बेहतर तरीके से होता है।

इसके अलावा ज्ञान के उपयोग की एक परिभाषा यह भी है कि सूचना को अर्थ प्रदान किया जाए। इससे भी संगठन की संस्कृति महत्त्वपूर्ण भूमिका निभाती है। जिन संगठनों के भिन्न-भिन्न विभागों में अलग-अलग उप-संस्कृति होती है, उनमें यह काम अपेक्षाकृत कठिन होता है। इसी तरह यदि एक विभाग का ज्ञान दूसरे के साथ नहीं जोड़ा जा सके तो भी यह कार्य कठिन होता है। ऐसे माहौल में काम के दौरान अंतर्द्वंद्व उत्पन्न होने की संभावना ज्यादा होती है, जो ज्ञान के समुचित उपयोग में बाधक बन जाती है।

अत: ज्ञान के समुचित उपयोग के लिए संगठन की संस्कृति में अधिकाधिक एकरूपता लाना अनिवार्य है।

इस प्रकार हम देखते हैं कि ज्ञान के विभिन्न पहलुओं, जैसे—ज्ञान उत्पादन, उसे आपस में बाँटने, उपयोग करने आदि का सीधा संबंध संगठन की संस्कृति से है। अत: किसी संगठन या कंपनी को यदि ज्ञान आधारित कंपनी या संगठन बनाना

है तो उसकी संस्कृति में आवश्यक बदलाव लाना आवश्यक है। अनेक कंपनियाँ इसके लिए दीर्घकालिक अभियान चला रही हैं। जिन कंपनियों में अलग-अलग स्थानों व अलग-अलग पृष्ठभूमि के लोग होते हैं, वहाँ इसके लिए विशेष प्रयास करने की आवश्यकता होती है।

आज ऐसी संस्कृति का निर्माण किया जा रहा है जिसमें किसी भी विषय पर चर्चा की जा सके और कोई भी व्यक्ति काम में भागीदारी कर सके।

आज का उच्च प्रबंधन यह सोचता है कि उसकी कंपनी कर्मचारियों से बनी है और उनमें से प्रत्येक की अपनी क्षमता और शक्ति है। उन सभी की भागीदारी से ही कंपनी की सफलता सुनिश्चित हो सकती है।

किंतु सदियों से चली आ रही संस्कृति में बदलाव लाना सहज नहीं है। अनेक कर्मचारी इस प्रक्रिया में कठिनाई का अनुभव करते हैं। इसके लिए अनेक कंपनियों में आवश्यक दिशा-निर्देश भी जारी किए गए हैं।

निष्कर्ष—इस प्रकार हम देखते हैं कि संगठन की संस्कृति वास्तव में एक ज्ञान संसाधन है, जिसे उचित रूप देना तथा उसका पर्याप्त दोहन करना एक चुनौती है। आज के वरिष्ठ प्रबंधक इस बात पर विशेष ध्यान दे रहे हैं; परंतु इस क्षेत्र में इतनी विविधताएँ हैं कि एक सूत्र से हर प्रकार के हल निकालना संभव नहीं है। अतः सूक्ष्म स्तर पर अन्वेषण की विशेष आवश्यकता है।

□

छोटे व मझले उद्योगों में ज्ञान-प्रबंधन

आधुनिक उद्योग जगत् निम्न प्रभावों का सामना कर रहा है—

1. वैश्वीकरण और इसके कारण बढ़ रही प्रतिस्पर्धा की तीव्रता,
2. संगठनों की संरचना में हो रहे परिवर्तन,
3. कर्मचारियों की योग्यता आदि में हो रहे परिवर्तन,
4. पसंद व व्यस्तताओं में हो रहे परिवर्तन,
5. सूचना व संचार प्रौद्योगिकी में हो रहे परिवर्तन।

उपर्युक्त के अलावा ज्ञान-प्रबंधन में भी परिवर्तन हो रहा है। ज्ञान-प्रबंधन के अंतर्गत यह माना जाता है कि जो संगठन अपने संगठन व लोगों के ज्ञान का बेहतर उपयोग करता है वह नए व्यावसायिक वातावरण की चुनौतियों का सामना अच्छी तरह से करता है। इतना ही नहीं, उसकी प्रगति की रफ्तार लगातार बनी रहती है, क्योंकि उसकी आविष्कारी मनोवृत्ति तथा दक्षता दोनों में वृद्धि होती है।

छोटे व मझले संगठन

यहाँ पर छोटे व मझले दर्जे का संगठन उन्हें माना गया है जिनमें 20 से 50 कर्मचारी होते हैं। ये संगठन बहुत बड़े संगठनों की तुलना में अधिक गतिशील होते हैं। उनकी तुलना में ये सीखने के लिए अधिक तत्पर रहते हैं। पर इनकी सीमाएँ भी इसी प्रकार की होती हैं कि इनमें से यदि एक या दो मुख्य व्यक्ति नौकरी छोड़ दें तो ये लड़खड़ा जाते हैं।

इन संगठनों के लिए सबसे पहले यह आवश्यक होता है कि वे अपने क्षेत्र की एक स्पष्ट व वस्तुपरक तसवीर तैयार करें, जिसमें अनुसंधानकर्ताओं व अन्य कर्मियों के विविध प्रकार के विचार हों।

जब उन संगठनों में ज्ञान-प्रबंधन लाया जाता है तो सबसे पहले संगठन के हर स्तर के कर्मचारियों में ज्ञान-प्रबंधन के बारे में जागृति लाई जाती है। इसके अंतर्गत यदि कंपनी में पहले से ज्ञान-प्रबंधन की कोई तकनीक चल रही है तो उसका मूल्यांकन किया जाता है। इसमें आ रही समस्याओं की पहचान की जाती है और प्रमुख निर्णय लेनेवालों से उनके बारे में वचन लिया जाता है।

ज्ञान-प्रबंधन लागू करने की रणनीति का संबंध उपयोग करनेवाले लोगों की पहचान, उनकी ज्ञान संबंधी आवश्यकताओं आदि से होता है। इसके लिए जो डिजाइन तैयार की जाती है, उसमें ज्ञान संबंधी भावी परिदृश्य का प्रारूप तैयार किया जाता है।

ज्ञान-प्रबंधन को लागू करने की योजना में भी प्रोटोटाइप या पायलट पद्धतियों का उपयोग होता है। उनकी सफलता के बाद ही पूरे संगठन में ज्ञान-प्रबंधन को लागू किया जाता है।

एक बार ज्ञान-प्रबंधन लागू कर देने के पश्चात् समय-समय पर उसका मूल्यांकन किया जाता है। उसको बनाए रखने अर्थात् रख-रखाव की भी उचित व्यवस्था की जाती है।

व्यावसायिक रणनीति के साथ तालमेल—ज्ञान-प्रबंधन तभी कारगर होता है जब उसका तालमेल व्यावसायिक रणनीति से हो। इसके अंतर्गत व्यवसाय के क्षेत्र में संगठन की स्थिति का आकलन भी किया जाता है।

अनेक संगठन ज्ञान-प्रबंधन को भिन्न-भिन्न कारणों से अपनाते हैं। प्रमुख कारण इस प्रकार हैं—

1. जोखिम को न्यूनतम करना,
2. दक्षता को अधिकतम करना,
3. नए काम करना।

जो लोग जोखिम को न्यूनतम करने का प्रयास करते हैं वे कंपनी में उपलब्ध ज्ञान को अधिकाधिक रूप से प्राप्त करने का प्रयास करते हैं। दक्षता बढ़ाने का प्रयास करनेवाले संगठन वर्तमान ज्ञान के उचित आदान-प्रदान द्वारा अधिकतम दक्षता पाने का प्रयास करते हैं। आविष्कारी प्रवृत्तिवाले संगठन नए ज्ञान पर जोर देते हैं, ताकि उनके संगठन में सृजनात्मकता बढ़े और नए-नए कार्य हो सकें।

अभी तक जिन छोटे व मझले संगठनों ने अपने यहाँ ज्ञान-प्रबंधन लागू किया है, उनमें निम्न विशेषताएँ देखी जाती हैं—

1. उसके द्वारा संगठन अपने ग्राहकों की आवश्यकताओं को बेहतर ढंग से

समझ सकता है। वह उनकी पसंद व दबावों का भी बेहतर आकलन कर सकता है।

2. अपने ग्राहकों के साथ उनके संबंध सशक्त व दीर्घकालिक साझेदारी वाले हो जाते हैं।
3. संगठन का स्तर अपने क्षेत्र में चिंतन करनेवाले नेतृत्व का हो जाता है और यह निरंतर बना रहता है।
4. व्यवसाय व उत्पादन प्रक्रियाओं की लागत कम होती जाती है तथा गति व गुणवत्ता बढ़ती चली जाती है।
5. अब संगठन अपने पिछले कामों, परियोजनाओं, ठेकों आदि से अधिक बातें सीखता है और भावी कामों में सुधार होता चला जाता है।

प्रक्रियाएँ

छोटे व मझले संगठन सबसे पहले अपने यहाँ उपलब्ध ज्ञान का लेखा-जोखा रखते हैं तथा यह जानते हैं कि इस ज्ञान की स्थिति के कारण संगठन की शक्तियाँ और कमजोरियाँ क्या हैं।

अलग-अलग प्रकार के संगठनों के लिए अलग-अलग रूपों में ज्ञान मूल्यवान् होता है। उदाहरण के लिए, तकनीकी फर्म के लिए तकनीकी ज्ञान अधिक मूल्यवान् होता है, जबकि चार्टर्ड एकाउंटेंट की कंपनी के लिए बिलकुल अलग तरह का ज्ञान मूल्यवान् होता है।

जो कंपनियाँ जोखिम न्यूनतम करना चाहती हैं वे जोखिम का आवश्यक प्रबंधन करती हैं और इसके लिए उन्हें अनेक प्रकार के विकास संबंधी और प्रक्रियाओं संबंधी ज्ञान की आवश्यकता होती है। निर्माण कार्य में लगी कंपनियाँ विभिन्न प्रकार की जाँच प्रक्रियाएँ और टूल विकसित करती हैं तथा हमेशा अपने साथ रखती हैं। ये अपने उत्पाद व प्रक्रिया में सतत सुधार के लिए तरह-तरह के नवीनीकरण संबंधी प्रयास करती हैं।

इस प्रकार हम देखते हैं कि छोटी व मझली कंपनियाँ अधिक गतिशील होती हैं। यह सूचना पाते ही उसके अनुसार कार्यान्वयन का प्रयास प्रारंभ कर देती हैं। इसके लिए उन्हें ऐसे ज्ञान की आवश्यकता होती है जो उनकी पहुँच में हो, प्रासंगिक हो तथा उसका इस्तेमाल तत्काल किया जा सके।

सही हल की तलाश

छोटी व मझली कंपनियों में ज्ञान-प्रबंधन लागू करते समय समस्त प्रक्रियाओं, संस्कृति में फेर-बदल तथा प्रौद्योगिकियों का विशेष ध्यान रखना होता है। इस तरह ज्ञान में वृद्धि के प्रयासों के सफल होने की संभावना ज्यादा होती है तथा कंपनी का मूल्य बढ़ता है।

इसके अलावा निम्न रणनीति कारगर सिद्ध हो सकती है—

1. संगठन के मुख्य व्यक्तियों के पास स्थित ज्ञान को कंपनी का ज्ञान बनाया जाए। इसके लिए निम्न प्रक्रिया अपनाई जा सकती है—
   (क) कंपनी में कार्य करने की एक मानक पद्धति विकसित की जाए, जिसमें प्रक्रिया संबंधी ज्ञान निहित हो।
   (ख) अब तक जो छिपा हुआ ज्ञान उपलब्ध हो, उसे स्पष्ट रूप दिया जाए, ताकि सभी उसका लाभ उठा सकें।
   (ग) जो ज्ञान अब तक गहरा दबा हो, उसे खुले कार्यक्रमों द्वारा सभी तक पहुँचा दिया जाए।
2. कंपनी में नए ज्ञान के उत्पादन के लिए अनेक प्रकार की रणनीतियाँ तैयार की जाएँ, जैसे ज्ञान उत्पादनकर्ताओं को प्रोत्साहन और पुरस्कार दिए जाएँ। इससे लोग नए उत्पाद, नई सेवा, नए ग्राहक, नई व विकसित व्यावसायिक सेवा, नए तरीकों—जिनसे ज्ञान का उपयोग व पुनः उपयोग किया जा सके—के बारे में विचार दे सकेंगे।

छोटे और मझले स्तर के संगठन अकसर नया ज्ञान व्यावसायिक संगठनों या एसोसिएशनों, संबद्ध उद्योगों, मानकों आदि से लेते हैं। इन संगठनों में अनुसंधान व विकास संबंधी गतिविधियाँ सीमित ही होती हैं। कुछ मामलों में ये अपनी मूल कंपनी से ज्ञान प्राप्त करते हैं।

परंतु इन कंपनियों में दैनिक कार्यों से संबंधित अनुसंधान बहुत होता है। यदि यह इनकी संस्कृति बन जाए तो ये ज्ञान आधारित संगठन बन सकते हैं। इसके लिए उन्हें आपसी संवाद व्यवस्था में सुधार करना होगा, ताकि ज्ञान सभी तक पहुँचे।

□

आधुनिक भारत में ज्ञान-प्रबंधन– एक अध्ययन

आधुनिक भारत ज्ञान के क्षेत्र में फिर से आगे बढ़ रहा है। अनेक औद्योगिक क्षेत्रों, जो मोटे तौर पर ज्ञान पर आधारित हैं, में भारत का प्रदर्शन आशाजनक रहा है और भविष्य में भारत में इन क्षेत्रों में भारतीयों द्वारा अच्छी प्रगति किए जाने की संभावना है।

उपर्युक्त अनुमान की पुष्टि के लिए भैषज उद्योग, सूचना प्रौद्योगिकी, पेट्रोलियम क्षेत्र की अग्रणी कंपनियों पर एक अध्ययन किया गया, ताकि इन कंपनियों में चल रहे ज्ञान-प्रबंधन का आकलन किया जा सके।

इस अध्ययन के लिए निम्न तीन क्षेत्रों की अग्रणी कंपनियों का चयन किया गया—

भैषज निर्माण	*सूचना प्रौद्योगिकी*	*पेट्रोलियम क्षेत्र*
रैनबैक्सी	विप्रो	इंडियन ऑयल कॉरपोरेशन
सिपला	एच.सी.एल.	भारत पेट्रोलियम
डॉ. रेड्डी'ज लैब	इन्फोसिस	हिंदुस्तान पेट्रोलियम
ग्लैक्सो	टाटा कंसल्टेंसी सर्विसेज	आई.बी.पी.
डाबर	सी.एम.सी.	

उपर्युक्त सभी कंपनियाँ अपने-अपने क्षेत्रों में हर दृष्टि से शीर्ष कंपनियाँ मानी जाती हैं।

उपर्युक्त सभी कंपनियों में रैंडम आधार पर 10-10 अधिकारियों के विचार

लिये गए। इस प्रकार भैषज निर्माण व सूचना प्रौद्योगिकी के क्षेत्र से 50-50 तथा पेट्रोलियम क्षेत्र से 40 अधिकारियों से गंभीरतापूर्वक चर्चा की गई।

इसके अलावा सरकारी क्षेत्र के नीति-निर्माता, शिक्षण क्षेत्र के विशेषज्ञों में से 30 विशेषज्ञ लेकर उनके भी विचार लिये गए।

प्राप्त प्रतिक्रियाओं का विश्लेषण करने के पश्चात् निम्न परिणाम निकले—

1. 63 प्रतिशत का विचार था कि उनके कार्यक्षेत्र में ज्ञान एक वास्तविक संपदा है, जबकि 23 प्रतिशत ने ऐसा बिलकुल नहीं माना। शेष 13 प्रतिशत के विचार स्पष्ट नहीं थे। बहुमत की राय यह थी कि ज्ञान-प्रबंधन अभी उनके क्षेत्र में शैशव अवस्था में ही है।
2. सूचना प्रौद्योगिकी क्षेत्र में लगभग सभी (96 प्रतिशत) की राय यह थी कि उनके द्वारा तैयार उत्पाद या सेवा में ज्ञान व्यक्त या अव्यक्त रूप में आवश्यक हिस्सा है। विशेष बात यह थी कि इन्फोसिस, विप्रो, टाटा कंसल्टेंसी, हिंदुस्तान कंप्यूटर्स के प्रतिनिधियों की शत-प्रतिशत राय ऐसी थी, पर सी.एम.सी. के सिर्फ 80 प्रतिशत प्रतिनिधि यह मानते थे कि ज्ञान व्यक्त या अव्यक्त रूप में उनके उत्पाद या सेवा का अंग है।
3. इसी क्षेत्र में 92 प्रतिशत लोगों का यह मानना था कि ज्ञान के कारण उनके उत्पाद या सेवा का मूल्य बहुत ज्यादा है। इस प्रश्न के उत्तर में भी इन्फोसिस, विप्रो, टी.सी.एस., एच.सी.एल. के प्रतिनिधियों की राय लगभग एक जैसी थी, पर सी.एम.सी. के मात्र 70 प्रतिशत प्रतिनिधियों का यह मानना था कि ज्ञान से सचमुच उनके उत्पाद या सेवा का मूल्य बढ़ रहा है।
4. प्राप्त उत्तरों के अनुसार 66 प्रतिशत ने यह माना कि ज्ञान-प्रबंधन की व्यवस्था उनके संगठन में मौजूद है। 6 प्रतिशत ने बताया कि उनके यहाँ इसे लागू करने की योजना बन रही है। 28 प्रतिशत का स्पष्ट रूप से यह मानना था कि इस प्रकार का कोई कार्यक्रम न तो है और न ही हाल में लागू होने वाला है। इन्फोसिस, विप्रो, टी.सी.एस. में ज्ञान-प्रबंधन की व्यवस्था है और एच.सी.एल. में इसे शीघ्र लागू करने की योजना है। सी.एम.सी. में इसे तत्काल लागू करने की कोई योजना नहीं है।
5. भैषज निर्माण क्षेत्र में प्राप्त प्रतिक्रियाओं में से 82 प्रतिशत का यह मानना था कि उनके उत्पाद या सेवाओं में ज्ञान व्यक्त या अव्यक्त रूप

में मौजूद है। विभिन्न कंपनियों के प्रतिनिधियों का ऐसी राय देनेवाला प्रतिशत इस प्रकार है—

डॉ. रेड्डी'ज लैब	90 प्रतिशत
रैनबैक्सी	90 प्रतिशत
ग्लैक्सो	80 प्रतिशत
सिपला	80 प्रतिशत
डाबर	50 प्रतिशत

6. इसी तरह इस क्षेत्र में 78 प्रतिशत का यह मानना है कि उनके उत्पाद या सेवाओं का मूल्य ज्ञान के कारण बहुत ज्यादा बढ़ जाता है।
7. इस क्षेत्र में 58 प्रतिशत का यह मानना है कि उनके संगठन में ज्ञान-प्रबंधन का कोई कार्यक्रम नहीं है। 40 प्रतिशत का यह मानना था कि इसे शीघ्र लागू किया जा रहा है। मात्र 2 प्रतिशत का यह मानना है कि उनके यहाँ ज्ञान-प्रबंधन व्यवस्था लागू है। मात्र डॉ. रेड्डी'ज की लैब में इसे लागू करना प्रारंभ किया जा रहा है, जबकि रैनबैक्सी में ऐसी योजना बनाई जा रही है। ग्लैक्सो, सिपला, डाबर में अभी न तो व्यवस्था है और न ही लागू किए जाने की कोई योजना है।
8. पेट्रोलियम क्षेत्र में 75 प्रतिशत का यह मानना था कि उनके उत्पाद या सेवाओं में ज्ञान व्यक्त या अव्यक्त रूप में मौजूद है। इस बारे में विभिन्न कंपनियों की राय का प्रतिशत एक जैसा था, जो इस प्रकार है—

इंडियन ऑयल	80 प्रतिशत
भारत पेट्रोलियम	90 प्रतिशत
हिंदुस्तान पेट्रोलियम	80 प्रतिशत
आई.बी.पी.	50 प्रतिशत

9. इसी क्षेत्र में 62.5 प्रतिशत प्रतिनिधियों का यह मानना था कि ज्ञान के कारण उनके उत्पाद या सेवा का मूल्य काफी बढ़ जाता है।
10. 72.5 प्रतिशत का यह मानना था कि उनके संगठन में ज्ञान-प्रबंधन जैसी कोई व्यवस्था नहीं है। 12.5 प्रतिशत का यह मानना था कि वे ऐसा कार्यक्रम प्रारंभ करने जा रहे हैं। 5 प्रतिशत इस प्रकार की व्यवस्था की आवश्यकता का अनुभव कर रहे हैं। मात्र 10 प्रतिशत ने यह बताया कि ऐसी व्यवस्था पहले से उपलब्ध है।

भारत पेट्रोलियम ऐसी योजना बना रही है, जबकि इंडियन ऑयल ऐसा सोच रही है। हिंदुस्तान पेट्रोलियम तथा आई.बी.पी. में अभी ऐसा सोचा भी नहीं जा रहा है।

पूर्वोक्त परिणामों से यह स्पष्ट है कि ज्ञान-प्रबंधन के क्षेत्र में सूचना प्रौद्योगिकी सबसे आगे है और शायद इसी कारण से इस क्षेत्र में आर्थिक प्रगति की रफ्तार भी ज्यादा है। भैषज क्षेत्र अभी पीछे है और पेट्रोलियम क्षेत्र उससे भी पीछे है।

लगभग ऐसी ही स्थिति ज्ञान-प्रबंधन के कारण होनेवाले लाभ के बारे में जागृति की है। सूचना प्रौद्योगिकी क्षेत्र सबसे अधिक जागरूक है।

परंतु संभवत: अन्य क्षेत्रों में अभी बहुत कुछ किया जाना बाकी है। प्रारंभ में कंपनियों की कार्य-संस्कृति में बदलाव लाया जाना जरूरी है। ज्ञान-प्रबंधन का कार्य मुख्य कार्यकारी अधिकारी या कुछ प्रबुद्ध लोगों का ही काम नहीं है। इसमें सभी की भागीदारी सुनिश्चित करना अनिवार्य है।

यह कार्य तब दक्षतापूर्वक हो सकेगा जब ज्ञान प्राप्त करने और बाँटने का संबंध आर्थिक व अन्य प्रकार के प्रोत्साहनों से होगा। सार्वजनिक क्षेत्र अभी तक इस बारे में बहुत पीछे है।

(उपर्युक्त सर्वेक्षण 'मैनेजमेंट एंड चेंज' पत्रिका में वर्ष 2005 में प्रकाशित हुआ था।)

□

खंड–2

भारत ज्ञान महाशक्ति कैसे बने?–एक रणनीति

नई संभावनाएँ—नया समाज

आज इक्कीसवीं सदी के पहले दशक के मध्य में यदि हम भारत में उपलब्ध संभावनाओं की तलाश करें तो हम पाते हैं—

1. आज भारत में विज्ञान व प्रौद्योगिकी संबंधी सशक्त, विविधतापूर्ण व व्यापक आधारभूत ढाँचा है। अनेक कारणों से आज भारत का अंतरिक्ष अनुसंधान, रक्षा अनुसंधान, परमाणु ऊर्जा अनुसंधान आदि विश्व स्तर के हैं।
2. आज भारत खाद्यान्न के क्षेत्र में आत्मनिर्भर है।
3. दवा उद्योग के क्षेत्र में अपने आंतरिक अनुसंधान के बल पर वह निर्यातक बन चुका है।
4. अनेक ज्ञान आधारित उद्योगों के क्षेत्र में भारत व भारतीय दोनों अग्रणी हैं। सॉफ्टवेयर उद्योग इसका एक जीवंत उदाहरण है।
5. अन्य क्षेत्रों में भी भारत व भारतीयों की प्रगति सराहनीय है। विकसित देशों द्वारा काम को ठेके पर बाहर देने का विरोध किया जाना इस तथ्य की पुष्टि करना है।

इस प्रकार भारत तीसरी सहस्राब्दी में उस स्थान को पुनः प्राप्त करने के लिए तैयार खड़ा है, जिसपर वह पहली सहस्राब्दी में था।

इस लक्ष्य को शीघ्रातिशीघ्र तथा कुशलतापूर्वक प्राप्त करने के लिए तीन दिशाओं में स्पष्ट व सशक्त कदम उठाने होंगे। ये तीन दिशाएँ हैं—

1. समाज में बदलाव,
2. समृद्धि का उत्पादन,
3. ज्ञान या संसाधनों की सुरक्षा।

समाज में बदलाव—भारत को ज्ञान आधारित समाज बनाने के लिए सबसे पहले अपने समाज को ज्ञान के लिए अनुकूल बनाना होगा। इसके लिए अनेक प्रकार के बदलाव अनिवार्य हैं। इन बदलावों के लिए निम्न क्षेत्रों पर विशेष रूप से ध्यान केंद्रित करना होगा—

1. शिक्षा,
2. स्वास्थ्य,
3. कृषि,
4. प्रशासन।

इनमें से शिक्षा पर जोर देना सर्वाधिक आवश्यक है, क्योंकि शिक्षा शेष तीनों का भी आधार बन जाएगी। इसका मुख्य कारण यह है कि वही देश ज्ञान महाशक्ति बन सकता है, जिसके लोग 100 प्रतिशत साक्षर और नए तथा प्रासंगिक ज्ञान को आत्मसात् करने की क्षमता रखते हों। ज्ञान आधारित अर्थव्यवस्था में मानव संसाधन ही मुख्य पूँजी होते हैं। यदि इस पूँजी का निरंतर विकास इस तरह हो कि लोग ज्ञान का उत्पादन, उन्नयन, उसे मिलाने, आगे प्रसार करने तथा उपयोग करने में दक्षता प्राप्त कर सकें, तभी हम अपने लक्ष्य को प्राप्त कर सकेंगे। अत: इस पर प्राथमिकता से ध्यान देना आवश्यक है।

इस संबंध में कुछ सकारात्मक पहलू इस प्रकार हैं—

1. भारत में सदियों से अपनी संतुष्टि के लिए ज्ञान प्राप्त करने की परंपरा है।
2. भारत में प्राथमिक व माध्यमिक स्तर के अच्छे विद्यालयों का बड़ा व विस्तृत जाल है।
3. भारत में अनेक भाषाएँ हैं और हमारे यहाँ इनकी विविधता शिक्षा में बाधा नहीं बनती है। वास्तव में यह हमारी विशेषता है।
4. विज्ञान व प्रौद्योगिकी के क्षेत्र में अंग्रेजी का आधार मजबूत है, जो हमारे ज्ञान को अंतरराष्ट्रीय स्वरूप दे देता है।

इसके साथ ही अनेक सीमाएँ भी हैं, जो इस प्रकार हैं—

1. स्नातक स्तर की शिक्षा व परास्नातक स्तर की शिक्षा के बीच एक स्पष्ट विभाजन रेखा है।
2. इस कारण स्नातक स्तर के छात्र उच्च स्तर के अनुसंधान का कोई सीधा लाभ नहीं उठा पाते हैं।
3. हमारे यहाँ स्नातक स्तर पर अच्छे शिक्षकों की उपलब्धता सीमित है।

4. मौलिक विज्ञान विषयों, जैसे—गणित, भौतिकी, रसायन विज्ञान, जीव विज्ञान आदि के क्षेत्र में स्नातक स्तर की पढ़ाई को बहुत ज्यादा सुधारने की आवश्यकता है।
5. इसी तरह इंजीनियरिंग की शिक्षा में बहुत ज्यादा सुधार लाने की आवश्यकता है। आज भारत में आई.आई.टी., एन.आई.टी. व निजी क्षेत्र द्वारा खोले गए इंजीनियरिंग कॉलेजों की पढ़ाई की गुणवत्ता में काफी अंतर है, जिसे कम करना अनिवार्य है।

ज्ञान आधारित समाज के निर्माण के लिए हर व्यक्ति के लिए न्यूनतम माध्यमिक शिक्षा अनिवार्य है, जबकि भारत के संदर्भ में दुःखद तथ्य यह है कि—

1. हमारे यहाँ अभी मात्र 50 प्रतिशत बच्चे ही स्कूल जा पाते हैं।
2. उनमें से मात्र 30 प्रतिशत ही दसवीं कक्षा तक पहुँच पाते हैं।
3. उनमें से पूरे भारत में औसतन 40 प्रतिशत ही दसवीं कक्षा उत्तीर्ण कर पाते हैं।

इस प्रकार माध्यमिक शिक्षा स्तर का ज्ञान पानेवालों का प्रतिशत अभी 10 प्रतिशत भी पार नहीं कर पाया है। भारत को ज्ञान आधारित समाज बनाने की दिशा में यह सबसे बड़ी बाधा है। इस बाधा को दूर करने के लिए इस प्रतिशत को 90 प्रतिशत तक ले जाने की बहुत आवश्यकता है, जिसकी चर्चा अलग अध्याय में की जाएगी।

स्वास्थ्य-रक्षा—भारत में स्वास्थ्य-रक्षा की व्यवस्था अभी भी बहुत कमजोर है। ज्ञान आधारित समाज बनाने के लिए लोगों का मन उन्मुक्त होना चाहिए और मन को उन्मुक्त रखने के लिए स्वस्थ तन आवश्यक है।

भारत में प्रति 1000 व्यक्तियों पर डॉक्टरों व नर्सों की संख्या बहुत कम है। इसी तरह प्रति लाख की आबादी पर स्वास्थ्य केंद्र व अस्पतालों की संख्या भी अपर्याप्त है। इस दिशा में तत्काल कदम उठाए जाने की आवश्यकता है। अभी तक स्वास्थ्य की व्यवस्था ज्यादातर सरकारी क्षेत्र के जिम्मे है और निजी निवेश नहीं के बराबर है। शहरों में थोड़ा-बहुत निजी निवेश है, जबकि गाँवों में तो बिलकुल नहीं है। स्वास्थ्य की पर्याप्त व्यवस्था के लिए ग्रामीण स्तर पर भी निजी निवेश अनिवार्य है।

कृषि सुधार—भारत की बहुत बड़ी आबादी कृषि के द्वारा रोजगार प्राप्त करती है। फिर भी यहाँ प्रति व्यक्ति खाद्यान्न उत्पादन बहुत कम है। इतना ही नहीं, आज भी अनेक कारणों से गेहूँ आदि खाद्यान्न की कमी पड़ जाती है और आयात

करना पड़ता है। आँकड़ों में न सही, पर बहुत सारे लोग अभी भी भूख से मर जाते हैं। दूसरी ओर, बहुत सारा अनाज अव्यवस्था के कारण गोदामों में सड़कर बेकार या दूसरे दर्जे का हो जाता है।

ज्ञान आधारित समाज के निर्माण के लिए यह अनिवार्य है कि प्रति व्यक्ति खाद्यान्न उत्पादन बढ़े और कम-से-कम लोग कृषि करें और अनाज अधिक उत्पन्न हो। इसके लिए कृषि व्यवस्था में खेतों की तैयारी, बीज व्यवस्था, जुताई, सिंचाई, कटाई आदि सभी में अनेक प्रकार के सुधारों की आवश्यकता है। कृषि क्षेत्र से जो लोग खाली होंगे, उन्हें औद्योगिक क्षेत्र, विशेष रूप से ग्रामीण क्षेत्रों के औद्योगिक क्षेत्रों में लगाया जा सकता है। इस तरह न केवल देश का सर्वांगीण विकास होगा वरन् ज्ञान आधारित समाज अथवा उद्योगों के लिए अधिक मानव संसाधन उपलब्ध होंगे।

प्रशासनिक सुधार—अभी तक जो प्रशासनिक व्यवस्था है वह वर्ष 1947 के पूर्व की अंग्रेजी साम्राज्य द्वारा स्थापित व्यवस्था का ही रूप है। इसमें नियंत्रण की भावना ज्यादा है।

आधुनिक प्रशासनिक व्यवस्था ऐसी होनी चाहिए, जो विकास में सहायक व प्रेरक बने। इसके लिए प्रशासन में स्पष्टता, पारदर्शिता, निर्णयों में गति, लोगों की भागीदारी आदि गुण अनिवार्य हैं।

सूचना प्रौद्योगिकी के आगमन के साथ प्रशासनिक व्यवस्था में जो सुधार आए हैं उनमें आशा की किरणें अवश्य दिखाई दी हैं, पर अभी भी सतत प्रयास करने आवश्यक हैं।

उपर्युक्त सभी प्रयासों के माध्यम से ये लक्ष्य प्राप्त करने होंगे—

1. नई सूझ-बूझवाली प्रशासनिक नीतियों व प्रक्रियाओं का विकास।
2. हर स्तर पर लोगों की मनोवृत्ति में सुधार।
3. नियंत्रक पद्धति की प्रशासनिक व्यवस्था को बदलकर विकास हेतु निर्बाध वातावरण का निर्माण, जिसमें व्यवसाय व समाज दोनों तेजी से आगे बढ़ें।

इस तरह आगे के विकास हेतु साझीदारों की पहचान प्रारंभ हो जाएगी और धीरे-धीरे उनके समूह विकसित होने लगेंगे। इसके अलावा भविष्य के लिए युवा व गतिशील नेतृत्व भी तैयार होने लगेगा। ज्ञान आधारित समाज के निर्माण में यह नेतृत्व अहम भूमिका निभाएगा।

इस तरह जो समृद्धि उत्पन्न होगी वह पूरे समाज द्वारा बाँटी जाएगी। साथ

ही जो आर्थिक गतिविधियाँ संपन्न होंगी, उनमें सभी की भागीदारी सुनिश्चित होगी। ज्ञान आधारित समाज के लिए यह अनिवार्य है कि न सिर्फ बड़े पैमाने पर उत्पादन हो वरन् उत्पादन में अधिक-से-अधिक लोगों की भागीदारी हो।

समाज में होनेवाले ये सुधार विकास को नागरिकों पर केंद्रित कर देंगे। आनेवाले समय में वह प्रौद्योगिकी विकसित होगी जो उपभोक्ता के अनुकूल होगी। कागजी सिद्धांतों के बजाय उपयोगी उपकरणों का महत्त्व बहुत ज्यादा होगा।

इसके अलावा उद्योग-प्रयोगशाला-शिक्षण संस्थानों के बीच संबंध और मजबूत होंगे तथा सभी एक-दूसरे को सम्यक् रूप में समझेंगे और न सिर्फ एक-दूसरे की आवश्यकताओं को पूरा करेंगे वरन् एक-दूसरे को सशक्त भी करेंगे।

विशेष बात यह है कि उपर्युक्त सामाजिक परिवर्तन कठिन नहीं है। इसमें असंभव लगनेवाली कोई बात नहीं है। आनेवाले अध्यायों में इसे प्राप्त करने के लिए सुस्पष्ट रणनीतियों पर विस्तृत चर्चा की जाएगी।

□

समृद्धि का उत्पादन

ज्ञान आधारित समाज के निर्माण की प्रकिया में धन उत्पादन पर विशेष ध्यान देने की आवश्यकता है। धन, समृद्धि की कमी इस देश में कभी नहीं रही है, परंतु अब इसे एक नई दिशा देने की आवश्यकता है, जो इस प्रकार है—

1. ज्ञान के उत्पादन, प्रसार व सृजनात्मक इस्तेमाल द्वारा अधिकाधिक धन का उत्पादन हो।
2. यह उत्पादन केवल यत्र-तत्र न हो वरन् पूरे देश में लगभग एक समान रूप में हो।
3. प्रौद्योगिकी के साथ सेवा क्षेत्र का भी अधिकाधिक विस्तार हो।

आज भारत के समक्ष निम्न प्रौद्योगिकी क्षेत्र उपलब्ध हैं, जिनमें शानदार प्रगति की जा सकती है—

1. सूचना प्रौद्योगिकी व दूरसंचार,
2. जैव प्रौद्योगिकी,
3. अंतरिक्ष प्रौद्योगिकी,
4. पदार्थ प्रौद्योगिकी,
5. सागर विज्ञान,
6. पर्यावरण प्रौद्योगिकी।

उपर्युक्त प्रौद्योगिकी क्षेत्रों के अलावा अनेक सेवा क्षेत्र भी हैं, जिनमें ज्ञान के समुचित उपयोग के द्वारा समृद्धि का अर्जन किया जा सकता है। ये क्षेत्र इस प्रकार हैं—

1. आपदा प्रबंधन अथवा राहत,
2. मौसम संबंधी अनुसंधान व अन्य सेवाएँ,

3. टेली-मेडिसिन अर्थात् दूर बैठकर चिकित्सा सेवा,
4. टेली-एजुकेशन अर्थात् दूर बैठकर शिक्षा सेवा,
5. घरेलू या देसी ज्ञान आधारित उत्पाद तैयार करना, जैसे—जड़ी-बूटी आधारित सौंदर्य प्रसाधन,
6. सूचना एवं मनोरंजन सेवा,
7. परंपरागत व गैर-परंपरागत ऊर्जा संसाधन विकसित करना, वितरण करना, रख-रखाव करना,
8. पर्यावरण एवं पारिस्थितिकी संबंधी सेवाएँ प्रदान करना।

विशेष बात यह भी है कि उपर्युक्त प्रौद्योगिकी पर आधारित उत्पादों के निर्माण व विभिन्न सेवाएँ प्रदान करने के लिए भारत के पास पर्याप्त प्राकृतिक संसाधन हैं। भारत में प्रचुर मात्रा में जैव विविधता है। इसके अलावा भारतीय कृषि एवं वन क्षेत्र में बहुत सारे ऐसे उपयोगी पदार्थ उत्पन्न होते हैं जिनका अभी उपयोग किया जाना है और इनसे बेहतर परिणाम मिलने की संभावना है।

उदाहरण के लिए, भारत में तमाम जड़ी-बूटियाँ उपलब्ध हैं, जिनसे बेहतर व कारगर दवाएँ कम कीमत में तैयार की जा सकती हैं। भारत में इसके लिए पर्याप्त मानव संसाधन भी हैं। अनेक बड़ी व बहुराष्ट्रीय कंपनियाँ इस क्षेत्र में पूँजी लगाने के लिए भी तैयार हैं। अत: यदि भारत की समृद्ध जैव विविधता, अनुसंधान हेतु व्यापक आधारभूत ढाँचा, पर्याप्त व कुशल मानव संसाधन तथा देशी-विदेशी पूँजी को आपस में कुशलतापूर्वक मिला दिया जाए तो अरबों रुपए का एक बाजार तैयार हो जाएगा, जो शीघ्र ही खरबों रुपए का होगा और विश्वव्यापी बन जाएगा।

उपर्युक्त स्थिति के लिए विश्व स्तर का अनुसंधान, डिजाइन, डेवलपमेंट प्लेटफॉर्म बनाने का कार्य प्रारंभ हो चुका है। इसी तरह माइक्रो-इलेक्ट्रॉनिक्स, डिजाइनरों द्वारा तैयार पदार्थ आदि के लिए भी अनुकूल वातावरण है। अभी तक जो ज्ञान आधारित उद्योग उभरकर आए हैं, वे दूसरे ज्ञान आधारित उद्योगों को भी बढ़ावा दे रहे हैं। उदाहरण के लिए, पेट्रोलियम खनन उद्योग तेजी से ज्ञान आधारित उद्योग बनता चला जा रहा है। सागर के नीचे खुदाई करने की नई-नई तकनीकें विकसित हो रही हैं। इन तकनीकों के लिए नए-नए प्रकार के उपकरण आविष्कृत हो रहे हैं। इन उपकरणों को तैयार करने में भी नए-नए ज्ञान की आवश्यकता महसूस हो रही है। इस तरह ज्ञान आधारित उद्योगों की एक नई श्रृंखला तैयार हो रही है।

किंतु उपर्युक्त उद्योगों को कई प्रतिस्पर्धाओं का भी सामना करना पड़ेगा। इतना ही नहीं, भविष्य में बाजार तेजी से बदलेगा और इन उद्योगों या सेवाओं को

बाजार के अनुरूप अपने आपको तेजी से ढालना होगा।

साथ ही उपलब्ध प्रौद्योगिकियों व प्रबंधन संरचना को आपस में इस प्रकार गूँथना होगा कि ज्ञान आधारित समाज की मजबूत नींव स्थापित हो सके। ज्ञान के अनेक स्रोत हो सकते हैं। इसके क्षेत्र भी अनेक हो सकते हैं। सूचना प्रौद्योगिकी के कुशल उपयोग द्वारा इन ज्ञान स्रोतों से निकलनेवाले ज्ञान का इस तरह प्रचार-प्रसार व उपयोग करना होगा, ताकि समाज में ज्ञान का नियमित और तेजी से उत्पादन होता रहे।

इसके अलावा हमारे यहाँ अनेक परंपरागत क्षेत्र हैं, जैसे—

1. निर्माण उद्योग,
2. पर्यटन उद्योग,
3. स्टील उद्योग,
4. पेट्रोलियम उद्योग,
5. यातायात उद्योग,
6. रेल उद्योग।

यदि सूचना प्रौद्योगिकी का उचित उपयोग उपर्युक्त क्षेत्रों में होने लगे तो इन क्षेत्रों में ज्ञान का अधिकाधिक उपयोग होने लगेगा तथा नई-नई प्रौद्योगिकियों का उपयोग करते हुए ये परंपरागत क्षेत्र में ज्ञान-प्रेरित उद्योग बन जाएँगे।

उपर्युक्त क्षेत्रों में उपर्युक्त वर्णित प्रयासों द्वारा कितनी समृद्धि उत्पन्न हो सकती है, इसका मात्र अनुमान ही लगाया जा सकता है। अकेले सूचना प्रौद्योगिकी क्षेत्र में सन् 2008 में 80 अरब डॉलर का व्यवसाय होने की संभावना है। इसके अलावा ज्ञान आधारित उत्पादों, जैसे—दवा, सौंदर्य प्रसाधन आदि का बाजार सन् 2010 तक कई गुना बढ़ने की संभावना है।

□

ज्ञान/संसाधनों की सुरक्षा

जैसा कि हम पीछे चर्चा कर चुके हैं कि भारत में प्रचुर मात्रा में जैव विविधता है। इसके अलावा हमारे पास परंपरागत ज्ञान का एक विशाल भंडार है। इसके अतिरिक्त ज्ञान आधारित उद्योगों व सेवाओं के लिए बड़ी मात्रा में ज्ञान का देश-विदेश से आदान-प्रदान होगा।

अत: उपर्युक्त मूल्यवान् व महत्त्वपूर्ण ज्ञान के सुरक्षित आदान-प्रदान हेतु सुरक्षा के वातावरण की भी आवश्यकता है। इस समय भारतीय सृजनात्मक सूचना प्रौद्योगिकी संबंधी समाधान देने में अग्रणी माने जा रहे हैं। इसी तरह हम दवा के क्षेत्र में आगे हैं। हमें इन क्षेत्रों में उपलब्ध ज्ञान का उपयोग करते हुए नया ज्ञान उत्पन्न करते रहना है।

इसी तरह हमारे परंपरागत ज्ञान व संस्कृति को चहुँओर से खतरा है। आज के युग में विभिन्न देशों की कंपनियाँ भारत व भारत जैसे देशों में निहित परंपरागत ज्ञान तथा संस्कृति में निहित ज्ञान पर एकाधिकार करने की कोशिश में हैं। अनेक देशों के परंपरागत ज्ञान को हथियाने की सफलतापूर्वक कोशिशें की जा चुकी हैं, जिनमें से कुछ को निरस्त कराया गया है और अनेक को निरस्त नहीं कराया जा सका है।

आज आवश्यकता इस बात की है कि हम अपने परंपरागत ज्ञान को इस तरह सुरक्षित करें कि उसे चोरी न किया जा सके और साथ ही उसका उचित उपयोग इस तरह हो, ताकि उससे समृद्धि प्राप्त हो और उस समृद्धि का एक भाग मूल ज्ञान धारक को भी मिले।

एक ज्ञान महाशक्ति बनने के लिए यह अनिवार्य है कि आर्थिक समृद्धि भी बढ़े और राष्ट्रीय सुरक्षा भी प्रभावित न हो। आज सीमाओं पर सैन्य हमले की

संभावना कम होती जा रही है; किंतु इलेक्ट्रॉनिक संचार नेटवर्क, सूचना उत्पादन केंद्रों आदि पर हमले की संभावना काफी ज्यादा है। साइबर स्पेस, वेबसाइटों आदि पर हमले से भारी नुकसान हो सकता है और इन सबकी सुरक्षा के कड़े प्रबंध किए जाने अनिवार्य हैं।

उपर्युक्त प्रकार के प्रबंध देखने में बड़े सरल व सहज लगते हैं, पर उनमें भारी जटिलताएँ भी हैं। प्रारंभ करने से पूर्व अपने देश में तथा अन्य देशों में इस दिशा में किए गए प्रयासों का बारीकी से अध्ययन किया जाना आवश्यक है।

अनेक देशों में ज्ञान आधारित समाज के गठन का कार्य प्रारंभ हो चुका है। इस प्रक्रिया के अंतर्गत लोगों को तेजी से शिक्षित किया जा रहा है। इनके अलावा सरकारी कार्यालयों की कार्य-प्रणाली में परिवर्तन इस प्रकार किया जा रहा है, ताकि लोगों को एक ही खिड़की से पूरी सेवा मिल जाए। साथ ही पारदर्शिता लाने के लिए भी भरपूर प्रयास किए जा रहे हैं।

इसके अलावा इस बात पर भी ध्यान देना आवश्यक है कि अनेक देश, जैसे—मलेशिया, कोरिया, सिंगापुर एवं कुछ अन्य पश्चिमी यूरोपीय देश आज के विश्व बाजार में अग्रणी देश बन चुके हैं; जबकि इनके पास प्राकृतिक संसाधनों एव जनशक्ति का अभाव रहा है। उनके पास जगह की भी कमी है और जनसंख्या घनत्व काफी ज्यादा है, फिर भी वे काफी प्रगति कर रहे हैं। ये सभी आज विकसित देश कहलाते हैं। चीन, जो पहले आर्थिक व औद्योगिक दृष्टि से पिछड़ा देश माना जाता था, आज विकसित देश बनने के कगार पर है।

उपर्युक्त सभी बातों के गहन अध्ययन की आवश्यकता है, तभी हम ज्ञान महाशक्ति बनने की दिशा में आगे बढ़ पाएँगे।

□

शिक्षा–मूलभूत आवश्यकता

ज्ञान आधारित समाज के निर्माण के लिए शिक्षा एक मूलभूत आवश्यकता है। आजादी के समय भारत में साक्षरता दर 18 प्रतिशत थी, जो अब 65 प्रतिशत को पार कर चुकी है।

उपर्युक्त प्रगति अत्यल्प व अत्यंत धीमी मानी जाती है, क्योंकि इस अवधि में अनेक देश लगभग शत–प्रतिशत साक्षरता दर प्राप्त कर चुके हैं। इसके अलावा भारत में साक्षरता का पैमाना भी बहुत हलका है। वह व्यक्ति भी साक्षर कहलाता है जो मात्र अपना नाम लिख सकता है। इसके अलावा महिलाओं में साक्षरता पुरुषों की तुलना में लगभग आधी ही है।

धीमी प्रगति का एक कारण यह भी रहा है कि आजादी के बाद 20 साल तक प्राथमिक शिक्षा भी सरकार के ही आश्रित रही और निजी स्कूलों को मान्यता देने के नियम बहुत कड़े थे। इस कारण सरकार पर्याप्त संख्या में स्कूल नहीं खोल पाई और लोग शिक्षा से वंचित रहे। निजी क्षेत्र स्कूल खोलने की दिशा में आगे आया तो शिक्षा की दर में प्रगति हुई। आज निजी क्षेत्र द्वारा दी जा रही शिक्षा संख्यात्मक व गुणात्मक दोनों ही दृष्टियों से बेहतर है।

आज से 40 वर्ष पूर्व उच्च व मध्यम वर्ग के परिवारों के बच्चे भी सरकारी स्कूलों में ही जाते थे, पर आज निम्न वर्ग के परिवारों के बच्चे भी निजी क्षेत्र के स्कूलों में पढ़ते हैं और इसे अपना गौरव समझते हैं।

इसके साथ ही शिक्षा अब एक उत्पाद बन चुकी है। आज शिक्षा (अच्छी शिक्षा) वही प्राप्त कर पाता है जो उसकी कीमत चुका सकता है। इस कारण अति ग्रामीण व दुर्गम क्षेत्रों के लोग अपने बच्चों को शिक्षा उपलब्ध नहीं करा पाते हैं। इन लोगों के लिए सरकार शिक्षा का प्रबंध नहीं कर पा रही है। यदि स्कूल खुल भी रहे

हैं तो उनमें होनेवाले खर्च का 90 प्रतिशत वेतनों आदि में चला जाता है और आधुनिक सुविधाओं, जैसे—कंप्यूटर, अच्छी पुस्तकों आदि के लिए पर्याप्त धन उपलब्ध नहीं हो पाता है। साथ ही उनके रख-रखाव आदि की उपयुक्त व्यवस्था भी नहीं हो पाती है।

उपर्युक्त समस्या का एक निदान यह है कि ऐसे इलाकों में दूरस्थ शिक्षा की व्यवस्था की जाए, ताकि कुशल शिक्षक बेहतर तरीकों से पढ़ा सकें। इसके साथ ऐसे स्कूलों/केंद्रों में छात्र-छात्राओं की उपस्थिति बढ़ाने के लिए दोपहर में गरम व ताजा पका भोजन देने की व्यवस्था करना भी आवश्यक है।

आधुनिक उपग्रह ट्रांसपोंडर स्कूल पूर्व शिक्षा, नर्सरी शिक्षा से लेकर दसवीं तक की शिक्षा तक के लिए बैंडविड्थ उपलब्ध करा सकते हैं। इसकी सहायता से छोटे व सस्ते एंटीना के माध्यम से यह शिक्षण कार्यक्रम चलाया जा सकता है। इन स्कूलों में इंटरनेट की सहायता से शिक्षण सामग्री पहुँचाई जा सकती है और सी.डी. आदि के माध्यम से भी।

आदर्श स्थिति यह होगी, जिसमें उपर्युक्त प्रकार की इलेक्ट्रॉनिक शिक्षा के साथ सामान्य शिक्षा का भी समावेश हो। इस तरह शिक्षक के साथ सीधे संपर्क से परंपरागत शिक्षा का भी लाभ मिलेगा तथा आधुनिक उपकरणों का उपयोग करते हुए आधुनिक शिक्षा भी उपलब्ध होगी।

शिक्षा की उपलब्धता के साथ उसकी गुणवत्ता पर भी विशेष जोर देना होगा। उचित भाषा के प्रयोग द्वारा उचित माध्यम से उचित विषयों का शिक्षण सुनिश्चित करना अनिवार्य है। इसके लिए आवश्यकतानुसार नए विषयों का चयन और पुराने गैर-जरूरी विषयों का त्याग भी आवश्यक है। यदि पूरे देश में एक प्रकार की शिक्षा उपलब्ध हो तो ज्ञान आधारित समाज के निर्माण में आसानी होगी।

इसके लिए न्यूनतम निवेश आवश्यक है। हर गाँव में कम-से-कम बारह कमरों का निर्माण कराना जरूरी है। चूँकि भारत में अभी बिजली की व्यवस्था अनिश्चित व अपर्याप्त है, अत: हर ऐसे शिक्षा केंद्र में सौर ऊर्जा-चालित विद्युत् व्यवस्था करना आवश्यक है। इसके साथ ही कंप्यूटरों की व्यवस्था की जानी है, जो आधुनिक सूचना प्रौद्योगिकी उपकरणों के साथ जुड़ सकें।

उपर्युक्त नवीन योजना में निजी क्षेत्र का सहयोग लिया जा सकता है। प्रगति कर रही सूचना प्रौद्योगिकी कंपनियाँ नि:शुल्क कंप्यूटर दे सकती हैं। इसी तरह सौर ऊर्जा क्षेत्र में कार्य कर रही कंपनियाँ रियायती दर पर सौर ऊर्जा संयंत्र दे सकती हैं। न्यूनतम स्टाफ रखने से आवर्ती खर्च भी कम ही होगा।

उपर्युक्त व्यवस्था से न केवल छात्र लाभान्वित होंगे वरन् शिक्षक भी लाभान्वित होंगे और उन्हें आधुनिकतम विषयों का ज्ञान होगा। स्थानीय छात्र ज्यों-ज्यों शिक्षित होते जाएँगे त्यों-त्यों ऐसे शिक्षा केंद्रों की संख्या बढ़ती चली जाएगी।

इसके अलावा छात्रों को अपने अनुभवों के द्वारा शिक्षित बनाना भी आवश्यक है। इन केंद्रों के माध्यम से छात्रों को क्षेत्र का भ्रमण, तरह-तरह के प्रयोग व चर्चाएँ आयोजित करने के लिए प्रेरित किया जाएगा। उससे बच्चों का व्यक्तित्व निखरेगा और उसमें सृजनात्मक शक्ति विकसित होगी।

पाठ्यक्रम में सुधार के साथ-साथ शिक्षकों के व्यवहार और परीक्षा प्रणाली में सुधार भी आवश्यक है। ये सुधार इस प्रकार होने चाहिए, ताकि छात्र की सोच व सृजनात्मकता का मूल्यांकन किया जा सके। छात्रों को केवल रटने के लिए बाध्य नहीं किया जाना चाहिए। यह पूरी व्यवस्था इस प्रकार संचालित की जानी चाहिए, ताकि ये शिक्षण केंद्र भविष्य के ज्ञान केंद्र बन सकें। लोग इनके माध्यम से तरह-तरह की कुशलताएँ व प्रवीणताएँ अर्जित करें, जो भारत को ज्ञान महाशक्ति बनाने में योगदान करें।

सरकार द्वारा संचालित सर्व शिक्षा अभियान को इस अभियान का आधार बनाया जा सकता है। इस प्रकार प्राथमिक शिक्षा को सशक्त बनाने व सभी को साक्षर एवं शिक्षित बनाने के लिए जो योजना आवश्यक है, उसे संक्षेप में इस प्रकार व्यक्त किया जा सकता है—

1. परंपरागत शिक्षा व दूरस्थ शिक्षा का संगम।
2. इसमें अत्याधुनिक प्रौद्योगिकी का प्रभावी उपयोग।
3. नई प्रौद्योगिकी के आधार पर शिक्षकों को प्रशिक्षित करने के नए तरीके, उसी के अनुसार विद्यालयों हेतु भवनों का निर्माण।
4. सर्व शिक्षा अभियान के द्वारा 100 प्रतिशत साक्षरता सुनिश्चित करना।

स्नातक एवं परास्नातक स्तर की शिक्षा

भारत में उपर्युक्त दोनों प्रकार की शिक्षाएँ अलग-अलग स्तर पर उपलब्ध होती हैं। आमतौर पर परास्नातक स्तर की शिक्षा विश्वविद्यालयों में उपलब्ध होती है, जबकि स्नातक स्तर की शिक्षा कॉलेजों में।

दूसरी ओर विदेशों—अमेरिका, ब्रिटेन, फ्रांस, जर्मनी जैसे उन्नत व विकसित देशों में श्रेष्ठ शिक्षण संस्थान दोनों प्रकार की शिक्षा उपलब्ध कराते हैं। उन संस्थानों के श्रेष्ठ शिक्षक स्नातक स्तर की शिक्षा पर विशेष बल देते हैं। इससे छात्रों का

मजबूत आधार विकसित होता है।

अभी तक की उच्च शिक्षा व्यवस्था में एक कमी यह रही है कि विश्वविद्यालय अनुदान आयोग से विश्वविद्यालय पर्याप्त अनुदान प्राप्त नहीं कर पाते हैं और उन्हें अपने शुल्क आदि बढ़ाने की अनुमति भी नहीं दी जाती है। जो अनुदान आता है वह ज्यादातर वेतन व दैनिक खर्चों में व्यय हो जाता है। प्रयोगशालाओं के आधुनिकीकरण, अनुसंधान, पत्रिकाओं, इंटरनेट सेवा के विस्तार आदि के लिए गुंजाइश ही नहीं बचती है। अत: यदि ज्ञान आधारित समाज के निर्माण के लिए प्रबुद्ध लोगों का बड़ा व व्यापक वर्ग तैयार करना है तो उच्च शिक्षा व्यवस्था में मौलिक परिवर्तन करने ही होंगे और कम-से-कम विश्वविद्यालयों को अपने शुल्क बढ़ाने की अनुमति इस तरह देनी होगी, ताकि वे उच्च शिक्षा की गुणवत्ता का विस्तार कर सकें।

अभी तक हमारी शिक्षा व्यवस्था हमारे सामाजिक व आर्थिक तंत्र से अलग-थलग सी रही है। यह अभी तक नए समाज और नए आर्थिक तंत्र के निर्माण के लिए प्रेरक की भूमिका नहीं निभा पाई है। इसका हमारे तंत्र से निकट का रिश्ता भी विकसित नहीं हो पाया है। आनेवाले समय में इस बात की आवश्यकता है कि हमारे विश्वविद्यालयों और समाज के बीच मजबूत अनुबंध स्थापित हों। इसके लिए एक नई सूझ-बूझ की आवश्यकता है। यह मात्र अतीत के अनुभवों से प्राप्त नहीं की जा सकती है।

नई आवश्यकताएँ व चुनौतियाँ

1. आज उपलब्ध शिक्षा के अलावा दूरस्थ शिक्षा को भी सशक्त बनाने की आवश्यकता है, जिसमें सूचना प्रौद्योगिकी का अधिकाधिक उपयोग हो। इस प्रकार के साइबर विश्वविद्यालय किसी भी समय, किसी भी स्थान पर और किसी को भी आवश्यकतानुसार उचित शिक्षा प्रदान कर सकेंगे।
2. अकसर यह सुनने में आता है कि भारतीय युवा पीढ़ी मौलिक विज्ञान विषयों में रुचि नहीं ले रही है। इसका एक कारण यह है कि अच्छे छात्र इंजीनियरिंग की शिक्षा की ओर आकर्षित हो रहे हैं। देश में इस समय लगभग 40-50 इंजीनियरिंग कॉलेज ऐसे हैं जो उत्कृष्ट शिक्षा प्रदान कर रहे हैं। इनके अलावा लगभग 200-300 ऐसे इंजीनियरिंग कॉलेज हैं जिनके द्वारा दी जानेवाली शिक्षा को स्तरीय कहा जा सकता है। दूसरी ओर मौलिक विज्ञान विषयों के मामले में ऐसे संस्थानों की संख्या व गुणवत्ता अपर्याप्त है।

3. साथ ही इंजीनियरिंग में भी स्थिति जैसी होनी चाहिए वैसी नहीं है। आई.आई.टी. तथा नेशनल इंस्टीट्यूट ऑफ टेक्नोलॉजी के शिक्षा स्तरों में भारी अंतर है। इसी तरह प्रथम श्रेणी के कॉलेजों और फिर निजी क्षेत्र के कॉलेजों में भी अंतर बढ़ता चला जाता है।

स्नातक व स्नातकोत्तर शिक्षा के स्तर को उत्कृष्ट बनाने के लिए ये उपाय करने की आवश्यकता है—

1. इस समय जो परास्नातक स्तर के संस्थान हैं, उनमें छोटे व स्नातक स्तर के पाठ्यक्रम शामिल किए जाने चाहिए, ताकि वहाँ पर जो उच्च गुणवत्तावाले शिक्षक हैं, उनका संपर्क स्नातक स्तर के अच्छे छात्रों से हो सके। यह संपर्क अति उपयोगी व क्रांतिकारी सिद्ध होगा।
2. उच्च गुणवत्तावाली शिक्षा के लिए उच्च गुणवत्तावाले शिक्षकों की उपलब्धता अनिवार्य है। अच्छे शिक्षकों के लिए शिक्षण व्यवसाय को हर प्रकार से आकर्षक बनाना आवश्यक है।
3. सामान्य व तकनीकी दोनों प्रकार की उच्च शिक्षा का संबंध समाज व औद्योगिक जगत् से होना चाहिए। अनेक ऐसे उत्कृष्ट केंद्र स्थापित किए जाने चाहिए, जिनके माध्यम से प्रौद्योगिकी में परिवर्तन, उपभोक्ताओं की आवश्यकताओं तथा अर्थव्यवस्था के वैश्वीकरण के कारण उत्पन्न उच्च कोटि की जन-शक्ति की माँग को पूरा किया जा सके।
4. हमारे शिक्षण तंत्र, अनुसंधान तंत्र, उद्योग जगत् तथा कृषि क्षेत्र के बीच अधिकाधिक सामंजस्य होना चाहिए। इससे व्यावहारिक ज्ञान का आदान-प्रदान तीव्र गति से होगा। इससे ज्ञान का व्यावसायीकरण भी तीव्र होगा। इसके लिए सेवा-शर्तों में भी इस प्रकार परिवर्तन होना चाहिए, ताकि उपर्युक्त क्षेत्रों के ज्ञान का कर्मियों की आवश्यकतानुसार आदान-प्रदान सरलता से हो सके। इससे लोग नौकरी करने की बजाय अपना काम या अपना उद्योग स्थापित करने के लिए अधिक प्रेरित होंगे।
5. शिक्षा के क्षेत्र में निजी क्षेत्र के कदमों का, चाहे वे निवासी भारतीयों द्वारा हों या अनिवासी भारतीयों द्वारा, हमेशा स्वागत किया जाना चाहिए। इसमें नौकरशाही का हस्तक्षेप न्यूनतम होना चाहिए। इस तरह स्वायत्तता दी जानी चाहिए, ताकि हर जगह उच्च गुणवत्तावाली शिक्षा उपलब्ध हो जाए।

6. विश्वविद्यालय अनुदान आयोग से जो विश्वविद्यालय अनुदान लेते हैं उन्हें अपना शुल्क बढ़ाने और अपने संसाधन तैयार करने की अनुमति अवश्य मिलनी चाहिए; पर साथ ही यह भी सुनिश्चित किया जाना आवश्यक है कि कमजोर वर्ग का प्रवेश एवं शिक्षा बाधित न हो जाए। इन संस्थानों की कार्य-प्रणाली में लगातार सुधार किया जाना आवश्यक है।
7. गरीब एवं प्रतिभावान् छात्रों को विश्वविद्यालय शिक्षा उपलब्ध कराने के लिए विशेष छात्रवृत्ति निधि की स्थापना करना जरूरी है। इससे जो छात्रवृत्ति दी जाए उसका आधार मात्र आर्थिक होना चाहिए।
8. निजी क्षेत्र के सहयोग से शिक्षा विकास वित्त निगम का गठन किया जाना चाहिए। इससे उच्च शिक्षा के लिए ऋण आसानी से तथा व्यापक रूप से मिल सकेगा।
9. शिक्षा के दायरे को और अधिक व्यापक व उपयोगी बनाने के लिए अनौपचारिक शिक्षा संस्थानों को भी बढ़ावा दिया जाना चाहिए। साथ ही इन संस्थानों के पाठ्यक्रमों को औपचारिक शिक्षा पाठ्यक्रमों से भी जोड़ा जाना चाहिए। यह इस प्रकार होना चाहिए, ताकि यदि विद्यार्थी बाद में औपचारिक शिक्षा ग्रहण करे तो पिछली अनौपचारिक शिक्षा का लाभ उसे मिल सके और विद्यार्थी अगली कक्षा में सीधे प्रवेश ले। ब्रिज पाठ्यक्रम आदि भी उपयोगी सिद्ध हो सकते हैं।
10. अपने खर्चे पर शिक्षा (सेल्फ फाइनेंसिंगग) को भी बढ़ावा दिया जाना चाहिए। इससे नए प्रकार की और लचीली शिक्षा उपलब्ध होगी। साथ ही शिक्षा के क्षेत्र में उदारीकरण की भी आवश्यकता है।
11. शिक्षा के क्षेत्र में नेटवर्किंग की भी आवश्यकता है, ताकि उपलब्ध संसाधनों का अधिकाधिक इस्तेमाल हो सके और परस्पर सहयोग से अतिरिक्त शक्ति व समृद्धि प्राप्त हो।
12. अभी तक शिक्षा के क्षेत्र में निर्णय लेने में मानव संसाधन विकास मंत्रालय, ऑल इंडिया काउंसिल ऑफ टेक्नीकल एजुकेशन तथा विश्वविद्यालय अनुदान आयोग के मध्य समन्वय स्थापित करने में अनेक बाधाएँ आती थीं। समन्वय स्थापित करने के लिए एक कारगर कार्य-प्रणाली की आवश्यकता है, जिसके अंतर्गत निर्णय लेने की व्यवस्था विकेंद्रीयकृत हो तथा अधिकार नीचे तक बाँटे जाएँ।

13. इस समय जो नेशनल इंस्टीट्यूट ऑफ टेक्नोलॉजी हैं, उनका स्तर बढ़ाकर उन्हें आई.आई.टी. के स्तर तक लाया जाए। उनके अंदर की प्रशासनिक व्यवस्था, वेतन संरचना आदि को भी बढ़ाया जाना चाहिए और साथ में सरकार द्वारा दी जानेवाली सहायता में वृद्धि भी आवश्यक है। उन्हें भी आई.आई.टी. की ही तरह स्वायत्तशासी बनाया जाना आवश्यक है।

जीवन-पर्यंत शिक्षा

ज्ञान आधारित समाज के निर्माण के लिए यह अनिवार्य है कि हमारा समाज लगातार सीखनेवाला समाज बने। आज ज्ञान को दोगुना होने में दस वर्ष से भी कम समय लगता है, अत: यह आवश्यक है कि व्यक्ति लगातार सीखता रहे। लगातार सीखने से उसकी प्रवीणता व योग्यता बढ़ती रहेगी तथा वह अपने काम में प्रासंगिक बना रहेगा। उसकी उत्पादकता भी कम नहीं होगी।

आज हम देखते हैं कि कार्यालयों, कारखानों एवं संस्थानों में नई प्रौद्योगिकी का उपयोग हो रहा है। उदाहरण के लिए, पिछले बीस वर्षों में सामान्य टाइपराइटर से इलेक्ट्रॉनिक टाइपराइटर और फिर कंप्यूटर प्रत्येक दफ्तर में आ गए। कंप्यूटर में भी प्रयोग होनेवाले सॉफ्टवेयर की गुणवत्ता में तेजी से वृद्धि हुई है।

उपर्युक्त स्थिति से निबटने के लिए मात्र औपचारिक शिक्षा पर्याप्त नहीं है। इसके लिए ऐसी व्यवस्था आवश्यक है कि व्यक्ति अपने घर, कार्यस्थल, समुदाय, पूरे समाज में समय-समय पर आवश्यकतानुसार अपने ज्ञान में वृद्धि करता रहे।

इसके लिए एक आंदोलन खड़ा करना होगा और शिक्षा की आधारशिला मजबूत करनी होगी। साथ ही शिक्षा के अवसरों को व्यापक बनाना होगा तथा सीखनेवाले को अनेक प्रकार से प्रोत्साहित करना होगा। चाहे उसने कहीं से भी और कैसे भी शिक्षा क्यों न प्राप्त की हो।

जीवन-पर्यंत शिक्षा प्राप्त करने लिए चलाए जानेवाले अभियान के ये चार बिंदु होने चाहिए—

1. लगातार सीखने की प्रवृत्ति रखनेवाले को अभिप्रेरित किया जाए।
2. सीखनेवाला अपनी सीखने की दिशा एवं विषय स्वयं चुन सके, इसके लिए उसे जागरूक बनाया जाए।
3. लगातार सीखने के लिए उसे आवश्यक आर्थिक तथा अन्य प्रकार की सहायता उपलब्ध कराई जाए।

4. जीवन-पर्यंत सीखना प्रारंभ करनेवाले को इतना प्रोत्साहन मिले कि वह इस कार्य को उपयोगी माने और इसे कभी न त्यागे।

आज विश्व में सीखने के लिए आवश्यक सामग्री का बहुत तेजी से विस्तार हो रहा है। अत: इंटरनेट सुविधा को आसान व प्रभावी बनाने की नितांत आवश्यकता है।

अनुसंधान और विकास

सीखने का काम तब अधिक उपयोगी सिद्ध होता है जब वह उपयोगी बौद्धिक संपदा में परिवर्तित हो जाए। आज के युग में शक्तिशाली वह नहीं माना जाता है जो मात्र सैन्य दृष्टि से संपन्न व सशक्त हो, वरन् वह माना जाता है जिसके पास बेहतर बौद्धिक संपदा होती है। आज प्राकृतिक संसाधनों या अन्य संसाधनों से अधिक महत्त्व बौद्धिक संपदा का है।

अत: भारत को सशक्त बनाने के लिए यह आवश्यक है कि भारत में अनुसंधान व विकास की उच्च कोटि की तथा सशक्त व्यवस्था हो। इसके लिए निम्न उपाय आवश्यक हैं—

1. हमारे अनुसंधान व विकास संस्थानों को इस प्रकार अनुसंधान व विकास करना चाहिए, ताकि उनका कार्य अंतत: व्यावसायिक रूप से सफल उत्पाद में परिवर्तित हो सके।
2. ऐसा वातावरण उत्पन्न होना चाहिए, ताकि नवोदित उद्योगपति इन अनुसंधान संस्थानों से आवश्यक मदद प्राप्त कर सकें। विशेष रूप से उनके प्रारंभिक चरण में यह मदद अत्यंत कारगर सिद्ध होगी।

भारत ने पिछले वर्षों में अनेक क्षेत्रों, जैसे—परमाणु ऊर्जा, प्रक्षेपास्त्रों, अंतरिक्ष अनुसंधान, कृषि अनुसंधान आदि में नेतृत्व किया है। आज आवश्यकता इस बात की है कि उपर्युक्त प्रकार का अनुसंधान राष्ट्रीय समृद्धि ला सके। अब तक सार्वजनिक धन से खड़ा किया गया अनुसंधान व विकास संबंधी ढाँचा भविष्य में बौद्धिक संपदा उत्पन्न करने हेतु भौतिक व बौद्धिक आधारभूत संरचना का दायित्व निभा सकता है। इस प्रकार उत्पन्न बौद्धिक संपदा का राष्ट्र के सामाजिक व आर्थिक विकास में इस्तेमाल किया जाना आवश्यक है।

उद्योगपति बनने की प्रवृत्ति

आज कोई स्थानीय भारतीय या अनिवासी भारतीय यदि उद्योग लगाना चाहे

तो उसे आधारभूत संरचना की आवश्यकता होगी। आज हर उद्योगपति चाहता है कि उसे निर्बाध रूप से विद्युत्, फोन, इंटरनेट आदि मिलें। उसे इन मामूली चीजों के लिए भटकना न पड़े और वह अपनी सृजनात्मक ऊर्जा का अधिकाधिक इस्तेमाल अपने मुख्य कार्य व मुख्य चुनौती के लिए करे।

इनके लिए आवश्यक है कि जगह-जगह प्रौद्योगिकी पार्क व केंद्र बनें, जहाँ पर ये मौलिक आवश्यकताएँ मामूली कीमत पर उपलब्ध हों। उद्योगपति की सफलता या असफलता उसके विचारों, प्रौद्योगिकियों पर निर्भर हो, इन छोटी-मोटी आवश्यकताओं पर न हो।

इस तरह के पार्कों में पूँजी निवेशक भी खिंचे चले आएँगे और आवश्यकता पड़ने पर वकील, कानूनी सलाहकार भी। ऐसे पार्क वहाँ पर स्थापित किए जाने चाहिए जहाँ पर शैक्षिक केंद्र व अनुसंधान केंद्र हों। इससे उद्योगपतियों को आकर्षित करने में भी सहायता मिलेगी तथा शिक्षण पाठ्यक्रम के साथ-साथ उद्योगपति बनाने का पाठ्यक्रम भी शिक्षण संस्थानों में चलाया जा सकता है, जिससे नौकरियों पर बोझ कम होगा और युवा वर्ग अपना व्यवसाय शुरू करने की ओर उन्मुख होगा।

तो इस तरह अनुसंधानकर्ताओं व नव उद्योगपतियों के मन में उठनेवाले विचार व्यावसायिक सफलता की ओर जाएँगे। विकसित देशों में यह प्रक्रिया सफलतापूर्वक जारी है।

इसके अलावा सार्वजनिक धन से चलनेवाले अनुसंधान संस्थानों व शिक्षण संस्थानों में कार्य कर रहे वैज्ञानिकों की सेवा-शर्तों में परिवर्तन इस प्रकार होना चाहिए कि वे स्वयं भी उद्योग स्थापित करें एवं औरों को भी कराएँ। इस तरह सरकारी धन से तैयार एक प्रौद्योगिकी बड़े पैमाने पर समाज में जा पाएगी। इससे एक तंत्र पनपेगा, जिसमें अपना व्यवसाय स्थापित करने की प्रवृत्ति को बढ़ावा मिलेगा और लोग अपने लिए तथा समाज के लिए धन अर्जित करेंगे।

□

संपर्क सूत्र

भारत एक विशाल और विविधताओंवाला देश है। इसमें अनेक प्रकार की जीवन-शैलियाँ, संस्कृतियाँ, परंपराएँ, भाषाएँ और न जाने क्या-क्या हैं। अभी तक ये विविधताएँ समस्याओं का कारण रही हैं और देश में क्षेत्रवाद, भाषा-विरोध, वर्ग-विरोध जैसी समस्याएँ समय-समय पर जोर पकड़ती रहती हैं।

यदि देश में उचित व पर्याप्त संपर्क सूत्र कायम कर दिए जाएँ तो इन समस्याओं का निराकरण तो हो ही जाएगा, साथ ही लोग अन्य भागों में रहनेवाले अन्य भाषा बोलनेवालों के जीवन से भी परिचित होंगे और इससे आदान-प्रदान में आसानी होगी। ये संपर्क सूत्र न सिर्फ देश के अंदर लोगों को जोड़ेंगे वरन् देश के लोगों को सारी दुनिया से जोड़ेंगे।

आज संपर्क दो प्रकार से कायम हो सकते हैं। अब भौतिक संपर्क के साथ-साथ इलेक्ट्रॉनिक संपर्क भी कायम होते हैं और वे अधिक प्रभावी भी सिद्ध होते हैं।

भौतिक संपर्कों के लिए अच्छी व सुगम सड़कों, रेल लाइनों, हवाई सेवा तथा जल यातायात सेवाओं की आवश्यकता होती है। उनकी सहायता से व्यक्ति व सामग्री एक स्थान से दूसरे स्थान तक पहुँचती है।

इनके अलावा पिछले अनेक दशकों से देश में इलेक्ट्रॉनिक संपर्क व्यवस्था जोर पकड़ती जा रही है। प्रारंभ में टेलीग्राफ, बेतार संचार प्रणाली, फिर टेलीफोन अस्तित्व में आए और फिर ये सशक्त होते चले गए। लोग एक-दूसरे से आसानी से जुड़ते चले गए। बाद में उपग्रह-चालित दूरभाष प्रणाली, टेलीविजन और इंटरनेट ने सारी बाधाएँ तोड़ दीं और दुनिया अब एक छोटे से गाँव की तरह लगने लगी।

उपर्युक्त वर्णित सुविधाएँ विश्व में बहुत तेजी से विकसित हुईं, पर भारत प्रारंभिक दौर में दुनिया से पीछे ही रहा। अभी भी भारत में संपर्क सूत्र अपर्याप्त हैं

और उनकी गुणवत्ता भी बहुत कमजोर है। अभी भी—

1. भारत में अपर्याप्त सड़कें हैं और उनकी गुणवत्ता कमजोर है।
2. रेल यातायात भी अपर्याप्त है और उसे अधिक सुरक्षित व सुविधाजनक बनाया जाना है।
3. हवाई यातायात सीमित है और काफी महँगा भी।
4. जल यातायात देश के अंदर नहीं के बराबर है।

इन सभी में निजी निवेश बिलकुल नहीं के बराबर है।

इसी तरह प्रारंभ में टेलीफोन के क्षेत्र में निजी निवेश नहीं के बराबर था; पर ज्यों ही निजी निवेश बढ़ा, टेलीफोन सेवा का असाधारण रूप से विस्तार हुआ और आज प्रौद्योगिकी में सुधार के जरिए और कुछ निजी क्षेत्र की आपसी प्रतिस्पर्धा के कारण सेवाओं की संख्या व गुणवत्ता में असाधारण वृद्धि हुई है।

आज देश के अंदर संचार व्यवस्था, जैसे—लैंडलाइन व्यवस्था और मोबाइल व्यवस्था में काफी सुधार आया है। इसी तरह अंतरराष्ट्रीय स्तर पर संपर्क कायम करने में भी आसानी होती जा रही है। इन दोनों ही प्रकार की सेवाओं की कीमत काफी कम हो चुकी है।

किंतु फिर भी ज्ञान आधारित समाज के निर्माण के लिए यह अपर्याप्त है। विकसित देशों की तुलना में भारत में प्रति हजार व्यक्ति टेलीफोन कनेक्शन और प्रति लाख व्यक्ति इंटरनेट कनेक्शन बहुत कम है। विशेष रूप से गाँवों में तो यह बहुत ही कम है। इसकी गुणवत्ता भी अच्छी नहीं है।

आज आवश्यकता इस बात की है कि देश के हर कोने तक संचार सेवा पहुँचे और यह हर व्यक्ति को आसानी से तथा उचित कीमत में उपलब्ध हो। आज देश के ग्रामीण इलाकों तक संचार सुविधाएँ पहुँचाने के लिए नवीन प्रौद्योगिकियाँ उपलब्ध हैं, जिनका प्रयोग संभव है।

इनके अलावा भारत में एक लाख अट्ठाईस हजार ग्रामीण डाकघर हैं, जो सरकार द्वारा चालित नहीं हैं। उन्हें चलानेवालों को प्रेरित किया जा सकता है कि वे अपने परिसर में टेलीफोन सेवा व इंटरनेट सेवा भी उपलब्ध कराएँ। वे ऐसा आसानी से कर सकते हैं, क्योंकि वे सरकारी सेवा-शर्तों से बँधे नहीं हैं। वे इन्हें स्वयं भी प्रारंभ कर सकते हैं या किसी निजी संस्था को भी जगह दे सकते हैं। इस तरह उन्हें लाभांश मिलता रहेगा।

इसके अलावा देश में केबल ऑपरेटरों ने केबल टेलीविजन कनेक्शनों का जाल बिछा रखा है। इस जाल को भी इंटरनेट कनेक्शन देने के लिए इस्तेमाल किया

जा सकता है। इस तरह देश में आधुनिक दूरसंचार सेवाओं का जाल, जो ज्ञान आधारित समाज के निर्माण के लिए अनिवार्य है, बिछाया जा सकता है।

देश में सूचनाओं के प्रसार के लिए वृहद् राजमार्ग तैयार करने का कार्य भी प्रगति पर है। इसके अंतर्गत—

1. उपग्रह के ट्रांसपोंडरों की संख्या बढ़ाई जा रही है।
2. कुल उपलब्ध बैंडविड्थ बढ़ाई जा रही है।
3. सेल्युलर फोनों की संख्या व उनकी सेवा दोनों का विस्तार हो रहा है।

सामग्री का उत्पादन

सूचनाओं के लिए व्यापक राजमार्ग तैयार करना एक पहलू है; पर यह पर्याप्त नहीं है। इसके लिए उपयुक्त व पर्याप्त उपयोगी सामग्री का उत्पादन भी आवश्यक है जो एक बैंडविड्थ पर एक सिरे से दूसरे सिरे तक आए-जाए।

आमतौर पर जब राजमार्ग तैयार हो जाता है तो उस पर वाहन अपने आप चलने-दौड़ने लगते हैं, इसके लिए विशेष प्रयास नहीं करना पड़ता है; पर भारत के मामले में थोड़ी जटिलता है। इंटरनेट पर प्रारंभ में कब्जा अंग्रेजी का रहा है। भारत में अंग्रेजी समझनेवालों की संख्या 5 प्रतिशत से भी कम है। उपयोग करनेवालों की तो और भी कम है। अत: सूचना राजमार्ग पर चलनेवाली सामग्री अधिसंख्य जनता के लिए उपयोगी नहीं है।

इसके अलावा एक तथ्य और भी है—भारत में अनेक भाषाएँ बोली और समझी जाती हैं। इनमें से अनेक की लिपि भी भिन्न है। इस कारण भारत में पर्याप्त उपयोगी सामग्री के उत्पादन के लिए और अधिक मौलिक अनुसंधान की आवश्यकता है। इसके अंतर्गत प्रिंटर, स्कैनर आदि में आवश्यक परिवर्तन किए जाने की आवश्यकता है। साथ ही वर्ड प्रोसेसर, स्पैल चेकर, ग्रामर चेकर आदि भी विकसित किए जाने चाहिए। इस बारे में अनेक देशों में किए गए कार्यों से सीखने की आवश्यकता है। चीन, जापान, कोरिया आदि ने इस दिशा में काफी काम किया है और वे अब अंग्रेजी पर निर्भर नहीं हैं।

ग्रामीण विकास

ज्ञान आधारित समाज के निर्माण के लिए गाँवों का विकास और उनका हर प्रकार से समृद्ध होना आवश्यक है। इसके लिए अनेक प्रयास आवश्यक हैं, जिनमें प्रमुख हैं—

1. रोजगारों का सृजन,
2. समृद्धि का सृजन,
3. समाज का बदलाव।

इन सभी के लिए भौतिक व इलेक्ट्रॉनिक दोनों प्रकार के संपर्क-सूत्र अनिवार्य हैं। इनसे स्थानीय स्तर पर प्रवीणता में वृद्धि होगी और वे विभिन्न स्तरों की प्रतिस्पर्धाओं में भाग लेने के योग्य बनेंगे।

अभी तक गाँवों के लोग इसलिए शहरों की ओर भागते रहे हैं, क्योंकि आवास की दृष्टि से शहर बेहतर माने जाते हैं। यदि गाँवों को सुविधा-संपन्न बना दिया जाए तो यह पलायन रुक जाएगा। दूसरे अर्थों में, यदि पलायन शून्य हो जाए तो यह समझा जा सकता है कि गाँवों का विकास पूर्ण हो चुका है और वे आधुनिक शहरों के समतुल्य हो चुके हैं। इसके लिए निम्न प्रयास तत्काल किए जाने चाहिए—

1. ग्रामीण इलाकों में वे सभी वांछित सुविधाएँ होनी चाहिए, जो इस समय शहरों में हैं।
2. ग्रामीण क्षेत्रों में इसी पैमाने पर रोजगारों का सृजन होना चाहिए, जिस पैमाने पर शहरों में हो रहा है।
3. शहरों के निवासी जिन सामाजिक, आर्थिक, सांस्कृतिक व अन्य सुविधाओं को पाते हैं, वे गाँवों में भी उपलब्ध हों। उदाहरण के लिए—कम कीमत पर पर्याप्त बिजली, पानी, सीवर, स्वास्थ्य सेवाएँ, शिक्षा सुविधाएँ, मनोरंजन सुविधाएँ आदि।

आशा की जाती है कि मात्र रोजगार की उपलब्धता और अच्छे पर्यावरण का लाभ ही गाँवों को शहरों के बराबर आकर्षक बना देगा। कम-से-कम इतना विकास तो होना ही चाहिए कि गाँवों से शहरों की ओर पलायन रुक जाए। यदि इसके विपरीत हो जाए तो और भी अच्छा है।

अभी तक गाँवों के साथ जो समस्याएँ जुड़ी हैं उनमें संपर्क-सूत्र की अनुपलब्धता के अलावा और भी समस्याएँ हैं। उदाहरण के लिए, केरल के उन गाँवों की संख्या, जिनमें प्राथमिक स्कूल हैं, मात्र 49.3 प्रतिशत है, जबकि बिहार व मध्य प्रदेश के 92 प्रतिशत गाँवों में प्राथमिक स्कूल हैं। पर फिर भी केरल में साक्षरता दर 85 प्रतिशत है, जबकि बिहार और मध्य प्रदेश बहुत पीछे हैं। इसका एक कारण यह बताया जाता है कि केरल के 85 प्रतिशत गाँव एक-दूसरे से पक्की सड़कों से जुड़े हैं, जबकि बिहार और मध्य प्रदेश के मात्र 20 प्रतिशत गाँव ही एक-दूसरे से पक्की सड़कों से जुड़े हैं। इस तरह यह कहा जा सकता है कि

यदि हर गाँव में सुविधा विकसित करना संभव न भी हो तो गाँवों को आपस में अच्छी तरह जोड़ दिया जाए, ताकि कम सुविधाओं का भी अधिकाधिक लाभ उठाया जा सके।

यदि गाँवों को रिंग रोड के माध्यम से उचित प्रकार से जोड़ दिया जाए तो उन्हें समृद्ध बनाने में आसानी होगी। इसी तरह यदि दूरसंचार सेवाओं और सूचना प्रौद्योगिकी के माध्यम से उनमें कृत्रिम बाजार उत्पन्न कर दिया जाए तो समृद्धि सृजन का कार्य और तीव्र गति से होने लगेगा।

ज्यों-ज्यों वे अधिक जुड़ेंगे त्यों-त्यों उनमें अधिक निवेश होगा। निवेश बढ़ने से रोजगार बढ़ेगा और वृद्धि का यह क्रम चलता ही जाएगा। अमेरिका में सिलिकॉन वैली से लेकर अनेक देशों के प्रौद्योगिकी पार्कों आदि में इस प्रकार के प्रयोग अति सफल सिद्ध हुए हैं और ग्रामीण इलाकों में अपार समृद्धि बढ़ी है।

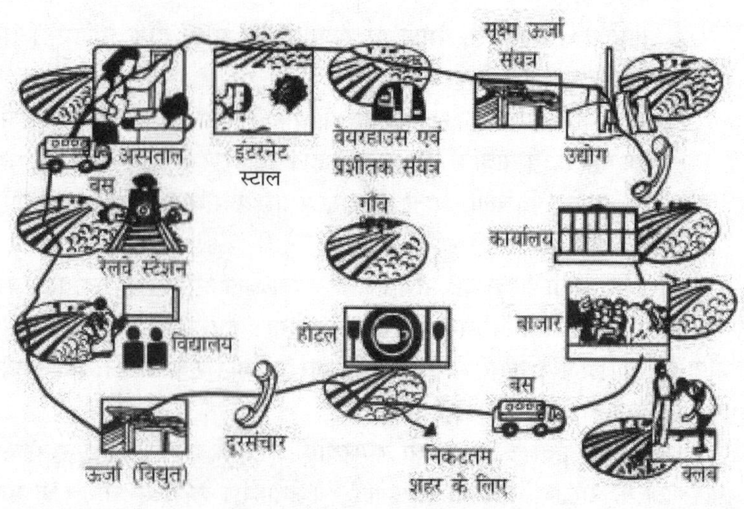

ग्रामीण मॉडल का एक नमूना

संलग्न चित्र में एक ग्रामीण मॉडल दरशाया गया है। भारत में जगह-जगह ऐसे रिंगों की आवश्यकता है। इस प्रकार के रिंग स्थापित करने में अनुभवी विशेषज्ञों की सेवा ली जा सकती है, जो स्कूलों, अस्पतालों एवं अन्य सामाजिक सेवाओं को उचित स्थान पर स्थापित करने में अपना योगदान कर सकते हैं। इनके अलावा इस

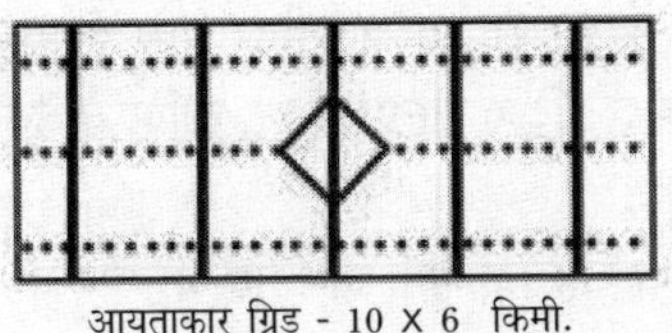

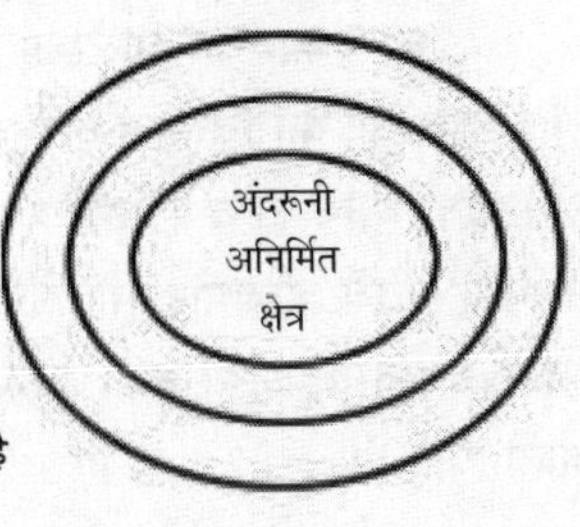

दोनों ही स्वरूप के नगर का क्षेत्रफल समान होता है
राजमार्गों से उनकी दूरी भी समान होती है
परंतु वलयाकार नगर में राजमार्ग की लंबाई आधी हो जाती है।

अभीष्ट नगर का आकार (स्वरूप)

प्रकार से व्यवस्थित स्थानों को अच्छे उद्योगपतियों व व्यवसायियों को बेचना भी एक चुनौतीपूर्ण कार्य है, जिसे सावधानीपूर्वक किया जाना चाहिए।

मॉडल का निर्माण

प्रारंभ में कुछ गाँवों का एक रिंग (चित्र के अनुसार) चुना जाना चाहिए। इन गाँवों को उच्च गुणवत्तावाली सड़कों/रेलों तथा दूरसंचार व्यवस्था के माध्यम से आपस में जोड़ दिया जाना चाहिए।

इसके पश्चात् प्रतिष्ठित विशेषज्ञों की सहायता से उस रिंग में स्कूलों, अस्पतालों व अन्य सामाजिक सुविधाओं को देने के लिए स्थान चिह्नित कर देने चाहिए। इसके बाद इस व्यवस्था का पर्याप्त प्रचार किया जाना चाहिए, ताकि लोग यहाँ उद्योग लगाने व व्यवसाय करने के लिए आकर्षित हों।

अलग-अलग स्थानों के लिए अलग-अलग आकार की व्यवस्था की जानी चाहिए; पर प्रारंभ में जो मॉडल बनें, उनमें कुल पट्टी 30 किलोमीटर की होनी चाहिए और उसमें 500 मीटर की चौड़ाई के प्लॉट कटने चाहिए।

अच्छा तो यह होगा कि उपर्युक्त कार्य के लिए क्षेत्र ऐसे स्थान पर तलाशा जाए जो कृषि उत्पादन को कम-से-कम प्रभावित करे। यह क्षेत्र कम उपजाऊ हो और कृषि-भूमि से यथासंभव दूर होना चाहिए।

उपर्युक्त कार्य के लिए जमीन पट्टे पर लेनी चाहिए और पट्टे का वार्षिक किराया उस जमीन से होनेवाली कृषि-आय का दोगुना होना चाहिए। इस प्रक्रिया में

जो किसान बेदखल हों, उन्हें इस क्षेत्र में 10 से 20 वर्गमीटर तक व्यावसायिक स्थान प्रति हेक्टेयर अधिग्रहीत जमीन के बदले दिया जाना चहिए, ताकि वे वैकल्पिक कारोबार कर सकें।

इस प्रकार जो व्यवस्था तैयार होगी वह किसानों के लिए भी अनुकूल होगी और व्यवस्था का विकास करनेवालों के लिए भी। इस तरह किसान अब तक प्राप्त होनेवाली कृषि आय से अधिक कमा सकेंगे और साथ ही व्यावसायिक स्थान का उपयोग करके रोजगार भी कर सकेंगे। यह व्यवस्था उस व्यवस्था से बेहतर है, जिसके अंतर्गत अभी तक एकमुश्त हरजाना दिया जाता था या सरकारी नौकरी दी जाती थी।

दूसरी ओर, जो लोग इस इलाके का विकास करेंगे, उन्हें जमीन हासिल करने के लिए एकमुश्त रकम नहीं देनी होगी। समय के साथ वे कमाएँगे और उसमें से भुगतान करेंगे।

प्राप्त की गई जमीन के उपयोग की योजना भी महत्त्वपूर्ण है। जो जमीन किसानों से प्राप्त की जाए, उसका आधा भाग आवास के लिए छोड़ा जाना चाहिए, एक-चौथाई सार्वजनिक सेवाओं के लिए, छठा भाग सामाजिक सुविधाओं के लिए और शेष व्यावसायिक गतिविधियों के लिए छोड़ा जाना चाहिए।

इस जमीन पर रहनेवाले एक या दो रुपए प्रति वर्ग फुट की दर से जमीन का किराया देंगे। यह किराया इमारत के फ्लोर स्पेस इंडेक्स (तल स्थल सूचकांक) पर निर्भर करेगा। इस रकम को वसूलना आसान होगा और यह लगभग उतना ही होगा जितना बड़े शहरों में झुग्गियों में रहनेवाले देते हैं। पर यह रकम सार्वजनिक सेवाओं, जैसे—सड़कों, बाग-बगीचों आदि को बनाए रखने के लिए पर्याप्त होगी। साथ ही इससे किसानों को भी जमीन के बदले भुगतान होता रहेगा।

इस पट्टी (विकास पट्टी) के बीच से होकर रिंग रोड गुजरेगी। सरकार के लिए इस सड़क का निर्माण एक प्रमुख खर्च होगा। इसका एक तिहाई अर्थात् 10-12 करोड़ रुपए केंद्र सरकार द्वारा अनुदान के रूप में दिए जाएँगे। शेष की लागत के लिए कर्ज लिया जाएगा, जिसका ब्याज वहाँ के निवासियों पर डाला जाएगा। यह रकम भी उपर्युक्त वर्णित किराए में से आ जाएगी। प्रारंभिक वर्षों में जब तक सारा रिहायशी इलाका भर नहीं जाता तब तक राज्य सरकार इसकी भरपाई करेगी, जो लगभग 2 करोड़ होगा (ब्याज—रहनेवालों से वसूल किया गया किराया)।

उपर्युक्त पट्टी से होकर नियमित बस सेवा चलती रहेगी, चाहे यातायात कम-ज्यादा क्यों न हो। साथ ही उच्च गुणवत्तावाली इंटरनेट सेवा भी जारी रहेगी।

यह सड़क व बस सेवा इस परियोजना के लिए बीज का काम करेगी। इंटरनेट सेवा इस पट्टी में उद्योगों व व्यवसायों को इतना सशक्त करेगी कि वे आसानी से कार्य कर सकें। इस परियोजना में जो सड़क बनेगी वह एक स्थायी संपदा होगी। केवल बस सेवा ही एक अतिरिक्त प्रयोग होगी और परियोजना के असफल होने पर इसे बंद करना पड़ सकता है। पर यह निवेशकों के लिए आकर्षण का सबसे बड़ा कारण होगी, अत: इसकी गुणवत्ता से कोई समझौता नहीं किया जाना चाहिए। यदि राज्य सरकार चाहे तो इस जोखिम का बीमा करा सकती है और यह एक से दो करोड़ के बीच ही होगा।

इस परियोजना के तीन प्रमुख भागीदार होंगे—

1. नियोक्ता, जो अपनी फर्म वहाँ से संचालित करेंगे।
2. सामाजिक संगठन (एन.जी.ओ.), जो सामाजिक सुविधाएँ उपलब्ध कराएँगे।
3. सरकारी एजेंसियाँ, जो सरकारी दायित्वों को पूरा करेंगी।

उपर्युक्त तीनों इस विकास पट्टी में पर्याप्त जमीन अपने नाम आवंटित करेंगे, ताकि अपने कर्मचारियों के लिए मकानों का निर्माण करा सकें। इस परिसर में पर्यावरण की सुरक्षा एक विशेष लक्ष्य होगा। व्यावसायिक क्षेत्र और रिहायशी क्षेत्र इस तरह जोड़ा जाएगा, ताकि कर्मचारी पैदल ही अपने कार्यस्थल तक पहुँच सकें। इससे न सिर्फ आर्थिक बचत होगी वरन् पर्यावरण की सुरक्षा व समाज की भी बचत होगी।

सामाजिक सेवाएँ, जैसे स्कूल एवं अस्पताल आदि को जमीन नि:शुल्क मिलेगी। इसके अलावा इस जमीन में कुछ हिस्से में वे व्यावसायिक गतिविधियाँ कर सकेंगे। इस प्रकार आय (किराए पर चढ़ाने से आय) प्राप्त होगी, जो इन सामाजिक संस्थाओं की स्थायी आय होती रहेगी। यदि व्यवसायी या उद्योगपति इनकी जमीन का उपयोग करते हैं तो वे इतना किराया देंगे कि इन सामाजिक सेवाओं की स्थायी संपदा की लागत निकल आएगी। इसके अलावा व्यवसाय में लगे लोग भी इन सामाजिक संस्थाओं, जैसे—स्कूलों, अस्पतालों आदि में अनेक प्रकार की भागीदारी करना चाहेंगे।

दूसरी ओर इन सामाजिक सेवाओं को इस्तेमाल करनेवाले इन सेवाओं के रोजाना के खर्च के अनुसार शुल्क का भुगतान करेंगे। इस प्रकार ये सामाजिक सेवाएँ सरकारी अनुदानों पर निर्भर नहीं रहेंगी।

इस विकास पट्टी की जल संरक्षण व्यवस्था व अवशिष्ट (कूड़ा) निष्पादन

व्यवस्था भी आधुनिक तरीकों से संपन्न होगी। यह व्यवस्था नियोक्ताओं के जिम्मे भी डाली जा सकती है और निवासियों की परिषद् के जिम्मे भी।

इस विकास पट्टी का हर हिस्सा खुले मैदान से कुछ सौ गज दूर ही होगा। अतः जल-संरक्षण व कूड़ा-निष्पादन व्यवस्था भी आसान व सस्ती होगी, इसके लिए प्रौद्योगिकी भी आसानी से उपलब्ध है। इतना ही नहीं, खाना पकाने के लिए पर्याप्त ईंधन भी इस व्यवस्था में उपलब्ध कराया जा सकता है। इस व्यवस्था को संलग्न चित्र द्वारा आसानी से समझा जा सकता है।

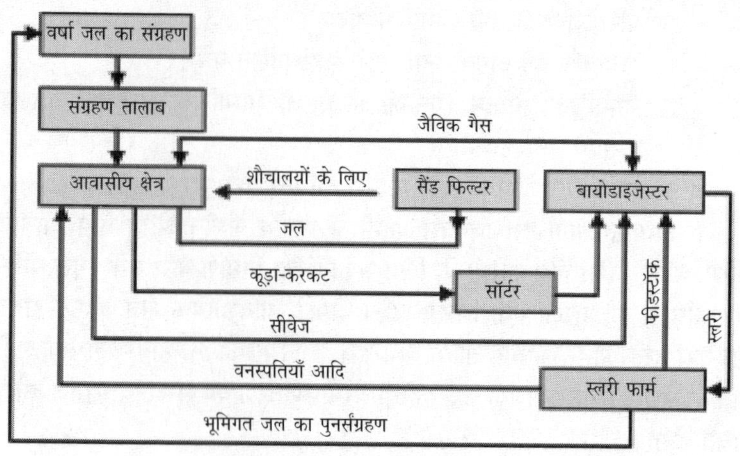

वर्षा जल का संग्रहण एवं कूड़ा-करकट का निस्तारण

उपर्युक्त व्यवस्था 20 से 50 मकानों के लिए तैयार की जा सकती है। यदि मकानों की संख्या कम होगी तो पेशेवर प्रबंधन कठिन व अव्यावहारिक हो जाएगा। दूसरी ओर, यदि मकानों की संख्या ज्यादा हो जाएगी तो लाने और ले जाने की लागत बहुत ज्यादा हो जाएगी। अतः बेहतर यही होगा कि एक से दो एकड़ जमीन में रहनेवालों के लिए व्यवस्था तैयार की जाए और उसका प्रबंधन निवासियों के जिम्मे डाला जाए। यदि वहाँ रहनेवाले किसी एक नियोक्ता के लिए काम करते हैं तो उस नियोक्ता को जिम्मेदारी दी जा सकती है।

बाकी के बचे हुए कार्य, जैसे सार्वजनिक स्थलों का रख-रखाव आदि पंचायतों के जिम्मे डाला जा सकता है। यह पंचायत वहाँ देख-रेख संबंधी समस्त कार्य करती रहेगी। इस मॉडल में आमतौर पर नगरपालिका द्वारा दी जानेवाली

सेवाओं को निजी उद्यमों द्वारा संपन्न किया जाएगा। इससे इन सेवाओं की दक्षता व गुणवत्ता दोनों में वृद्धि होगी, क्योंकि निजी क्षेत्र में आपसी स्पर्धा होगी और पारदर्शिता बनी रहेगी। पंचायत ही इन दोनों का बने रहना सुनिश्चित करेगी। विभिन्न गतिविधियों की कार्य-व्यवस्था संलग्न चित्र से स्पष्ट हो जाती है।

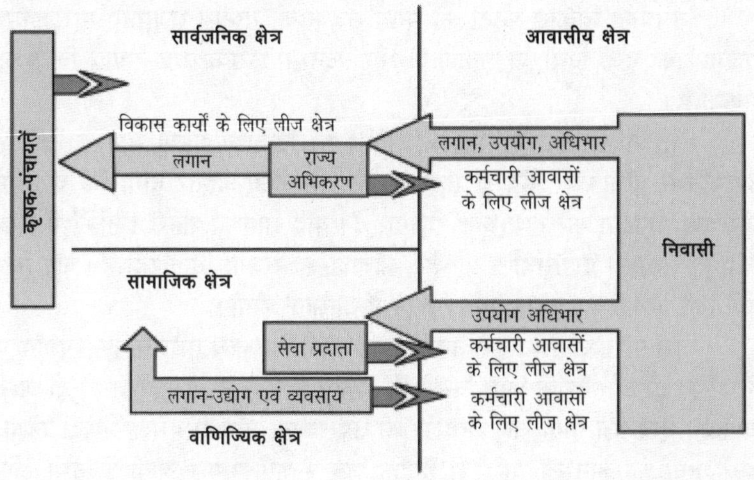

कृषक-पंचायतें

इस मॉडल की सफलता इस बात पर निर्भर करेगी कि विकास पट्टी कितनी मात्रा में और किस गुणवत्ता का व्यवसाय अपनी ओर आकर्षित कर लेती है। जितनी मात्रा में राजस्व उत्पन्न होगा और जितना रोजगार वे उत्पन्न करेंगे, उतने ही लंबे समय तक वे सफल बने रहेंगे। अत: इस परियोजना में नियोक्ताओं का सबसे अधिक दाँव पर लगा रहेगा।

इस परियोजना में केंद्र सरकार व राज्य सरकार दोनों की एजेंसियाँ सक्रिय होंगी और इस कारण किसी एक सरकार या सरकारी एजेंसी का मालिकाना हक इस परियोजना पर नहीं होगा। अच्छा तो यही होगा कि इस परियोजना को एक मिशन के रूप में चलाया जाए। इसके संचालन के लिए एक स्वायत्तशासी बोर्ड बनाया जाना चाहिए, जिसमें केंद्र व राज्य सरकारों के प्रतिनिधि भी होने चाहिए—पंचायत तथा नियोक्ताओं के भी। ये सभी मिलकर संचालन करते रहेंगे।

यह मॉडल एक विकेंद्रीकृत मॉडल है। इसमें सात सेवाएँ प्रदान की जाएँगी, जो निम्नलिखित के उत्तरदायित्व में होंगी—

नागरिक समूह	*गैर-सरकारी संगठन*	*व्यावसायिक फर्म*
1. पानी	शिक्षा	ऊर्जा आपूर्ति
2. कूड़ा निपटान	स्वास्थ्य	दूरसंचार
3. रख-रखाव		

उपर्युक्त विकास पट्टी की मुख्य सड़क को राष्ट्रीय राजमार्ग या राजकीय राजमार्ग का दर्जा दिया जा सकता है और तदनुसार उसका रख-रखाव किया जा सकता है।

यह मॉडल इस मान्यता के आधार पर डिजाइन किया गया है कि यह आत्मनिर्भर होगा। पर केंद्र व राज्य सरकारों के लिए बेहतर होगा कि वे इसमें प्रारंभिक योगदान करें तथा कुछ रोजगार दें। यदि सामान्य शहरी इलाकों में देखा जाए तो सरकारी एजेंसियाँ 5 प्रतिशत आबादी को रोजगार देती रही हैं। यदि ऐसा होने लगे तो परियोजना को गति मिलने में आसानी होगी।

इस परियोजना का एक उद्देश्य यह भी है कि उच्च गुणवत्तावाला पर्यावरण विकसित हो और इसके लिए किसी भी स्थिति में घनी बस्ती नहीं बसने दी जानी चाहिए। ऐसा तब होगा जब सेवाओं की उपलब्धता माँग से हमेशा ज्यादा रहेगी। अभी तक का अनुभव यह रहा है कि जब सेवाएँ बिगड़ जाती हैं तभी लोग प्रतिक्रिया व्यक्त करते हैं। हमेशा सजग रहने की परंपरा विकसित की जानी चाहिए। इसके अलावा सेवाओं को आवश्यकतानुसार बढ़ाया जा सके, यह प्रावधान भी होना चाहिए।

इस परियोजना के बारे में कुछ राज्यों के किसानों को बताया गया था और उन्होंने इसे पसंद किया था। उन्हें यह जानकर प्रसन्नता हुई कि उन्हें जमीन का वार्षिक प्रतिफल मिलेगा, जो होनेवाली फसल से काफी ज्यादा होगा।

अतः इस प्रस्ताव को इस प्रकार संक्षेप में व्यक्त व प्रचारित किया जाना चाहिए—

1. परियोजना के कार्यान्वयन के लिए स्वायत्तशासी विकास बोर्ड गठित किया जाना चाहिए।
2. तैयार की जानेवाली रिंग रोड की लागत का एक-तिहाई अर्थात् लगभग 5 करोड़ रुपए केंद्र सरकार को एकमुश्त अनुदान के रूप में देने चाहिए।
3. शेष राशि सरकार ऋण के रूप में देगी।
4. केंद्र या राज्य सरकार को इस बात की गारंटी लेनी चाहिए कि जो किसान जमीन दें उन्हें उनका उचित किराया मिलता रहेगा।

5. प्रारंभिक वर्षों यानी जब तक परियोजना आत्मनिर्भर न हो जाए तब तक के लिए राज्य सरकार को ऋण प्रदान करना चाहिए इससे आय व खर्च के बीच का अंतर पाटा जाएगा।
6. परंपरागत सेवाएँ, जैसे पुलिस थाना, बैंक, डाकघर आदि की स्थापना उसी पैमाने पर की जानी चाहिए जैसे शहरी इलाकों के लिए की जाती है। इससे प्रारंभिक रोजगार भी विकसित होगा।

परियोजना की डिजाइन इस प्रकार होनी चाहिए, ताकि इसका पर्याप्त विस्तार किया जा सके और 10 लाख लोग इससे लाभान्वित हो सकें।

इस परियोजना में लगभग 7 करोड़ रुपए का प्रारंभिक निवेश होगा। इसकी सहायता से सरकार तीन से पाँच वर्षों में कम-से-कम 50 हजार लोगों को इस परियोजना में आकर्षित कर सकेगी। साथ ही कई सौ करोड़ रुपए का निवेश भी आकर्षित होगा। इस तरह मात्र 1,500 रुपए प्रति व्यक्ति के निवेश से 4,500 रुपए मासिक औसत आय प्रति रोजगारवाली नौकरियों का सृजन होगा।

यदि इन आँकड़ों की 50 प्रतिशत सफलता भी हासिल हो जाए, अर्थात् 25 हजार लोग भी आकर्षित हो जाते हैं तो इस परियोजना की नकल दूसरी जगहों पर प्रारंभ की जा सकती है और यदि ऐसा नहीं होता तो परियोजना को आगे चलाने की आवश्यकता नहीं है। जो आधारभूत सुविधाएँ विकसित होंगी, उन्हें गाँववालों को इस्तेमाल के लिए दिया जा सकता है।

दिलचस्प बात यह है कि यह योजना पी.सी. (पर्सनल कंप्यूटर) नेटवर्क जैसी है। इससे पहले कंप्यूटर किसी स्थान पर केंद्रित होते थे। ये नेटवर्क अधिक कारगर सिद्ध हुए। आशा है, इस प्रकार के नेटवर्क महानगरों या बड़े औद्योगिक शहरों की तुलना में अधिक कारगर सिद्ध होंगे, क्योंकि इनकी व्यवस्था विकेंद्रीकरण पर आधारित होगी और ये अपेक्षाकृत कम कीमत पर बेहतर गुणवत्तावाली सेवा प्रदान कर सकेंगे।

उपर्युक्त संपर्क सेवा का यदि हम अलग-अलग दृष्टि से मूल्यांकन करें तो पाते हैं कि बैंडविड्थ की सीमा के कारण ग्रामीण इलाकों में सूचना प्रौद्योगिकी सेवाएँ पहुँच ही नहीं पा रही हैं। कुछ राज्यों, जैसे—कर्नाटक एवं आंध्र प्रदेश ने इस दिशा में उत्कृष्ट प्रगति की; जबकि कुछ अन्य राज्य, जैसे—मध्य प्रदेश एवं तमिलनाडु आदि प्रगति की ओर अग्रसर हैं। इनका स्पष्ट प्रभाव भी दिखाई दे रहा है। किसानों को बाजार के बारे में पर्याप्त सूचनाएँ घर बैठे मिल रही हैं तथा बिचौलियों द्वारा शोषण कम होता जा रहा है। वे अपने उत्पादों का उपयुक्त मूल्य

पा रहे हैं और उनके जमीन संबंधी दस्तावेज सुस्पष्ट होते जा रहे हैं। उन तक पहुँचना, आवश्यकता पड़ने पर बेचना, खरीदना आदि भी तेजी से और सही-सही हो जाता है।

यदि देश में जगह-जगह यह व्यवस्था फैले तो विकास का लाभ दूर-दूर तक फैल सकता है। ज्ञान आधारित समाज में वही लोग, जो अपने ज्ञान को कुशलतापूर्वक कार्य में परिवर्तित कर सकते हैं, असाधारण पूँजी कमा सकते हैं। अत: वास्तविक चुनौती यह है कि किस प्रकार प्रशिक्षित व कुशल मानव संसाधन विकसित किया जाए। प्रारंभिक लक्ष्य यह होना चाहिए कि विभिन्न प्रौद्योगिकियों में दक्ष 30 लाख ज्ञानकर्मी तैयार किए जाएँ।

इसके लिए दो तरफा प्रयास करने की आवश्यकता होगी। भारतीय मूल के विदेशी नागरिक इस दिशा में पहल कर सकते हैं और इनकी शुरुआती पहल शिक्षा, विशेष रूप से तकनीकी शिक्षा, के रूप में हो सकती है। इसमें भारतवासी भी अपने-अपने स्तर पर सहायता कर सकते हैं।

इसके अलावा योजना आयोग द्वारा ग्रामीण विकास के लिए जो धन आवंटित किया जाता है, उसका एक भाग भी इस योजना में लगाया जाना चाहिए। सांसदों को मिलनेवाली क्षेत्र विकास निधि को भी इस प्रकार के नेटवर्क के निर्माण में निवेश किया जा सकता है।

□

प्रौद्योगिकियों में एकरूपता–प्रशासन में एकरूपता

संचार संबंधी विभिन्न प्रौद्योगिकियों का उद्‌भव, विकास व प्रसार संसार के विभिन्न देशों में अलग-अलग तरीकों से हुआ और भारत में इन सबका अलग-अलग समय में आयात हुआ तथा फिर धीरे-धीरे प्रसार हुआ।

इस कारण इन सबका आधार भी अलग-अलग था। प्रारंभ में टेलीफोन के संकेत ताँबे के तारों में विचरण करते थे, जो जमीन में गड़े रहते थे। ए.एम. (एंप्लीट्यूड मॉडुलेशन) रेडियो की कैरियर फ्रीक्वेंसी 550 किलो हट्‌र्ज से 1,600 किलो हट्‌र्ज के मध्य में होती थी। एफ.एम. रेडियो 88 मेगा हट्‌र्ज से 110 मेगा हट्‌र्ज के मध्य फ्रीक्वेंसी पर प्रसारण करते थे। टेलीविजन चैनलों की फ्रीक्वेंसी उससे भी ज्यादा होती थी।

अलग-अलग सेवाओं में भी आंतरिक विविधता थी। टेलीफोन के क्षेत्र में एक समय आवाज का संकेत एनालॉग मोड में कम गुणवत्तावाले ताँबे पर विचरण करता था, जबकि डिजिटाइज्ड आँकड़े बेहतर गुणवत्तावाले ऑप्टिकल फाइबर पर आगे जाते हैं।

समय के साथ सभी क्षेत्रों में परिवर्तन हुए। आजकल ध्वनि-संकेत भी डिजिटाइज्ड (अंकीकृत) होते हैं और वे आँकड़ों की ही तरह आगे बढ़ते हैं। इसी तरह एक समय टेलीफोन सेवा, कंप्यूटर सेवा, टेलीविजन सेवा, मोबाइल सेवा आदि अलग-अलग होती थीं; जबकि आज जमीन के नीचे ऑप्टिकल फाइबर केबलों के बिछ जाने से ये एक-दूसरे से जुड़ चुकी हैं। टेलीफोन सेवा वायरलेस हो चली है। केबल टी.वी. के माध्यम से इंटरनेट सेवा उपलब्ध है। इंटरनेट पर ध्वनि

भी उपलब्ध है और वीडियो भी।

इस प्रकार हम आसानी से कह सकते हैं कि अंतर मिटते चले जा रहे हैं। आनेवाले समय में ऐसे संचार उत्पाद सामने आएँगे, जो एक से अधिक सेवाएँ देंगे। ये उपकरण व्यक्तिगत सहायक की भूमिका निभाएँगे। यह भी कहा जा सकता है कि विभिन्न प्रौद्योगिकियाँ एक बिंदु की ओर चल पड़ी हैं और फिर आगे एक सीधी रेखा में चलेंगी। इसका एक उदाहरण यह है कि सेल्युलर फोनों के मामले में एक ही फ्रीक्वेंसी स्पेक्ट्रम एक से अधिक सेल्युलर ऑपरेटरों, जैसे रिलायंस, एयर टेल आदि को दिया जा रहा है और दोनों की स्पर्धा का लाभ उपभोक्ता को मिल रहा है।

यह व्यवस्था ज्यों-ज्यों परिपक्व होती जाएगी त्यों-त्यों संपर्क सेवा इतनी सशक्त हो जाएगी कि भौतिक संपर्क अनिवार्य नहीं रह जाएगा। अमेरिका में इसकी शुरुआत हो चुकी है। वहाँ पर कर्मचारी को कार्यालय जाने की आवश्यकता नहीं पड़ती। वह घर बैठे ही अन्य लोगों से संपर्क कर सकता है और काम के लिए विभिन्न आँकड़े आदि भी प्राप्त कर सकता है। परंतु भारत में यह व्यवस्था आने में समय लगेगा। इस विषय का एक अन्य आयाम भी है। अभी भी पश्चिमी व विकसित देशों में अधिसंख्य लोग कार्यालय जाते हैं। कई बार वे खराब मौसम में लंबी दूरी तय करके जाते हैं, जिसमें उन्हें समय और ईंधन दोनों खर्च करने पड़ते हैं। इसका एक कारण यह है कि कार्यालय जाना एक सामाजिक सम्मान का विषय माना जाता है। संभवत: आनेवाली पीढ़ियाँ इस संबंध में अपनी विचारधारा बदलेंगी। वे घर पर रहते हुए ही कार्य करना पसंद करेंगी।

प्रशासन व्यवस्था को एक बिंदु पर लाना

अभी तक हमने देखा कि विभिन्न प्रौद्योगिकियाँ तेजी से प्रगति कर रही हैं। और एक-दूसरे के नजदीक आ रही हैं। वे एक बिंदु पर मिलते हुए फिर अति तीव्र गति से विकसित हो रही हैं और उनका तेजी से प्रसार भी हो रहा है।

इस स्थिति के अनुसार चलने तथा इससे अधिकतम लाभ उठाने के लिए यह आवश्यक है कि हमारी प्रशासन व्यवस्था में भी इसी प्रकार एकरूपता आए। अभी तक भारत में अनेक ऐसे मंत्रालय और सरकारी विभाग हैं जिनका कार्यक्षेत्र एक-दूसरे के कार्यक्षेत्रों का अतिक्रमण करना है।

उदाहरण के लिए, सूचना व प्रसारण मंत्रालय एवं संचार मंत्रालय कई विषयों को अलग-अलग दृष्टि से देखते हैं। यदि कहीं पर देश की सुरक्षा का मामला आ जाता है तो गृह मंत्रालय, कैबिनेट सचिवालय तथा रक्षा मंत्रालय सभी

कूद पड़ते हैं। इस प्रकार जब एक ही विषय पर अनेक मंत्रालय अपनी-अपनी राय अपने-अपने नजरिए से देने लगते हैं तो निर्णय लेने में देरी होती है।

पूरे विश्व में न सिर्फ विकसित देशों वरन् विकासशील देशों की सरकारें प्रौद्योगिकी में आ रही एकरूपता को पहचान रही हैं और सरकारी मशीनरी को उसके अनुरूप ढालने का प्रयास कर रही हैं। मंत्रालयों/विभागों आदि की संरचना में इसके अनुरूप परिवर्तन किए जा रहे हैं।

प्रशासनिक व्यवस्था में परिवर्तन

सूचना प्रौद्योगिकी के विकास ने हमें कानूनी व्यवस्था पर पुनर्विचार करने के लिए मजबूर किया है। आज व्यक्तिगत गोपनीयता की परिभाषा बदल गई है और राष्ट्र की गोपनीयता की भी।

आज सूचनाओं के प्रसार के लिए विश्वव्यापी, बहूपयोगी व अत्यंत सस्ते नेटवर्क उपलब्ध हैं, जिनकी सहायता से भविष्य में सत्ता की कुंजी सरकारों के हाथों से निकलकर लोगों के हाथों में आ जाएगी। आज सूचना प्रौद्योगिकी ने लोगों पर निगरानी रखने के लिए सरकार को तमाम उपकरण उपलब्ध करा दिए हैं; परंतु साथ ही सूचना के वितरण पर सरकार का एकाधिकार मिटता चला जा रहा है।

सूचना आज भी शक्ति है, पर यह सभी के हाथों में बँटी हुई है। आज सभी को सभी के बारे में ज्यादातर जानकारियाँ उपलब्ध हैं। अब लोगों के बारे में निर्वाचित जनप्रतिनिधि और विशेषज्ञ एकतरफा राय व्यक्त नहीं कर सकते हैं और न ही निर्णय ले सकते हैं। जनता की आम राय तेजी से विकसित और सशक्त हो जाती है और यह मंत्रालयों की राय पर भारी पड़ जाती है।

अत: आज उचित सरकारी निर्णयों के लिए भारतीय जनता के पास सही गुणवत्तावाला, पर्याप्त स्पष्टतावाला तथा विश्वसनीय सूचना-तंत्र होना चाहिए।

इस संबंध में निम्न प्रयास करने आवश्यक हैं—

1. सूचना प्रौद्योगिकी संबंधी मामलों में सरकारी एकाधिकार न्यूनतम होना चाहिए।
2. ट्राई (TRAI) जैसी संस्थाओं का कार्यक्षेत्र बढ़ाया जाना चाहिए।
3. भविष्य में हो सकनेवाले प्रौद्योगिकी संबंधी परिवर्तनों के मद्देनजर पहले से सक्रिय नीतियों का निर्माण किया जाना चाहिए।
4. समाज व अर्थव्यवस्था के बारे में महत्त्वपूर्ण सूचनाओं को उत्पन्न करने, उनकी आवश्यक संख्या व गुणात्मकता बनाए रखने तथा उनके प्रभाव

की देख-रेख करने की उचित व्यवस्था होनी चाहिए। उदाहरण के लिए, देश में साक्षरता की स्थिति के बारे में सही आँकड़ों का प्रचार-प्रसार किया जाना चाहिए।

5. भविष्य में निर्णय लेने की प्रक्रिया में नई प्रौद्योगिकियों का पूरा-पूरा उपयोग किया जाना चाहिए। इससे त्वरित निर्णय लेने की परंपरा प्रारंभ हो जाएगी।
6. विभिन्न मंत्रालयों व विभागों की संरचना व कार्य-प्रणाली में इस प्रकार परिवर्तन लाए जाने चाहिए, ताकि नई परिस्थितियों के अनुरूप व्यवस्था को ढालने में वे बाधक न बनें।

□

सूचना का युग–नई परिस्थितियाँ

विश्व-व्यवस्था तेज़ी से बदल रही है। इस कागजी अर्थव्यवस्था से हटकर डिजिटल अर्थव्यवस्था का रूप ले रही है। इस अर्थव्यवस्था में सूचना और ज्ञान मुख्य संपदा हैं, जिन्हें प्राप्त करने व सुरक्षित करने की आवश्यकता है।

पहले सूचनाएँ अति गोपनीय होती थीं। सेवाओं में सूचनाओं को गोपनीय बनाए रखने के लिए मजबूत प्रबंध किए जाते थे। आज स्थिति में व्यापक परिवर्तन आया है। आज न सिर्फ सुरक्षा सेनाएँ वरन् विभिन्न व्यावसायिक कंपनियाँ भी अपनी गोपनीय सूचनाओं, जैसे फॉर्मूलों, नक्शों, सर्किटों आदि की गोपनीयता बनाए रखने या उन्हें दूसरों के हाथों में न पड़ने देने के लिए प्रयत्नशील रहती हैं। वहीं आज आम आदमी भी अपनी सूचनाओं की रक्षा करने के लिए मजबूर होने लगा है। व्यक्तिगत जीवन की गोपनीयता अब एक प्रश्न बन गई है।

उपर्युक्त सभी कारणों से समाज में आज इस दिशा में तरह-तरह के अनुसंधान चल रहे हैं। इसके अलावा सूचना प्रौद्योगिकी के क्षेत्र में हुई प्रगति, इंटरनेट व ई-कॉमर्स के क्षेत्र में हुई प्रगति ने ज्ञान-उत्पादों की संख्या में तेजी से वृद्धि कर दी है। इससे अनेक देशों की आर्थिक व्यवस्था में तेजी से सुधार हुआ है। आनेवाले समय में जो देश ज्ञान-उत्पाद, सूचना-उत्पाद के सृजन, प्रबंधन व सुरक्षा आदि में दक्षता रखेंगे, वे ज्ञान के युग में महाशक्ति बन जाएँगे।

सॉफ्टवेयर विकास के क्षेत्र में भारत एक कीमत प्रभावी प्लेटफॉर्म बन चुका है और इस तथ्य को सारी दुनिया स्वीकार कर चुकी है। आज सरकार को ऐसी नीतियाँ बनानी चाहिए, ताकि इस नींव के आधार पर भारत तेजी से प्रगति करे और सूचना प्रौद्योगिकी की भरपूर सहायता लेते हुए एक सशक्त ज्ञान महाशक्ति का रूप धारण कर ले।

उभर रही डिजिटल अर्थव्यवस्था में भारत जैसे विकासशील देशों को अधिकाधिक अवसर मिलते रहेंगे, ताकि वे अपनी वृहद् बौद्धिक संपदा का इस्तेमाल करते हुए आर्थिक व ज्ञान महाशक्ति बन सकें। अभी तक विकसित देश सूचनाओं की सुरक्षा हेतु प्रौद्योगिकियों पर सख्ती से नियंत्रण रखते थे और अन्य देशों को उन्हें उपलब्ध कराने पर तरह-तरह से रोक लगाते थे। अब भारत जैसे देश के लिए भी यह अनिवार्य है कि वह सूचनाओं की सुरक्षा के ढाँचे के हर पहलू को समझे। भारत में इस दिशा में प्रयास आरंभ भी हो चुके हैं।

भारत का सॉफ्टवेयर उद्योग

भारत में अंग्रेजी बोलनेवाले विज्ञान कर्मियों की संख्या बहुत ज्यादा है और इस दृष्टि से यह विश्व में दूसरे नंबर पर है। इनमें से तीन लाख सॉफ्टवेयर से संबंधित (1998-99) हैं। यह संख्या इक्कीसवीं सदी के पहले दशक में तेजी से बढ़ी है। आज भारत में इस दिशा में प्रशिक्षण हेतु अच्छी व्यवस्था है और अच्छी गुणवत्तावाले विशेषज्ञ तैयार हो रहे हैं। इनका बड़ा भाग औद्योगिक क्षेत्र में कार्य कर रहा है।

भारतीय सॉफ्टवेयर उद्योग की वृद्धि दर सन् 1991 से लगतार 50 प्रतिशत से अधिक ही रही है। सन् 1991 में यह उद्योग 15 करोड़ डॉलर का था और दस वर्षों में यह 602 करोड़ डॉलर का हो चुका है। आज इस उद्योग के माध्यम से हमारे सौ से अधिक देशों से व्यावसायिक संबंध हैं।

इस क्षेत्र में उपलब्ध वृहद् अवसरों को देखते हुए सरकार ने एक कार्यदल गठित किया था, जिसने इस क्षेत्र में नई दिशा व नए लक्ष्य तय करने हेतु 108 सुझाव दिए, जिनमें इस क्षेत्र के विकास में आनेवाले अवरोधों को दूर करने के उपाय थे। इसमें आधारभूत सुविधाएँ जुटाने के भी प्रस्ताव थे और उच्च गुणवत्तावाले मानव संसाधन जुटाने के भी। साथ में प्रशासनिक व्यवस्था में सूचना प्रौद्योगिकी का उचित सम्मिलन करने, आँकड़ों की उचित सुरक्षा, साइबर कानूनों आदि में आवश्यक सुधार हेतु सुझाव भी दिए। इस कार्यदल के अनुमान के अनुसार, सन् 2008 में सॉफ्टवेयर सेवाओं का वार्षिक निर्यात बढ़कर 5,000 करोड़ डॉलर तक पहुँच जाएगा। यदि यह प्राप्त हो जाए तो ज्ञान महाशक्ति बनने का मार्ग प्रशस्त हो जाएगा।

भारत में बढ़ता ई-कॉमर्स

इस दिशा में भी अच्छी प्रगति हो रही है। सन् 1998-99 में यह व्यापार 3

करोड़ डॉलर का था, पर अगले ही वर्ष यह बढ़कर 6 करोड़ डॉलर का हो गया। यह माना जा रहा है कि सॉफ्टवेयर विकास के बाजार को विकसित करने में ई-कॉमर्स एक अहम भूमिका निभाएगा। यह भूमिका घरेलू बाजार में भी होगी तथा अंतरराष्ट्रीय बाजार में भी। अभी यह ज्यादातर व्यापारियों के बीच संपन्न हो रहा है, पर शीघ्र ही इसके माध्यम से व्यापारी सीधे ग्राहकों से जुड़ जाएँगे।

इस व्यवस्था को बढ़ाने के लिए निम्न तीन प्रयासों की विशेष आवश्यकता है—

1. व्यापार की सुरक्षा के बारे में अधिकाधिक जागरूकता उत्पन्न करना, ताकि लेन-देन की सुरक्षा के बारे में अधिकाधिक विश्वसनीयता उत्पन्न हो सके।
2. इस व्यवस्था में लोगों के बीच आपस में, कंपनियों में, कंपनियों व सरकार में तथा सरकारी विभागों के बीच तरह-तरह के लेन-देन होते हैं। आवश्यकता इस बात की है कि इन इलेक्ट्रॉनिक लेन-देनों के लिए सुरक्षित परिकलन-प्रक्रियाएँ (अल्गोरिद्म) विकसित की जाएँ। ये परिकलन-प्रक्रियाएँ सूचना के मूल्य व जीवन-चक्र पर आधारित होनी चाहिए। साथ ही उसे कितना खतरा है, इसपर भी आधारित होनी चाहिए।
3. इस बदलते परिदृश्य के प्रति संवेदनशील नियमों व कानूनों का निर्माण अथवा परिवर्तन भी आवश्यक है, ताकि लोगों, कंपनियों तथा सरकार को आवश्यक सुरक्षा प्राप्त हो सके।

भारत सरकार ने इस संबंध में सूचना प्रौद्योगिकी कानून 2000 पारित किया है। इससे इंटरनेट के व्यावसायिक इस्तेमाल के लिए पर्याप्त ढाँचा उपलब्ध हुआ है। यह कानून देश के अंदर व बाहर राष्ट्रीय सूचनाओं के आधारभूत ढाँचों पर हो सकनेवाले आक्रमणों व दुरुपयोग से भी बचाव करेगा।

इसके अलावा बौद्धिक संपदा अधिकारों संबंधी कानूनों में आवश्यक परिवर्तन लाने हेतु भी कदम उठाए जा चुके हैं। इससे भारत के अंदर-बाहर बौद्धिक संपदा अधिकारों के दुरुपयोग पर रोक लग पाएगी। साथ ही प्रौद्योगिकी में बदलाव, मालिकाना हक, मूल्यांकन आदि विषय भी सुलझेंगे।

अंतर की खाई पाटना

इस समय विकसित व विकासशील देशों के बीच अनेक मामलों जैसे

अर्थव्यवस्था, जीवन-स्तर आदि में भारी अंतर है। इसके अलावा उपलब्ध ज्ञान के मामले में भी भारी अंतर है। इन अंतरों की खाई को पाटने के लिए प्रयासों की चर्चा लंबे समय से जारी है।

अभी तक यह खाई शिक्षा, कामगारों, प्रौद्योगिकी, पूँजी पर पकड़ आदि के कारण ज्यादा है। प्रयास किया जा रहा है कि इस अंतर को न्यूनतम किया जाए और अंत में समाप्त किया जाए। यदि ऐसा हो जाएगा तो पूरे विश्व में लोग बराबरी के स्तर पर भागीदारी कर सकेंगे।

इस संबंध में भारत की स्थिति बेहतर है और इन तथ्यों पर ध्यान देने की आवश्यकता है—

1. प्रौद्योगिकी में बहुत तेजी से परिवर्तन हो रहे हैं। इसके साथ ही सूचनाओं के स्थानांतरण की लागत में तेजी से गिरावट आ रही है।
2. इस क्षेत्र (सूचना प्रौद्योगिकी) में भारत का प्रवेश देरी से हुआ है, अत: पुराने आधारभूत ढाँचे में हमारा निवेश फँसा नहीं है। हमारे यहाँ पुरानी प्रौद्योगिकियाँ नहीं के बराबर हैं। हम अत्याधुनिक प्रौद्योगिकियों में तेजी से निडरतापूर्वक प्रवेश कर सकते हैं। साथ ही कीमत प्रभावी आधारभूत संरचना खड़ी कर सकते हैं, जो हमें लंबी छलाँग लगाने में सहायता करेगी।
3. सूचना प्रौद्योगिकी का आधुनिक माध्यम (डिजिटल) हमें यह अवसर देता है कि हम सीधे दूर-दराज के तथा गरीब, अशिक्षित, जरूरतमंद लोगों तक पहुँच सकते हैं। इन लोगों को आधारभूत संरचनाओं में पर्याप्त भागीदारी मिल सकती है।
4. उपर्युक्त के साथ-साथ सूचना प्रौद्योगिकी के क्षेत्र में निवेशकर्ताओं को सही समय पर उचित सहयोग उपलब्ध कराया जाना चाहिए। यह सहयोग केंद्र सरकार के अलावा राज्य सरकारों द्वारा भी उपलब्ध कराया जाना चाहिए।

ज्ञान आधारित अर्थव्यवस्था के तीन प्रमुख घटक होते हैं—

1. कंप्यूटर,
2. आपस में संपर्क,
3. विषय—जिसका प्रसार व उपयोग होना है।

इन सभी के उचित संयोग से उपयोगी ज्ञान उत्पन्न होता है। इसका उचित विकास भी आवश्यक है और सुरक्षा भी। यहाँ पर विशेष बात यह है कि भारत में

इस समय आधुनिक शिक्षा प्राप्त विज्ञानकर्मी पर्याप्त संख्या में हैं। साथ ही यह विश्व की एक प्राचीनतम सभ्यता है। इन दोनों का यदि उचित संयोग हो जाए तो उपयोगी ज्ञान के क्षेत्र में भारत एक अग्रणी राष्ट्र बन सकता है।

कंप्यूटर व अन्य स्मार्ट उपयोगी संपर्क उपकरण

भारत में अनेक कारणों से कंप्यूटर भी अधिकाधिक संख्या में उपलब्ध होते जा रहे हैं और उनको इस्तेमाल करने की योग्यता में भी तेजी से वृद्धि हो रही है। सॉफ्टवेयर उद्योग में प्रगति ने देश में जगह-जगह कंप्यूटर उपलब्ध करा दिए हैं। इसके अलावा कंप्यूटरों के दाम भी तेजी से कम होते जा रहे हैं।

इन कारणों से तथा सूचना प्रौद्योगिकी के अन्य उपकरणों के सरल व सस्ते होने के कारण हर वर्ग के लोग इन्हें खरीद भी रहे हैं और इनके प्रयोग में दक्षता भी प्राप्त कर रहे हैं।

उपर्युक्त का सीधा प्रभाव यह देखने को मिल रहा है कि ये उपकरण तेजी से समाज के ज्यादातर वर्गों के पास पहुँच रहे हैं। भारतीय विज्ञान संस्थान, बंगलौर द्वारा विकसित 'सिंप्यूटर' इस्तेमाल में इतना सरल है कि इसे अशिक्षित व्यक्ति भी इस्तेमाल कर सकते हैं। विकासशील देशों के लिए इस प्रकार के उपकरण अधिक उपयोगी सिद्ध होंगे।

पी.सी. अर्थात् पर्सनल कंप्यूटर का हृदय कहा जानेवाला माइक्रो-प्रोसेसर आकार में तेजी से छोटा होता जा रहा है, पर गति में तीव्रतर व कीमत में कमतर होता जा रहा है। यही कारण है कि आजकल इसके उपयोग में भारी विविधता देखने को मिलती है। आज ऐसे अनेक उपकरण उपलब्ध हैं जो एक चिप पर ही आधारित हैं। वी.एल.एस.आई. में वृद्धि के कारण अनेक प्रकार की गणना करनेवाले तथा संचार में प्रयोग होनेवाले उपकरण उपलब्ध होते जा रहे हैं। इन उपकरणों को आपस में मिलाकर बहूद्देश्यीय उपकरण या स्मार्ट उपकरण तैयार किए जा रहे हैं।

इन सभी के कारण कंप्यूटर के साथ व्यवहार लगभग वैसा ही होता जा रहा है जैसा कि मनुष्य मनुष्य के साथ करता है। यह अनुमान लगाया जा रहा है कि आनेवाले समय में स्मार्ट डिजिटल टूल ज्ञान आधारित विश्व के साथ एक ऐसे इंटरफेस की भूमिका निभाएँगे, जिसमें भाषा बाधा नहीं होगी।

स्मार्ट उपकरण व उनका उपयोग आज उपयोग में आनेवाले पर्सनल कंप्यूटर का स्वरूप बदलकर रख देंगे। इतना ही नहीं, वे सूचनाओं तक पहुँचने के रास्तों में भी परिवर्तन ला देंगे तथा नेटवर्कों का इस्तेमाल सरल व सुरक्षित हो जाएगा।

विश्व में अभी तक पर्सनल कंप्यूटर की बिक्री जिस तेजी से बढ़ रही थी, उसमें कमी आएगी और धीरे-धीरे ठहराव आ जाएगा। दूसरी ओर, स्मार्ट उपकरणों के विकास में तेजी से वृद्धि होगी। चीन और जापान में मोबाइल फोनों की संख्या पर्सनल कंप्यूटरों से अधिक हो चुकी है। भारत में भी ऐसा ही होने लगेगा तथा पी.सी. का उपयोग मुख्यत: सॉफ्टवेयर विकास के लिए होगा और सूचनाओं तक पहुँचने एवं उनकी प्रोसेसिंग में अन्य उपकरणों का उपयोग होने लगेगा। बड़े प्लाज्मा डिस्प्ले सिस्टम लगे हुए पी.सी. शॉपिंग मॉल व घरों में सूचना एवं मनोरंजन अर्थात् इन्फोटेनमेंट में इस्तेमाल होंगे।

भविष्य में मोबाइल टेलीफोन प्रौद्योगिकी और अधिक सशक्त हो जाएगी तथा वह ध्वनि तथा वीडियो के माध्यम से ज्यादा-से-ज्यादा प्राकृतिक तरीके से सूचनाएँ प्रदान करने लगेगी।

मोबाइल फोनों में मामूली गणना की सुविधा भी उपलब्ध होगी और इससे नेटवर्क पर गणना संबंधी कामों का जो भार है वह हलका होता चला जाएगा।

दूरसंचार सेवाएँ

दूरसंचार सेवाओं में वृद्धि की दर माइक्रो-प्रोसेसर की क्षमता में वृद्धि की दर से भी तेज है। दूरसंचार में प्रयोग होनेवाली बैंडविड्थ हर साल लगभग दोगुनी हो जाती है। किसी जमाने में टेलीग्राफी से प्रारंभ हुई दूरसंचार सेवाएँ आज फाइबर ऑप्टिक्स केबलों पर आधारित घनी वेवलेंग्थ डिवीजन मल्टी प्लैक्सिंग तक पहुँच चुकी हैं।

उपर्युक्त सेवाओं की न सिर्फ पहुँच बढ़ रही है वरन् उनकी गुणवत्ता में भी वृद्धि हो रही है। कंप्यूटरों और दूरसंचार सेवाओं में हुई प्रगति ने समय व दूरी की बाधाओं को मिटा दिया है। आज किसी भी जगह और किसी भी समय सूचनाएँ उपलब्ध हैं।

विशेष बात यह है कि सामान्य फोनों व मोबाइल फोनों का अब तक जो विस्तार हुआ है, उसमें किसी समन्वय-युक्त कार्य-योजना का प्रयोग नहीं के बराबर हुआ था और केवल आम आदमी तक पहुँचनेवाली कीमत के कारण ही विस्तार हो गया है।

पूरे देश में ज्ञान आधारित समाज की स्थापना के लिए जो संपर्क-सूत्र स्थापित किए जाने हैं वे उचित नियोजन के बिना संभव नहीं हैं। इनके लिए सुनियोजित ढंग से आधारभूत सेवाओं का विस्तार करना होगा।

परंतु सूचना नेटवर्क का आधारभूत ढाँचा न सिर्फ महँगा है वरन् इसको पूरे विश्व में उपयुक्त तरीके से बिछाने में समय भी ज्यादा लगता है। अतः आज के अनुसंधान व विकास तंत्र का तात्कालिक लक्ष्य यह है कि बैंडविड्थ का विस्तार किया जाए, जिसपर अभी टेलीफोन तथा टेलीविजन सेवाएँ चलती हैं। इनमें टेलीफोन की लाइनें, फाइबर ऑप्टिकल लाइनें, टी.वी. केबलें, वी सैट तथा वायरलेस आदि शामिल हैं।

समय के साथ फाइबर ऑप्टिक केबलों की क्षमता का विस्तार हो रहा है। जो प्रयोग चल रहे हैं उनसे आशा है कि भविष्य में हजारों गिगा बिट सूचनाएँ प्रति सेकंड की गति से दौड़ेंगी। आज भारत में फाइबर ऑप्टिक केबल पर 622 मेगा बिट प्रति सेकंड की सूचना गति है, जो इनका एक छोटा अंश ही है। इसी तरह केबल टी.वी. के लिए कोएक्सियल केबलें बिछाई गई हैं। इनका विस्तार करके इनपर कई गिगा बिट प्रति सेकंड की गति से सूचनाओं का प्रसार किया जा सकता है। इस दोतरफा संचार की कीमत भी अत्यल्प होगी। इससे इंटरनेट का प्रसार और गहरा होता चला जाएगा। यह अनुमान है कि इस समय देश में केबल टी.वी. के उपभोक्ताओं की संख्या 3.5 करोड़ है। ये लोग मॉडेम की सहायता से इंटरनेट का उपयोग कर सकते हैं।

इसी तरह टेलीफोन लाइनों के माध्यम से इंटरनेट के प्रयोग की गुणवत्ता को भी बढ़ाया जा सकता है। वायरलेस प्रौद्योगिकी का भी प्रसार हो रहा है। इससे दूर-दूर तक टेलीफोन व इंटरनेट बहुत ही कम कीमत पर पहुँच जाएँगे। भविष्य में बेहतर वायरलेस प्रौद्योगिकी की सहायता से मोबाइल फोन पर ही वीडियो देखने की सुविधा भी उपलब्ध होगी। ब्लू टूथ प्रौद्योगिकी की सहायता से घर के सारे उपकरणों का नियंत्रण वेब संकेत द्वारा किया जा सकता है। इस प्रकार यह पूरे विश्वास के साथ कहा जा सकता है कि भविष्य में बैंडविड्थ में लगातार सुधार होता रहेगा।

भारत जैसे विशाल देश के लिए राष्ट्रीय सूचना नेटवर्क की डिजाइन करना एक कठिन कार्य है। सौभाग्यवश भारत में कई लाख किलोमीटर लंबी फाइबर ऑप्टिक केबलें बिछाई जा चुकी हैं। इसके अलावा केबल टी.वी. एवं टेलीफोन लाइनें भी हैं। यदि इनका भी समुचित उपयोग होने लगे तो बेहतर सूचना प्रसार प्रणाली विकसित की जा सकती है और इसपर अतिरिक्त लागत बहुत कम लगेगी।

यह माना जा सकता है कि उपर्युक्त संपर्क तंत्र आसान, सुरक्षित व विश्वसनीय होगा तथा दूरस्थ शिक्षा का मूल आधार भी होगा। इसके द्वारा दूरस्थ व्याख्यान

आयोजित किए जा सकते हैं तथा ग्रामीण व दूर-दराज के लोग विद्वानों के उपयोगी व्याख्यान सुन सकते हैं। इसके अलावा दूर प्रयोगशालाओं में चल रहे प्रयोगों, अनुसंधानों को भी ध्यान से देखा जा सकता है। साथ में दूरस्थ पुस्तकालयों में उपलब्ध पुस्तकों व पत्र-पत्रिकाओं को भी पढ़ा जा सकता है।

इसके अलावा ई-कॉमर्स, स्वास्थ्य सेवा, कृषि सेवा, मनोरंजन आदि के लिए भी यह नेटवर्क उपयोगी साबित होगा। ये सभी सेवाएँ ज्ञान समाज के लिए मौलिक आवश्यकताएँ हैं।

सामग्री

जिस प्रकार कंप्यूटर व संचार प्रणाली की शक्ति बढ़ रही है उसी प्रकार कंप्यूटर तंत्र में ज्ञान के भंडारण की क्षमता में भी तेजी से वृद्धि हो रही है। अभी तक का अनुभव बताता है कि—

1. कंप्यूटर तंत्र की भंडारण क्षमता औसतन हर नौ महीने में दोगुनी हो जाती है।
2. भंडारण करनेवाले उपकरणों की भंडारण करने तथा वापस निकालने की गति भी तेजी से बढ़ रही है।
3. भंडारण करने की लागत तेजी से कम हो रही है।

अत: ज्ञान समाज के लिए ज्ञान के भंडारण की समस्या नहीं है, किंतु ज्ञान को सुरक्षित बनाए रखने की परंपरा को सशक्त करना आवश्यक है। अभी तक बहुत सारा ज्ञान नष्ट हो चुका है। उदाहरण के लिए, पहले विश्व एक कृषि आधारित समाज था। बाद में यह एक औद्योगिक समाज का रूप लेता गया। इस परिवर्तन के क्रम में लोगों ने परंपरागत रूप से अर्जित ज्ञान का महत्त्व नहीं समझा और बहुत सारा ज्ञान नष्ट हो गया।

यदि मौखिक ज्ञान और ताड़ पत्रों पर दर्ज ज्ञान को समय रहते कागज पर उतार लिया जाता और फिर छपाई की सुविधा का लाभ उठाकर जन-जन तक पहुँचा दिया जाता तो आज भारत का ज्ञान भंडार विश्व का विशालतम ज्ञान भंडार होता। इसके अलावा पश्चिमी आक्रांताओं ने हमारे विश्वविद्यालयों, पुस्तकालयों व अन्य ज्ञान केंद्रों को नष्ट कर दिया और उस समय भी भारतीय समाज अपने ज्ञान के महत्त्व को नहीं समझ सका तथा बचाव का समुचित उपाय नहीं हो सका।

हालाँकि इस प्रकार के ज्ञान का विनाश पश्चिम में भी हुआ, पर वे सभ्यताएँ उस समय नई थीं और उनके पास खोने के लिए ज्यादा कुछ नहीं था।

आज भी कुछ ऐसी ही स्थिति है। आज बहुत सारा भारतीय ज्ञान औपचारिक व अनौपचारिक तंत्रों में है और उसका मूल्य बहुत ज्यादा है। आयुर्वेद व परंपरागत जड़ी-बूटियों का ज्ञान इतना महत्त्वपूर्ण है कि यदि हम इसे आवश्यकतानुसार मूल्यवर्द्धित करके सुरक्षित कर लें तो स्वास्थ्य के क्षेत्र में अग्रणी बन जाएँगे। इस तरह ज्ञान समाज के लिए ज्ञान भंडारों का निर्माण भी प्रारंभ हो जाएगा। परंपरागत ज्ञान डिजिटल पुस्तकालय का निर्माण इस दिशा में एक सफल कदम है।

सूचना की सुरक्षा-भारतीय परिदृश्य

आज सूचना प्रौद्योगिकी ने अनेक टूल्स उपलब्ध करा दिए हैं, जिनकी सहायता से सूचनाएँ डिजिटल स्वरूप में बिट्स व बाइट्स में भंडारित होती जाती हैं। जब ये सूचनाएँ किसी नेटवर्क पर प्रसारित होती हैं तो द्विगुणित-त्रिगुणित होती चली जाती हैं। इस तरह सूचनाएँ जब संपर्क तंत्र में फैलती हैं तो ये सूचनाएँ इतनी शक्तिशाली हो जाती हैं कि इनके सामने विस्फोट की शक्ति हलकी पड़ जाती है। यह सूचना रूपी अंबार ज्ञान का अंबार उत्पन्न कर देता है। यदि उत्पन्न ज्ञान को आविष्कारी तरीके से कुशलतापूर्वक प्रयोग किया जाए तो समृद्धि का अंबार खड़ा हो जाता है। इस प्रकार सूचनाएँ व उनसे उत्पन्न ज्ञान एक प्रकार से धन ही है और उसकी सुरक्षा उतनी ही महत्त्वपूर्ण है जितनी कि देश की सीमाओं की सुरक्षा। अत: ज्ञान समाज के निर्माण की प्रक्रिया में सूचनाओं की सुरक्षा एक महत्त्वपूर्ण प्रक्रिया है।

भारत में सूचनाओं की सुरक्षा का प्रबंध अभी प्रारंभिक चरण में है। सूचना कानून 2000 पारित होने से पूर्व किसी भी दस्तावेज पर हस्तलिखित हस्ताक्षर ही मान्य होते थे और उनकी अनुपस्थिति में वित्तीय लेन-देन अवैध माने जाते थे।

पर अब वित्तीय लेन-देन में डिजिटल हस्ताक्षर मान्य हो चुके हैं। अत: अभी तक की सूचना सुरक्षा व्यवस्था को चाक-चौबंद करना अनिवार्य हो चुका है। अनेक अवसरों पर वेबसाइटों का अपहरण हो जाने के कारण यह स्पष्ट हो चुका है कि सूचनाओं में सेंध लगाना दुष्कर नहीं है और इसके अत्यंत खतरनाक परिणाम निकल सकते हैं।

अनेक विभागों व कंपनियों ने सूचनाओं की सुरक्षा हेतु नई-नई तकनीकें विकसित की हैं। अलग-अलग प्रकार की सूचनाओं की सुरक्षा के लिए तकनीकें भी अलग-अलग हैं। जिन सूचनाओं का आर्थिक महत्त्व भी है, उनकी सुरक्षा के विशेष उपाय किए जा रहे हैं। अनेक अंतरराष्ट्रीय कंपनियों ने हार्डवेयर व सॉफ्टवेयर

के संगम के प्रयोग द्वारा सुरक्षा तंत्र विकसित किए हैं। विभिन्न बैंक आजकल ई-बैंकिंग का उपयोग कर रहे हैं। उन्होंने सुरक्षा के अनेक उपाय हासिल कर रखे हैं।

परंतु अभी राष्ट्रीय आवश्यकताओं को देखते हुए चल रहा अनुसंधान व विकास कार्यक्रम पर्याप्त नहीं है। सुरक्षा हेतु जो उत्पाद उपलब्ध हैं, उनमें सुधार की अत्यधिक आवश्यकता है।

आज की आवश्यकताएँ इस प्रकार हैं—

1. नेटवर्क में सूचनाओं के आवागमन, वेब व डाटाबेस पर निगरानी रखने हेतु उत्कृष्ट देख-रेख तंत्र की आवश्यकता है।
2. यदि तंत्र में कोई घुसपैठ करता है तो उसे तत्काल पहचानने के लिए भी तंत्र आवश्यक है।
3. फायरवाल व मार्गदर्शक तंत्र को सशक्त बनाने की आवश्यकता है।
4. अन्य प्रकार के सुरक्षा तंत्र, जैसे वर्चुअल प्राइवेट नेटवर्क, पब्लिक की इन्फ्रास्ट्रक्चर, रिमोट एक्सेस सुरक्षा तंत्र आदि को भी विकसित किए जाने की आवश्यकता है।

भारतवर्ष में एक दशक से अधिक समय से ERNET NICNET जैसे बड़े नेटवर्क चल रहे हैं। ये एक दशक से अधिक समय से चल रहे हैं। इनसे जो अनुभव प्राप्त हुआ है, उसके आधार पर अनेक शिक्षण संस्थानों ने उत्कृष्ट निगरानी टूल्स विकसित किए हैं, जो नेटवर्क में चल रही सूचनाओं के यातायात पर नजर रखते हैं। प्रारंभ में ये टूल्स इसलिए विकसित किए गए थे कि नेटवर्क की जो बैंडविड्थ उपलब्ध है, वह उस समय अपर्याप्त थी और उसका उत्कृष्ट इस्तेमाल हो सके। धीरे-धीरे परिपक्व व उत्कृष्ट निगरानी टूल्स विकसित होते गए। उनके उपयोग में तमाम विशेषताएँ भी उत्पन्न होती गईं। इनके अलावा घुसपैठ पर भी पैनी नजर रखना संभव होता गया।

अभी तक हमारे शिक्षण संस्थान सक्रिय नेटवर्क पर गहन अनुसंधान करते रहे हैं। अनेक संस्थानों ने अपने नेटवर्कों की सुरक्षा हेतु देशी फायरवाल सुरक्षा तंत्र विकसित किए हैं; पर इनमें काफी विविधता देखने को मिलती है। कुछ बहुत ही सरल फिल्टरिंग करनेवाले अच्छे उपकरण हैं, जबकि अन्य में अनेक परतोंवाले सुरक्षा तंत्र हैं।

संपूर्ण भारत के एक छोर से दूसरे छोर तक फैले नेटवर्क की सुरक्षा के लिए बेहतर स्मार्ट कार्ड व अन्य उपकरण आवश्यक हैं। चूँकि भारत में संख्या सिद्धांत व सैद्धांतिक कंप्यूटर विज्ञान पर काफी अनुसंधान हुआ है, अतः यह कार्य कठिन नहीं

है। इसमें हार्डवेयर व सॉफ्टवेयर का समुचित इस्तेमाल हो सकता है।

आजकल माइक्रो-प्रोसेसरों की जो डिजाइनें तैयार की जा रही हैं, उनमें अधिकाधिक क्षमता विकसित की जाती है। आज के ज्यादातर प्रोसेसर त्रिआयामी होते हैं और वे न सिर्फ गणना करने में सक्षम होते हैं वरन् उनसे चित्र भी तैयार किए जा सकते हैं तथा वे संचार प्रणाली में भी भागीदारी कर सकते हैं।

भारत जैसे देश में, जहाँ साक्षरता का स्तर बहुत कम है, स्थानीय भाषा को यदि वेब से मिला दिया जाए तो सूचना प्रौद्योगिकी का ज्यादा प्रसार हो सकता है; भविष्य में ध्वनि पर आधारित व्यापार भी बढ़ेगा और सूचना प्रौद्योगिकी की सहायता से ध्वनि की सही पहचान अधिक सरल होगी। इस प्रकार अनेक उद्देश्य एक साथ पूरे होंगे। न सिर्फ अंग्रेजी न जाननेवाले 95 प्रतिशत भारतीय सूचना प्रौद्योगिकी नेटवर्क से जुड़ पाएँगे वरन् सूचना प्रौद्योगिकी में अकसर हो जानेवाली घुसपैठ पर भी रोक लगेगी।

यह अनुमान लगाया जा रहा है कि भविष्य में होनेवाला ज्यादातर ई-कॉमर्स मोबाइल हैंडसैटों के माध्यम से होगा। यह स्थिति न केवल विदेशों में वरन् भारत में भी होगी।

अंत में यह कहा जा सकता है, चूँकि भारत ज्ञान युग में प्रवेश कर रहा है और इसमें यह अग्रणी भूमिका निभाना चाहता है, अतः सूचना प्रौद्योगिकी के क्षेत्र में विभिन्न राष्ट्रीय नीतियों में से एक नीति यह होनी चाहिए कि इस क्षेत्र में प्रशिक्षित जनशक्ति तैयार की जाए। इसके लिए एक साइबर विश्वविद्यालय की स्थापना होनी चाहिए, जो सूचना प्रौद्योगिकी के क्षेत्र में स्नातक स्तर का पाठ्यक्रम चलाए।

भविष्य में ज्यों-ज्यों ई-कॉमर्स तथा इंटरनेट के उपयोग का विस्तार होगा त्यों-त्यों अधिकाधिक ज्ञान उत्पाद विकसित होंगे। इनके साथ ही उनकी तथा सूचनाओं की सुरक्षा का तंत्र भी मजबूत होता चला जाएगा।

इनके अलावा इलेक्ट्रॉनिक प्रशासन में भी विस्तार होगा और उसके अनुरूप नियमों में परिवर्तन होंगे। इसके अलावा भारतीय न्याय-प्रणाली विश्व की सबसे बड़ी न्याय-प्रणाली में से एक है। इस न्याय-प्रणाली का जब सूचना प्रौद्योगिकी से उचित संगम हो जाएगा तो यह सुरक्षा का दायित्व भली प्रकार निभा पाएगी।

इस प्रकार हम देखते हैं कि उपर्युक्त व्यवस्था हेतु विभिन्न मंत्रालयों व विभागों को अलग-अलग प्रकार की भूमिकाएँ निभानी होंगी और विभिन्न प्रौद्योगिकियों में एकरूपता लाने के प्रयास करने होंगे।

□

राष्ट्रीय व अंतरराष्ट्रीय पहल

संपूर्ण विश्व में देखा जाता है कि लोग अपने कर, बिजली, पानी के बिल चुकाने, वाहनों का पंजीकरण आदि कराने के लिए लंबी कतारों में लगे होते हैं। अकसर लोगों को एक सरकारी विभाग से दूसरे सरकारी विभाग में चक्कर लगाने पड़ते हैं और असंख्य प्रकार के फॉर्म आदि भरने होते हैं, तब जाकर सरकार के साथ व्यवसाय संभव हो पाता है।

सबसे बड़ी समस्या यह है कि जो भी व्यक्ति किसी सरकारी विभाग में काम कराता है या उसके लिए काम करता है तो उसे अनेक प्रकार की जटिलताओं का सामना करना पड़ता है। सरकारी विभाग अपने ग्राहकों/उपभोक्ताओं से अपेक्षा करते हैं कि वे हर विभाग से अलग-अलग संपर्क करें तथा वे विभाग आपस में संपर्क न करें और यदि करें भी तो उसकी जिम्मेदारी न लें।

सूचना क्रांति ने पूरे विश्व में न केवल सूचनाओं के आदान-प्रदान की क्षमता में वृद्धि की है वरन् सूचनाओं के आदान-प्रदान की लागत भी बहुत कम कर दी है। इससे सार्वजनिक सेवाओं की दक्षता बढ़ने का अच्छा अवसर मिल रहा है। इसके साथ-साथ सरकार व नागरिकों के मध्य मौलिक संबंध भी बदल रहे हैं। इसका एक प्रत्यक्ष प्रमाण यह है कि ई-कॉमर्स तथा ई-बिजनेस के साथ-साथ ई-गवर्नेंस का भी तेजी से विकास हो रहा है।

यहाँ एक तथ्य यह भी है कि सरकार अपने ग्राहकों का चयन नहीं कर सकती है। उसकी सेवाएँ हर नागरिक के लिए होनी चाहिए। साथ ही सेवाएँ प्रदान करते समय गरीबों, अशक्तों, महिलाओं तथा वृद्धों का विशेष ध्यान रखा जाना चाहिए। यह कोशिश हमेशा होनी चाहिए कि सरकार दूर-दराज के गाँवों में बैठे अंतिम पुरुष या महिला तक पहुँचे।

आज के युग में यह जागृति तेजी से बढ़ रही है कि सारी सुविधाएँ सरकार द्वारा एक स्थान से मिलें। इस क्रम में अनेक राज्य सरकारों ने ऐसे प्रयास किए भी हैं। इनमें सूचना प्रौद्योगिकी का नया व आविष्कारी उपयोग किया गया है और ई-गवर्नेंस, ई-एजुकेशन, ई-कॉमर्स के सम्मिलित प्रयासों से ज्ञान समाज के निर्माण की दिशा में प्रगति हो रही है। कुछ प्रयास इस प्रकार हैं—

1. आंध्र प्रदेश के अनेक जिलों की मंडियों में इलेक्ट्रॉनिक नेटवर्क स्थापित किया गया है, जिससे किसानों को बाजार की सूचना एक ही स्थान पर मिल जाती है।
2. मध्य प्रदेश के धार जिले में 5 ब्लॉकों, जिनमें 30 गाँव थे, को जोड़कर 21 केंद्र स्थापित किए गए हैं और इन केंद्रों में जमीन-जायदाद के कागजों, खाद्य-भंडारों, बाजार की सूचनाओं, शिक्षा सेवाओं, पुस्तकालय सेवा आदि इन केंद्रों पर उपलब्ध हो जाती हैं।
3. हॉलैंड में होनेवाली फूलों की नीलामी में कर्नाटक के टुमकुर जिले के किसान भाग ले सके।
4. तमिलनाडु के तंजावूर जिले के अनेक तालुक-कार्यालयों में जमीन के दस्तावेजों, समुदाय प्रमाणपत्रों, वृद्धावस्था पेंशन आदि की जानकारी एक जगह से मिलने लगी है।
5. रेलवे व एयरलाइनों में आरक्षण हेतु कंप्यूटरीकृत व्यवस्था भी इस तंत्र का ही एक उदाहरण है। इससे व्यवस्था में अभूतपूर्व सुधार हुआ है।

विभिन्न राष्ट्रीय प्रयास

1. आंध्र प्रदेश में किए गए प्रयास जिसमें—

(क) 23 जिले हैं,

(ख) 1,125 मंडल हैं,

(ग) 295 विधानसभा क्षेत्र हैं,

(घ) 28,245 गाँव (राजस्व केंद्र) हैं।

उपर्युक्त सभी को राज्य स्तर के वाइड एरिया नेटवर्क पर जोड़ा गया। इससे प्रशासन व जनता के बीच की दूरी कम हो गई। प्रदेश में 70 बाजारों को कंप्यूटर नेटवर्क के माध्यम से आपस में जोड़ दिया गया। साथ ही ये बाजार राज्य सरकार के मुख्यालयों से भी जुड़ गए। इससे इन बाजारों में वस्तुओं के आवागमन, वर्तमान

कीमतों आदि की जानकारी बाजारों व मुख्यालयों को एक साथ होने लगी। इससे किसान आसानी से उन बाजारों में अपना अनाज बेचने लगे, जहाँ पर उन्हें अच्छी कीमत मिलती थी। किसान विभिन्न बाजारों में उपलब्ध समस्त सेवाओं की भी जानकारी प्राप्त करने लगे, जैसे—

1. विभिन्न जगहों पर भंडारण की क्षमता कितनी है और इसकी लागत कितनी है?
2. तौलने (ट्रक या भैंसा गाड़ी) की व्यवस्था कहाँ और कितनी दूर है?
3. अनाज उतारने, चढ़ाने आदि के लिए मजदूरों (हमाली) की सेवा की क्या स्थिति है और मजदूरी की दर कितनी है?

उपर्युक्त मामलों में अभी तक किसानों का शोषण मात्र अज्ञानता के कारण होता था। अब वह रुकने लगा। इसके अलावा राज्य सरकार के लिए भी यह आसान हो गया है कि वह यह तय करे कि स्थिति में सुधार लाने के लिए क्या-क्या कार्य आवश्यक हैं।

यह तंत्र सभी आवश्यक रिपोर्टें ऑनलाइन उपलब्ध कराता है। इससे सरकारी एजेंसियाँ पूरी कार्यप्रणाली की दक्षता में सुधार करने तथा किसानों को बेहतर सुविधा प्रदान करने में आसानी महसूस कर रही हैं। इस प्रकार की व्यवस्था पूरे देश में की जानी चाहिए।

2. मध्य प्रदेश के धार जिले में प्रयोग के तौर पर एक परियोजना चलाई गई, जिसमें पाँच खंडों को एक नेटवर्क के माध्यम से जोड़ा गया; उसमें 21 केंद्र थे। हर केंद्र एक पंचायत-घर में खोला गया था और उसका बिजली खर्च पंचायत उठाती थी। जो व्यक्ति उस केंद्र का प्रबंधन करता था, वह टेलीफोन कनेक्शन का खर्च देता था। और आम लोग, जो इस केंद्र के द्वारा सरकारी सेवाएँ, जैसे—जमीन के दस्तावेजों की प्रतियाँ, बाजार की ताजा जानकारियाँ तथा अन्य सूचनाएँ प्राप्त करते थे वे उनका भुगतान करते थे; परंतु यह रकम मामूली होती थी।

इस प्रकार 30 गाँवों के लोग पंचायत-घर के माध्यम से जो सेवाएँ प्राप्त करते थे, उसमें बिचौलियों की कोई आवश्यकता नहीं थी और किसी भी पक्ष पर खर्च का मामूली-सा बोझ ही पड़ता था। यह प्रयोग इतना सफल व सार्थक रहा था कि अंतरराष्ट्रीय स्तर पर इसकी सराहना की गई और ऐसे केंद्र अनेक अन्य स्थानों पर बनाए गए।

3. कर्नाटक में रिलायंस कंपनी ने कर्नाटक सरकार के सहयोग से 7.5 हजार सूचना कियोस्क स्थापित किए, जिनमें से 745 केंद्र जमीन के दस्तावेजों व

अन्य उपयोगी कागजातों के रख-रखाव के लिए थे। उनके माध्यम से लगभग 60 लाख किसानों को जमीन संबंधी सेवाएँ मामूली कीमत पर उपलब्ध होने लगीं।

इसके अलावा कर्नाटक में ही टुमकुर जिले में फ्लोरीकल्चर उद्योग में प्रयोग प्रारंभ हुआ। यहाँ पर टूलिप फूल के उत्पादक एम्सटर्डम व यूरोप के अन्य बाजारों में सूचना प्रौद्योगिकी टूल्स की सहायता से फूलों की नीलामी में प्रत्यक्ष भाग लेने लगे। इससे देश का निर्यात बढ़ा और फूल निश्चित स्थानों से सही समय पर भेजे जाने लगे।

4. तमिलनाडु में भी जमीन के दस्तावेजों से संबंधित आँकड़े इकट्ठे किए गए और 50 तालुक कार्यालयों में तालुक व जिला स्तर के आँकड़े उपलब्ध कराने के लिए एप्लीकेशन सॉफ्टवेयर विकसित कराए गए। इनके द्वारा जमीनों के नक्शे तैयार कराए गए। ये नक्शे डिजिटल स्वरूप में उपलब्ध हैं।

इनके अलावा विभिन्न जिलों के मुख्यालय राज्य के मुख्यालय से वीडियो कॉन्फ्रेंसिंग के माध्यम से जुड़ चुके हैं। इस प्रकार लोगों व प्रशासनिक व्यवस्था के बीच मजबूत व उद्देश्यपूर्ण संपर्क-तंत्र है।

5. काशिका टेलीकॉम ने पूर्वी उत्तर प्रदेश में कम कीमत के ई-मेल ढाबे स्थापित किए, जिनके लिए बैंकों ने ऋण प्रदान किए। इन ढाबों के द्वारा कंप्यूटर शिक्षा भी दी जा रही है और स्थानीय किसानों को धान की वर्तमान कीमतों व जमीन के दस्तावेजों से संबंधित जानकारियाँ भी अत्यंत कम कीमत पर उपलब्ध हो रही हैं।

निजी क्षेत्रों द्वारा किए गए प्रयास

जी (Zee) इंटरेक्टिव लर्निंग सिस्टम्स प्रोजेक्ट के अंतर्गत उपग्रह, वीडियो, इंटरनेट, मल्टीमीडिया तथा केबल नेटवर्क के माध्यम से ग्रामीण बच्चों की शिक्षा का कार्यक्रम चलाया गया। इसमें टेलीविजन तथा पर्सनल कंप्यूटर दोनों का सम्मिलित उपयोग किया गया था।

इस परियोजना का उद्देश्य ज्ञान-निर्माण समुदायों का विकास करना था। इससे कम कीमत पर ग्रामीण जनता को जोड़ा जा सकता है और इसमें पूरे विश्व के सीखनेवाले और सिखानेवाले आपस में एक-दूसरे से सहयोग कर सकते हैं।

इसी तरह इंटेल कॉरपोरेशन ने शिक्षक प्रशिक्षण प्रयोगशालाएँ स्थापित करने का अभियान भारत में प्रारंभ किया, ताकि एक लाख स्कूल शिक्षक प्रशिक्षण प्राप्त कर सकें। इस कंपनी की यह भी योजना है कि शिक्षा विभाग के सहयोग से स्कूलों

में बड़े पैमाने पर कंप्यूटर से संबंधित शिक्षा प्रारंभ की जाए। ग्रामीण इलाकों के लिए यह बस या रेल के डिब्बे में सज्जित चल प्रयोगशाला प्रारंभ करना चाहती है, जिसमें कंप्यूटर भी होंगे और शिक्षक भी।

अन्य क्षेत्रों में उपयोग

शिक्षा के अलावा अन्य क्षेत्रों में भी सूचना प्रौद्योगिकी का भरपूर उपयोग हो रहा है। नर्मदा नदी नियंत्रण प्राधिकरण ने नदी जल प्रबंधन तथा बाढ़ की पूर्व सूचना के कार्यक्रम में कंप्यूटर नेटवर्क का बेहतर इस्तेमाल किया है। इसके अंतर्गत नर्मदा घाटी में 26 रियल टाइम डाटा एक्विजीशन तंत्र लगाए गए हैं, जिससे जल स्तर की नवीनतम जानकारियाँ प्राप्त होती रहती हैं। इससे वर्षा सहित मौसम संबंधी अन्य आँकड़े भी एकत्र होते रहते हैं। इससे बाढ़ की पूर्व सूचना प्राप्त करने व आपातकालीन बचाव कार्य शुरू करने में आसानी होती है।

इनमें तंत्र लगाने के लिए वे स्थान भी चुने गए हैं जिन तक पहुँचना कठिन होता है। इस कार्य में उपग्रह दूरसंचार तंत्र का भी इस्तेमाल होता है। उपर्युक्त सभी बिंदुओं को मास्टर कंट्रोल केंद्र से जोड़ा गया है, जो इंदौर में है। यहाँ पर पूरी नर्मदा घाटी का एक मॉडल है, जो पानी के बहाव और नदी के विभिन्न बिंदुओं पर जल स्तर को दरशाता है। इससे बाढ़ के प्रभाव को व्यक्त करने तथा समझने में आसानी होती है।

उपर्युक्त योजना के अगले चरण में 90 केंद्रों को जोड़ने की योजना है।

अंतरराष्ट्रीय पहल

सन् 1990 के दशक में सूचना प्रौद्योगिकी के आगमन के साथ ही विकसित देशों में समाज को ज्ञान समाज बनाने का अभियान प्रारंभ हो गया। प्रारंभ में शिक्षा व स्वास्थ्य जैसी सेवाओं को कारगर बनाने पर जोर दिया गया।

उदाहरण के लिए, ऑस्ट्रेलिया में टेली-मेडिसिन के द्वारा वहाँ के दूर-दराज के इलाकों में स्वास्थ्य सेवाएँ उपलब्ध कराने पर जोर दिया गया। इन सेवाओं को दक्षिण-पूर्व एशिया तक पहुँचाने पर भी जोर दिया गया। इसका लक्ष्य यह था कि आपातकालीन सेवाओं के साथ-साथ जीवन भर लगे रहनेवाले रोगों, जैसे हृदय रोग आदि के लिए भी कारगर उपाय किए जाएँ। बाद में मलेशिया में भी पर्सनल कंप्यूटर आधारित टी.वी. प्रौद्योगिकी का पूरे देश में इस्तेमाल प्रारंभ हुआ।

अमेरिका में इंटरनेट आधारित वीडियो की सहायता से कोलंबिया राज्य में

चिकित्सकों को चिकित्सा प्रशिक्षण उपलब्ध कराया गया। इसके अंतर्गत चिकित्सक इंटरनेट के माध्यम से हृदय की शल्य चिकित्सा सीखने लगे। वे वीडियो रील को दोबारा चलाकर बेहतर ढंग से दक्षता हासिल करने लगे। इनके अलावा अनेक जगहों पर इंटरनेट के माध्यम से वीडियो कॉन्फ्रेंसिंग होने लगी। चिकित्सा विज्ञान संबंधी कॉन्फ्रेंसिंग भी होने लगी और वे अधिक कारगर सिद्ध हुईं।

अमेरिका में ही एक अन्य कार्यक्रम के अंतर्गत नागरिक सुविधाएँ प्रदान की जाने लगीं। प्रारंभिक दौर में यह पाया गया कि इन सेवाओं की लागत मूल परंपरागत लागत का मात्र 2 प्रतिशत होती है। ऑस्ट्रेलिया में भी लोग शादी की सूचना, वयस्क होने की सूचना, मकान बदलने की सूचना इंटरनेट के माध्यम से देने लगे। इस तरह नागरिकों को भी आसानी होने लगी और प्रशासन को भी।

धीरे-धीरे जिन लोगों के पास अपने पर्सनल कंप्यूटर नहीं थे, वे भी इस व्यवस्था में भागीदारी करने लगे और इसके लिए जगह-जगह इलेक्ट्रॉनिक कियोस्क खुल गए। इससे बैंकों, डाकघरों, पुस्तकालयों, विद्यालयों का स्वरूप बदलने लगा। उदाहरण के लिए, बैंकों की नई शाखाओं के स्थान पर ए.टी.एम. खुलने लगे।

आयरलैंड सरकार ने जगह-जगह पर बहूद्देश्यीय इलेक्ट्रॉनिक कियोस्क स्थापित कर दिए। डाकघरों में स्थापित इन कियोस्कों में विभिन्न सेवाएँ, जैसे पासपोर्ट संबंधी, वाहनों के लाइसेंस संबंधी काम होने लगे। इनके अलावा कुछ जगहों पर भुगतान भी यहीं से हो जाता था।

ऑस्ट्रेलिया में नौकरियों में स्थानांतरण संबंधी कार्य भी इंटरनेट के माध्यम से होने लगे। इससे बेरोजगारों को विभिन्न सुविधाएँ देने में आसानी होने लगी। अचानक नौकरी चले जाने की स्थिति में यह सेवा अत्यंत उपयोगी सिद्ध होने लगी।

उपर्युक्त सभी मामलों में सेवा में अत्यधिक वृद्धि हुई और सेवा की लागत में भारी कमी हुई। इस प्रकार की योजनाओं का अनेक स्थानों पर दोहराव हुआ और वे भी सफल हुईं।

इसके अलावा अमेरिका के मेसाचुएट्स इंस्टीट्यूट ऑफ टेक्नोलॉजी ने कुछ वर्ष पूर्व अपने सभी 2000 पाठ्यक्रम तथा उनसे संबंधित पठन-सामग्री, लेक्चर नोट्स, असाइनमेंट आदि इंटरनेट पर डाल दिए। उन्हें अब कोई भी निःशुल्क निकाल सकता है। इस तरह लोगों के पास अपने ज्ञान को नवीनतम करने हेतु जीवन भर के लिए साधन उपलब्ध हो गया।

फ्रांस में 12,000 निवासियों का एक छोटा शहर यूरोप के IMAGINE प्रोजेक्ट से जुड़ गया। इससे लोग रोजमर्रा की खरीदारी से लेकर विचारों के आदान-

प्रदान तक के लिए इंटरनेट का उपयोग करने लगे।

आज विकसित देशों में ही नहीं, अल्प विकसित देशों में भी इस प्रकार के प्रयोग चल रहे हैं। बँगलादेश में कुछ समय पूर्व तक टेलीफोन घनत्व मात्र 4 प्रति हजार था। वहाँ पर भी इस प्रकार के प्रयोग करने के प्रयास किए गए हैं। इन प्रयासों से लोगों के बीच आपस में संपर्क बढ़ा है और ग्रामीण इलाकों में इसका विशेष प्रभाव पड़ा है।

उपर्युक्त सभी तो मात्र उदाहरण हैं; वास्तविक मामले संख्या व प्रभाव की दृष्टि से कहीं ज्यादा हैं।

□

लक्ष्य

अभी तक हमने ज्ञान समाज के स्वरूप, इसके विभिन्न घटकों व पूरे तंत्र के एकीकरण से संबंधित विषयों पर विचार किया। हमने देखा कि भारत को ज्ञान महाशक्ति बनाने के लिए तीन दिशाओं में प्रयास आवश्यक हैं—

1. समाज को आवश्यकतानुसार बदलना,
2. ज्ञान की सुरक्षा,
3. समृद्धि का विकास।

उपर्युक्त दिशाओं में आगे बढ़ते हुए निम्न क्षेत्रों पर विशेष ध्यान देने की आवश्यकता है—

1. एयरोस्पेस प्रौद्योगिकी,
2. एग्रो-फूड प्रौद्योगिकी,
3. केमीकल प्रोसेस इंजीनियरिंग,
4. सिविल इंजीनियरिंग,
5. इंजीनियरिंग सेवाएँ,
6. परियोजना प्रबंधन,
7. सिस्टम एकीकरण,
8. टेक्सटाइल इंजीनियरिंग,
9. डिजाइन ऑफ सिस्टम,
10. सॉफ्टवेयर,
11. लेबर इंटेंसिव मैनुफेक्चरिंग,
12. देशी चिकित्सा/औषधियाँ,
13. मनोरंजन।

उपर्युक्त के अलावा भारत की वास्तविक शक्ति प्राकृतिक व मानव संसाधनों में है। हम इन्हें इस प्रकार वर्गीकृत कर सकते हैं—

प्राकृतिक संसाधन

- लंबा समुद्री तट (समुद्री संसाधन व सागर-तल पर तेल भंडार),
- खनिज संसाधन (टाइटेनियम, बेरीलियम, टंगस्टन सहित अनेक खनिज पदार्थ),
- जैव विविधता।

मानव संसाधन

- प्राचीन ज्ञान,
- कुशल आधुनिक कामगार,
- परंपरागत कारीगर,
- ज्ञान-प्रधान उद्योग,
- सेवा क्षेत्र,
- अन्य कृषि आधारित क्षेत्र।

इस प्रकार हम देखते हैं कि यदि हम उपर्युक्त संसाधनों का उचित उपयोग करते रहें तो बहुत आगे बढ़ सकते हैं। बहुमूल्य खनिज-पदार्थों की सहायता से निर्माण उद्योग में आगे बढ़ा जा सकता है और बहुमूल्य जैविक पदार्थों की सहायता से औषधि निर्माण उद्योग, सौंदर्य प्रसाधन उद्योग आदि में आगे बढ़ा जा सकता है।

इस तरह कुशल व सृजनात्मक शक्तिवाले मानव संसाधन की सहायता से सेवा उद्योग एवं कृषि आधारित उद्योगों में प्रगति की जा सकती है।

वर्तमान उद्योगों में उच्च स्तर की हार्डवेयर व सॉफ्टवेयर को प्रविष्ट कराकर ज्ञान प्रमुख उद्योग भी स्थापित किए जा सकते हैं। आनेवाले समय में हर उद्योग में विश्व स्तर की प्रौद्योगिकी की आवश्यकता होगी। साथ ही प्रौद्योगिकी के बेहतर व सृजनात्मक उपयोग की भी आवश्यकता होगी।

यदि भारत की मूल शक्तियों (प्राकृतिक व मानव) में ज्ञान आधारित मूल्यवर्द्धन होगा तो न सिर्फ आर्थिक शक्ति बढ़ेगी वरन् देश की आंतरिक व बाह्य सुरक्षा भी मजबूत होगी और वह महाशक्ति बनने की ओर अग्रसर होगा।

□

ज्ञान समाज—कार्य-योजना

किसी भी समाज का अंतिम उद्देश्य होता है—मानव जीवन को अधिकाधिक उपयोगी और सुविधा-संपन्न बनाना। हर समाज में अपने कुछ विशेष गुण होते हैं। वह अपने प्राकृतिक संसाधनों तथा लोगों की कुशलता, ईमानदारी, विचार-शक्ति, सभ्यता आधारित गुणों के आधार पर रूप बदलता चला जाता है। विकास की इस प्रक्रिया से सामाजिक बदलाव भी आता है।

इस प्रकार के पहले बदलाव के अंतर्गत अनेक देशों की अर्थव्यवस्था कृषि आधारित से उद्योग आधारित हो गई। इसी क्रम में इन देशों में रोजगार श्रम आधारित से स्वचालित होते चले गए। इससे सामाजिक व्यवस्था पर भी गहरा प्रभाव पड़ा।

दूसरी ओर, भारत में आबादी बहुत ज्यादा है। इसके अलावा यहाँ पर कृषि हेतु विशाल तथा उपजाऊ भूमि है। इस कारण पश्चिम में हुई औद्योगिक क्रांति का यहाँ अधिक प्रभाव नहीं पड़ पाया। इसका एक कारण यह भी था कि परिवर्तन के इस दौर में भारत ब्रिटिश राज्य का उपनिवेश मात्र था।

उधर पश्चिम व पूर्व में इस प्रकार के परिवर्तन देखने को मिले। अमेरिका में आजादी के पश्चात् व्यापक बदलाव आया; हालाँकि वहाँ पर भी कृषि योग्य भूमि बहुत ज्यादा थी। इसी तरह पूर्व में जापान में बदलाव आया। चीन में भी पिछले कई दशकों से बदलाव आता जा रहा है।

पिछले दो सौ वर्षों में बदलाव का दूसरा दौर प्रारंभ हुआ। इस बार बड़े पैमाने पर औद्योगिकीकरण होने के बाद समाज ज्ञान समाज का रूप लेने लगा। भारत सामाजिक बदलाव के पहले चरण में पीछे रह गया था; किंतु इस दूसरे चरण में इसके अग्रणी होने की अच्छी संभावनाएँ हैं।

इसका एक कारण यह भी है कि एक हजार वर्ष पूर्व हम एक अग्रणी ज्ञान

समाज के अंग थे। आज हम अपने देश के लोगों की ऊर्जा व शक्ति का इस्तेमाल करते हुए एक राष्ट्रीय योजना तैयार कर सकते हैं। साथ ही यदि देश की कुछ मौलिक समस्याएँ हल हो जाएँ तो ज्ञान समाज के निर्माण का कार्य तीव्र गति से हो सकता है।

निम्न सारणी में ज्ञान अर्थव्यवस्था की कुछ विशेषताओं का तुलनात्मक अध्ययन दरशाया गया है—

	औद्योगिक अर्थव्यवस्था	*ज्ञान अर्थव्यवस्था*
1. समाज का उद्देश्य	विकास के माध्यम से सभी की मौलिक आवश्यकताओं की पूर्ति	लोगों का सशक्तीकरण
2. शिक्षा	पाठ्य-पुस्तकों व अध्यापन के माध्यम से औपचारिक शिक्षा	सृजनात्मक, आपसी संपर्क के माध्यम से, स्वाध्याय आदि के द्वारा; इसमें मूल्यों, योग्यता व गुणवत्ता केंद्रबिंदु होते हैं।
3. कामगार	प्रशिक्षित, अर्द्ध-प्रशिक्षित	प्रशिक्षण में लचीलापन, ज्ञानपूर्ण, आत्मशक्ति से पूर्ण
4. कार्य का प्रकार	निश्चित संरचनावाला हार्ड-वेयर (मशीन) चालित	लचीली संरचनावाला सॉफ्टवेयर (मनुष्य के मस्तिष्क) चालित
5. प्रबंधन शैली	निर्देशित	आगे अधिकार बाँटने वाली अर्थात् डेलीगेटिव
6. लोगों की गुणवत्ता	कार्य-क्षमता पर आधारित	ज्ञान आधारित
7. पर्यावरण व पारिस्थितिकी पर प्रभाव	भारी प्रभाव	बहुत कम, चौंकाने लायक कम
8. अर्थव्यवस्था	औद्योगिक	ज्ञान-प्रेरित

ज्ञान समाज में उत्पादों का स्वरूप भी बदलता जाता है। यह बदलाव संलग्न तालिका में स्पष्ट रूप से दरशाया जाता है। उदाहरण के लिए, कृषि आधारित समाज में प्राकृतिक उत्पादों की प्रचुरता होती है, जैसे—अनाज, सब्जियाँ, फल, लकड़ी आदि। साथ ही खनिज पदार्थ भी कच्चे रूप में उपलब्ध होते हैं।

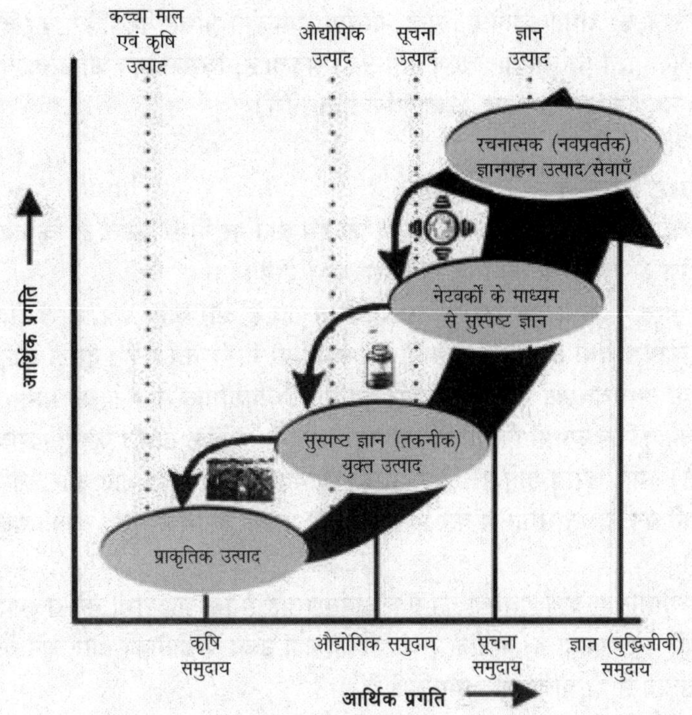

विभिन्न समुदायों में आर्थिक प्रगति

औद्योगिक समाज में कच्चे उत्पादों को तैयार उत्पाद के रूप में बदला जाता है। इसमें मूल्य-संवर्द्धन होता है और समाज की उत्पादकता बढ़ती है। इस प्रक्रिया में स्पष्ट व व्यक्त ज्ञान का अधिक उपयोग होता है।

सूचना समाज में उपलब्ध ज्ञान को इलेक्ट्रॉनिक नेटवर्किंग के द्वारा ज्यादा-से-ज्यादा लोगों तक पहुँचाया जाता है। इससे सूचना उत्पादों की उपलब्धता बढ़ती है।

ज्ञान समाज में व्यक्त व अव्यक्त ज्ञान दोनों का भरपूर उपयोग होता है। इस तरह जो उत्पाद व सेवाएँ तैयार होती हैं, वे अधिक मूल्यवान् होती हैं।

भारत में ज्ञान समाज की स्थापना के कुछ उदाहरण ही हैं तथा ये अलग-अलग क्षेत्रों में काम कर रहे हैं। इसकी प्रगति को देखकर आशा की जा सकती है कि अन्य क्षेत्रों में भी आनेवाले समय में ऐसे उदाहरण विकसित होंगे। ज्ञान समाज की वास्तविक पूँजी ज्ञानकर्मी ही होते हैं और उनमें व्यक्त व अव्यक्त ज्ञान उत्पाद

उत्पन्न करने की क्षमता होती है। यदि भारतीय समाज में उचित नेटवर्किंग कर दी जाए तो पूरे भारत में ऐसा वातावरण उत्पन्न हो सकता है, जिससे ज्ञान का उत्पादन, वितरण, उपयोग, सुरक्षा आदि दक्षतापूर्वक होते रहेंगे।

रोजगार सृजन

बेरोजगारी एक आर्थिक घटना है, जो इस बात पर निर्भर करती है कि देश की राष्ट्रीय अर्थव्यवस्था का विकास किस चरण में है।

भारत में अभी तक मिश्रित अर्थव्यवस्था रही है और कृषि क्षेत्र प्रमुख क्षेत्र रहा है। कृषि संबंधी अर्थव्यवस्था माँग व आपूर्ति पर निर्भर करती है। दूसरी ओर, औद्योगिक अर्थव्यवस्था खपत पर निर्भर करती है। औद्योगिक सामानों की माँग व आपूर्ति को कृत्रिम रूप से नियंत्रित किया जा सकता है, क्योंकि उत्पाद जल्दी खराब नहीं होते। अगर खराब होनेवाले सामानों का मूल्यवर्द्धन कर दिया जाए और उनमें प्रौद्योगिकी का उचित समावेश कर दिया जाए तो उनका आर्थिक मूल्य काफी बढ़ जाता है।

औद्योगिक अर्थव्यवस्था का एक अवगुण यह है कि यह सभी को रोजगार प्रदान नहीं कर सकती है; क्योंकि उच्च उत्पादकता उच्च प्रौद्योगिकी और ज्ञान के सुदृढ़ आधार से ही प्राप्त की जा सकती है।

भारत जैसे देश, जिसकी जनसंख्या 100 करोड़ पार कर चुकी है, में मात्र औद्योगिक प्रगति से रोजगारों का सृजन नहीं किया जा सकता। यदि सेवा क्षेत्र में प्रगति की जाए तो ज्यादा-से-ज्यादा भारतीयों को रोजगार मिल सकता है।

योजना आयोग ने वर्ष 2011-12 तक विभिन्न क्षेत्रों में रोजगारों की संभावना के बारे में गणना की है। इस दृष्टि से अर्थव्यवस्था को तीन श्रेणियों में बाँटा गया है—

1. **प्राथमिक क्षेत्र**—इसके अंतर्गत कृषि क्षेत्र, पशुपालन, मछलीपालन, वानिकी आदि आते हैं। इसमें उपयोगी वनस्पतियाँ, जड़ी-बूटियाँ आदि नए क्षेत्र हैं।
2. **द्वितीयक क्षेत्र**—इसके अंतर्गत खनन, निर्माण, विद्युत् उत्पादन, जल आपूर्ति, गैस आपूर्ति, भवन निर्माण आदि आते हैं।
3. **तृतीयक क्षेत्र**—इसके अंतर्गत व्यापार, होटल, रेस्टोरेंट, यातायात, भंडारण, सूचना व दूरसंचार, वित्त, बीमा, जायदाद संबंधी व्यवसाय, समुदाय संबंधी सेवाएँ, सामाजिक और व्यक्तिगत सेवाएँ आती हैं। इस क्षेत्र का अब अधिक विस्तार हो रहा है।

उपर्युक्त क्षेत्रों में सन् 1980, 1994 तथा 2012 (अनुमानित) में हुए सकल घरेलू उत्पाद में योगदान तथा रोजगार में लगे हुए लोगों का प्रतिशत संलग्न सारणी में दिखाया गया है।

इस सारणी से यह स्पष्ट है कि प्राथमिक क्षेत्र का योगदान घट रहा है और साथ ही तृतीयक क्षेत्र का योगदान तेजी से बढ़ रहा है। द्वितीयक क्षेत्र द्वारा भी योगदान बढ़ रहा है; पर गति काफी धीमी है।

इन क्षेत्रों में रोजगार की स्थिति इस प्रकार है—

वर्ष	*प्राथमिक*	*द्वितीयक*	*तृतीयक*
1980	70 प्रतिशत	13 प्रतिशत	17 प्रतिशत
1993-94	64.8 प्रतिशत	14.7 प्रतिशत	20.5 प्रतिशत
2011-12	60.1 प्रतिशत	16 प्रतिशत	23.9 प्रतिशत

इससे स्पष्ट है कि कृषि क्षेत्र में रोजगार तेजी से घट रहे हैं। भविष्य में और घटेंगे। दूसरी ओर, सेवा क्षेत्र में तेजी से वृद्धि हो रही है। भविष्य में यह और तेज होगी तथा इसका प्रमुख श्रेय सूचना प्रौद्योगिकी को जाएगा।

अगले दस वर्षों में कृषि सहित प्राथमिक क्षेत्रों का सकल घरेलू उत्पाद में योगदान घटता चला जाएगा; परंतु कृषि क्षेत्र में प्रौद्योगिकी का उपयोग बढ़ेगा और इस कारण निर्माण क्षेत्र, जो द्वितीयक क्षेत्र में आता है, का योगदान बढ़ेगा। इसके अलावा कृषि आधारित उत्पादों के क्षेत्र में वृद्धि होगी। इस क्षेत्र में लगे लोगों में शिक्षा व ज्ञान का प्रसार बढ़ेगा और इस कारण मशीनीकरण भी बढ़ेगा। कृषि क्षेत्र में मशीनीकरण व स्वचालन बढ़ने से उत्पादकता बढ़ेगी, पर साथ ही बेरोजगारी भी बढ़ेगी। पर खाली कामगारों को कृषि आधारित उद्योगों में काफी हद तक खपाया जा सकता है और शेष को प्रशिक्षण देकर कुशल बनाया जा सकता है।

भारत के समाज व अर्थव्यवस्था में आवश्यक परिवर्तन को तभी तीव्र व प्रभावी बनाया जा सकता है जब हमारी आबादी का हर वर्ग सक्रिय और उत्पादक बने। इसके लिए नए प्रकार की शिक्षा, प्रशिक्षण, सीखना, फिर से सीखना, एक पुराना काम भूलकर नए सिरे से नया काम सीखना आवश्यक है। कृषि से उद्योग तक—हर क्षेत्र महत्त्वपूर्ण होगा और सूचना प्रौद्योगिकी इसमें महत्त्वपूर्ण भूमिका निभाएगी। अत: झुग्गी-झोंपड़ीवासियों को भी कंप्यूटर पर कार्य करने लायक साक्षर बनाना आवश्यक है।

कुल मिलाकर यह कहा जा सकता है कि नए टूल्स व प्रौद्योगिकियों की

सहायता से लोगों को काम करने लायक साक्षर बनाना और उनमें प्रवीणता बढ़ाने के प्रयास करने आवश्यक हैं।

यदि हमारा सेवा उद्योग सशक्त व गतिशील होगा तो वह विश्व के किसी भी भाग से उच्च प्रौद्योगिकी का औद्योगिक सहयोग ले लेगा। इस क्षेत्र में अधिकाधिक रोजगार सृजन करने के लिए एक मॉडल संलग्न चित्र में दरशाया गया है। इसकी निम्न विशेषताएँ हैं—

1. कृषि क्षेत्र में उच्च प्रौद्योगिकीवाले टूल्स व तरीकों की डिजाइन, विकास व प्रयोग में तेजी लाई जानी चाहिए।
2. हर प्रकार के व्यक्ति, चाहे वे किसान हों या ग्रामीण महिलाएँ, ग्राहक हों या निर्माता—सभी ज्ञानकर्मी बनें।

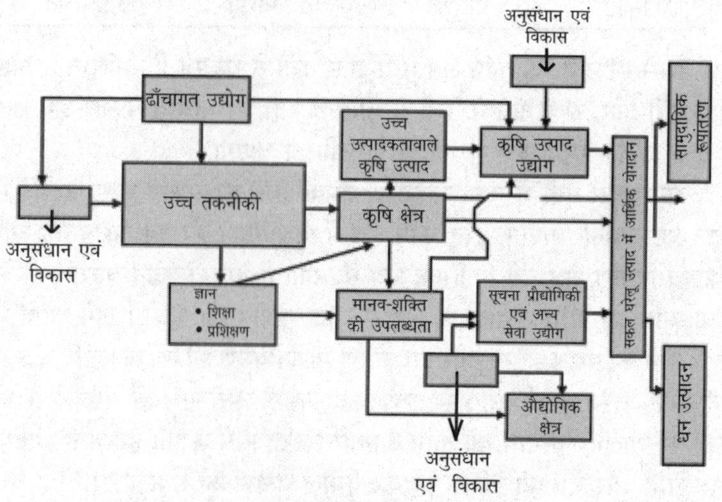

रोजगार-सृजन के लिए रणनीति

एक किसान तभी ज्ञानकर्मी बन सकता है जब उसमें इतनी समझ आ जाए कि जिस जमीन में वह बोता है वह कैसी है? वह क्यों और कैसे कीटनाशकों का उपयोग करता है? उसमें इतनी क्षमता होनी चाहिए कि वह अल्प व मध्यम अवधि का मौसम संबंधी पूर्वानुमान सुनकर समझ ले और उसके आधार पर बीज बोने सहित तमाम निर्णय ले। ऐसा तभी हो पाएगा जब हम आवश्यक सूचनाएँ व ज्ञान देकर उसे सशक्त बनाएँ।

आनेवाले समय में किसानों की संख्या कम होगी, पर कृषि उत्पादन ज्यों-

का-त्यों रहेगा। इसी तरह ग्रामीण महिलाएँ पशुपालन संबंधी आवश्यक ज्ञान प्राप्त करके अपने पालतू पशुओं की देख-रेख करेंगी और इससे उनका जीवन-स्तर सुधरेगा।

यदि ग्राहक को उत्पाद के बारे में उचित ज्ञान प्राप्त हो जाएगा तो वह स्वत: अच्छी गुणवत्तावाले उत्पाद की माँग करने लगेगा। इस तरह उत्पादन की गुणवत्ता में विकास अनिवार्य हो जाता है। साथ ही ग्राहक को मिलनेवाली सेवा की गुणवत्ता में भी वृद्धि हो जाती है।

इस तरह एक क्रांति का सूत्रपात होता है। श्वेत क्रांति का सूत्रपात इसी तरह हुआ था। इस समय ग्राहकों को दूध की गुणवत्ता के संबंध में आवश्यक ज्ञान प्रदान किया गया था। इसी तरह व्यक्ति को यदि अपने दायरे में ज्ञान उपलब्ध करा दिया जाए तो एक साथ कई क्रांतियों का सूत्रपात हो सकता है। इसके साथ ही जीवन के हर क्षेत्र—चाहे वह कृषि हो या उद्योग या अन्य ज्ञान आधारित सेवा उद्योग—में दक्षता बढ़ती चली जाएगी और राष्ट्रीय दक्षता भी बढ़ जाएगी।

यदि ऐसा हुआ तो भारत का सामाजिक व आर्थिक परिवर्तन इस रफ्तार से प्रारंभ हो जाएगा, जिसकी पहले कभी कल्पना भी नहीं की गई हो। इससे उत्पादकता में तेजी से वृद्धि होगी और परंपरागत कृषि क्षेत्र में लगी जनशक्ति मुक्त होगी। ज्यादा उत्पादकता से जो आर्थिक लाभ होगा, उसे कृषि आधारित उद्योगों में लगाया जा सकता है और अतिरिक्त जनशक्ति को उचित शिक्षा व प्रशिक्षण देकर कृषि आधारित उद्योगों में लगा दिया जाएगा। इनमें से कुछ लोग सेवा क्षेत्र और सूचना प्रौद्योगिकी क्षेत्र में भी लगाए जा सकते हैं।

उपर्युक्त प्रयोग को प्रारंभ में इन राज्यों में किया जा सकता है, जो कृषि-प्रधान माने जाते हैं और उनमें अत्यधिक बेरोजगारी है; जैसे—उत्तर प्रदेश, मध्य प्रदेश, उड़ीसा।

इस मॉडल के तीन केंद्रीय क्षेत्र हैं—

1. कृषि प्रौद्योगिकी तथा कृषि आधारित औद्योगिक उत्पाद के क्षेत्र में अनुसंधान व विकास इस प्रकार किया जाए, ताकि कृषि क्षेत्र में उत्पादकता बढ़े और लगातार प्रगति हो।
2. कृषि अनुसंधान व विकास, उच्च प्रौद्योगिकीवाली कृषि मशीनों, कृषि आधारित उद्योगों के लिए उच्च प्रौद्योगिकी मशीनों के निर्माण, उर्वरक, कीटनाशक, बीज निर्माण, कृषि आधारित उत्पादों के निर्यात हेतु आधारभूत संरचना तैयार करना।
3. सेवा उद्योग को बढ़ावा देने के लिए स्थानीय स्तर पर संभावनाओं तथा

रोजगार सृजन का उचित आकलन करना।

इसके अलावा सूचना प्रौद्योगिकी उद्योग बड़ी संख्या में अतिरिक्त जनशक्ति को खपा सकता है। इस संबंध में लक्ष्य निर्धारित किए जा सकते हैं।

समृद्धि-सृजन हेतु रणनीति

ज्ञान समाज के निर्माण के दौरान समृद्धि-सृजन की आवश्यकता को कभी नजरअंदाज नहीं किया जा सकता है। हर प्रकार का ज्ञान समाज की प्रगति का कारण बन सकता है। अतः राष्ट्रीय स्तर पर ज्ञान प्रबंधन की आवश्यकता है।

संलग्न चित्र में राष्ट्रीय स्तर पर ज्ञान प्रबंधन के एक ढाँचे का उदाहरण

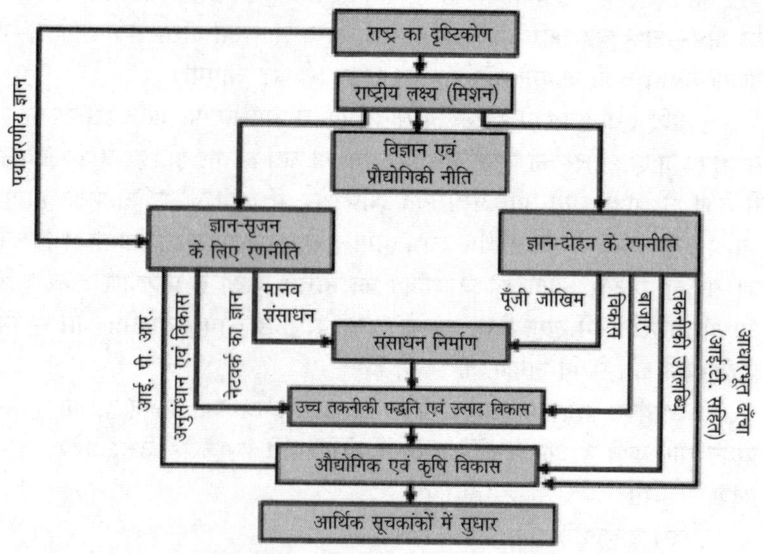

राष्ट्रवादी ज्ञान प्रबंधन के लिए मौलिक योजना

दरशाया गया है। जिस प्रकार संगठनों में ज्ञान प्रबंधन किया जाता है उसी प्रकार राष्ट्रीय स्तर पर ज्ञान प्रबंधन में भी आधारभूत ढाँचा, प्रक्रियाओं, नीतियों, परंपराओं आदि के द्वारा ऐसा वातावरण बनाना होता है, जिसमें ज्ञान के उत्पादन को लगातार प्रोत्साहन मिलता रहे। साथ ही ज्ञान की आवश्यक देखरेख हो, ज्ञान उत्पादन करनेवालों को पुरस्कार मिले और उसका इस प्रकार उपयोग हो, ताकि राष्ट्र के आर्थिक व सामाजिक लक्ष्य प्राप्त हों।

राष्ट्र की विज्ञान व प्रौद्योगिकी संबंधी, आर्थिक व व्यापार संबंधी तथा उद्योग संबंधी नीतियों का इस्तेमाल इस तरह होना चाहिए, ताकि राष्ट्र की शक्तियों का पूरा उपयोग हो सके और कमियों को न्यूनतम किया जा सके। साथ ही अवसरों का पूरा उपयोग हो सके और चुनौतियों का सामना किया जा सके। ज्ञान उत्पादन व ज्ञान के अनुप्रयोग की रणनीतियों का कार्यान्वयन इस तरह होना चाहिए, ताकि समृद्धि का सृजन हो सके और राष्ट्र के आर्थिक सूचकांक में स्पष्ट सुधार दिखाई दे।

यहाँ पर एक सात सूत्रीय रणनीति दरशाई जा रही है, जिसके तीन सूत्र ज्ञान उत्पादन से संबंधित हैं और चार ज्ञान के अनुप्रयोग से। ये हैं—

1. बौद्धिक संपदा-अधिकारों के लिए आधारभूत ढाँचे का निर्माण,
2. अनुसंधान व विकास नेटवर्क के माध्यम से अनुसंधान व विकास,
3. मानव संसाधनों का नियोजन व विकास,
4. वेंचर कैपिटल (नए कार्यों के लिए पूँजी) को प्रोत्साहन,
5. राष्ट्रीय व अंतरराष्ट्रीय बाजार का विकास,
6. चुनिंदा प्रौद्योगिकियों को हासिल करना,
7. आधारभूत ढाँचे का विकास।

उपर्युक्त सभी रणनीतियों के लिए नियम-कानूनों में परिवर्तन आवश्यक है, तभी भारतीय ज्ञान अर्थव्यवस्था आगे बढ़ पाएगी।

ध्यान देने योग्य बात यह है कि ज्ञान समाज के बदलाव के लिए नेतृत्व की आवश्यकता होती है। साथ ही पूरे राष्ट्र में ज्ञान प्रबंधन के लिए नियोजकों और कार्यान्वयन कर्ताओं की आवश्यकता होती है, तभी वह सफल हो पाता है। ज्ञान उत्पादन के लिए कुछ प्रमुख क्षेत्र इस प्रकार हैं—

1. जैव प्रौद्योगिकी,
2. दवा (दवा डिजाइन सहित),
3. मौसम विज्ञान,
4. सलाह सेवा,
5. अंतरिक्ष प्रौद्योगिकी,
6. सागर अभियांत्रिकी,
7. सूचना व मनोरंजन क्षेत्र।

इसी तरह ज्ञान के प्रयोग के लिए निम्न प्रमुख क्षेत्र हैं—

1. सूचना प्रौद्योगिकी,
2. दूरसंचार,

3. परंपरागत ज्ञान उत्पाद।

समृद्धि उत्पादन के लिए दरशाए गए मॉडल को उन राज्यों में आजमाया जाना चाहिए, जो अपेक्षाकृत अधिक विकसित हैं और नियोजित भी हैं तथा उनमें सूचना प्रौद्योगिकी का प्रबंधन बेहतर व सघन है; जैसे—

1. आंध्र प्रदेश,
2. कर्नाटक,
3. तमिलनाडु,
4. मध्य प्रदेश,
5. महाराष्ट्र।

यदि इन प्रदेशों को पायलट चुनकर इनमें प्रयोग किया जाएगा तो सफलता की संभावना अधिक होगी। उपर्युक्त रणनीतियों की सफलता इस बात पर भी निर्भर करेगी कि प्रौद्योगिकी के लिए वित्तीय व्यवस्था कैसी होगी। यदि यह प्रौद्योगिकी विकास बोर्ड (टी.डी.बी.) की तर्ज पर या उससे बेहतर होगी तो ज्ञान उद्योगों को स्थापित करने और उन्हें आगे बढ़ाने में सहायता मिलेगी।

ज्ञान अर्थव्यवस्था रोजगार सृजन पर भी गहरा प्रभाव डालेगी। इसके माध्यम से कृषि क्षेत्र अपनी पूरी क्षमता का प्रयोग करेगा तथा इस समय जो आवश्यकता से कम काम मिला हुआ है या छिपी हुई बेरोजगारी है, उससे भी मुक्ति मिलेगी। आनेवाले समय में इस क्षेत्र में जैव प्रौद्योगिकी भी अहम भूमिका निभाएगी और इस क्षेत्र के प्रबंधन में सूचना प्रौद्योगिकी का भी इस्तेमाल होगा। इसके लिए चार चरणों की योजना का प्रस्ताव किया जा रहा है—

1. जैव प्रौद्योगिकी के इस्तेमाल से इन चार समस्या क्षेत्रों को सुधारा जा सकेगा जिनके कारण कृषि क्षेत्र अभी तक अपनी वास्तविक क्षमता का इस्तेमाल नहीं कर पा रहा है—

- कटाई के बाद होनेवाला नुकसान,
- कृषि को रसायन-विहीन बनाना अर्थात् ऐसी फसलें उगाना, जिनमें नाइट्रोजन फिक्सेशन की क्षमता हो तथा जल व ऊर्जा का संरक्षण करना,
- कीड़ों व बीमारियों को रोकने के उपाय,
- पैदावार तथा उत्पादकता बढ़ाना। इसके लिए प्रौद्योगिकी का इस्तेमाल आवश्यक है।

इस तरह हम दूसरी हरित क्रांति की ओर बढ़ सकते हैं। इनमें से कटाई के

बाद होनेवाला नुकसान अनेक उपायों से कम हो सकता है; जैसे—कृषि उत्पादों को सुरक्षित रखने की अवधि (शेल्फ लाइफ) बढ़ाकर, उनके भंडारण व आवागमन की व्यवस्था में सुधार करके, कृषि उत्पादों को प्रोसेस करके या उनपर आधारित उद्योग लगाकर।

ज्ञान व्यवस्था उपर्युक्त में काफी परिवर्तन ला सकती है और वह इनमें आधुनिक सुविधाओं का समावेश करके उच्च गुणवत्तावाला भोजन तैयार कर सकती है। साथ ही यह उन उपभोक्ताओं को संतुष्ट कर सकती है, जो भोजन की सुरक्षा संबंधी उच्च मानकों की माँग कर रहे हैं।

इस संबंध में एक आवश्यक तथ्य यह है कि जैव प्रौद्योगिकी आधारित उत्पादों का महत्त्व बढ़ता जा रहा है और कृषि, स्वास्थ्य व पर्यावरण संबंधी उद्योगों में इनका प्रयोग बढ़ता चला जा रहा है। अत: इस क्षेत्र में अनुसंधान में लगातार वृद्धि किए जाने की आवश्यकता है और सूचना प्रौद्योगिकी इस क्षेत्र में अहम भूमिका निभाती है।

2. ज्ञान आधारित उन उद्योगों को बढ़ावा दिए जाने की आवश्यकता है, जिनमें भारत के पास प्रतिस्पर्धात्मक शक्ति है। उनमें वे क्षेत्र प्रमुख हैं जो नई सेवा दे रहे हैं या दे सकते हैं। इनमें औपचारिक सेवा व अनौपचारिक सेवा दोनों महत्त्वपूर्ण हैं और इनमें हमारे पास उपलब्ध परंपरागत ज्ञान का भरपूर उपयोग किया जाना चाहिए।

3. हमारे वैदिक व अन्य प्राचीन ग्रंथों में विभिन्न विज्ञानों से संबंधित ज्ञान छिपा पड़ा है। इनमें से योग, अध्यात्म, दर्शन आदि से संबंधित ज्ञान बाहर आया है और यह अति उपयोगी साबित हुआ है। इसके अलावा अन्य क्षेत्रों से संबंधित ज्ञान भी बहुमूल्य है और उसे बाहर लाकर व्यावसायिक रूप से उपयोगी बनाकर बेचा जाना चाहिए।

4. भारत में परंपरागत ज्ञान डिजिटल पुस्तकालय की स्थापना की जा चुकी है। इसका भरपूर उपयोग बड़े उद्देश्यों के लिए किया जाना चाहिए। इससे हमारी अनुसंधान क्षमता काफी बढ़ जाएगी। इस पुस्तकालय में शेष परंपरागत ज्ञान, जो इधर-उधर बिखरा पड़ा है, को जल्दी-से-जल्दी दर्ज कर दिया जाना चाहिए। परंपरागत ज्ञान और आधुनिक ज्ञान के मध्य सेतु का दायित्व निभानेवाले इस पुस्तकालय से ज्ञान समाज को अनेक अपेक्षाएँ हैं। हमारी अर्थव्यवस्था में क्षमता निर्माण को सुधारने की बहुत आवश्यकता है। इसके लिए निम्न त्रिआयामी प्रयासों की आवश्यकता है—

1. पहले प्रयास के अंतर्गत मानव संसाधनों का विकास किया जाना चाहिए।

इसके लिए शिक्षा क्षेत्र को आगे आना होगा। यह तभी हो पाएगा जब उच्च गुणवत्तावाली शिक्षा उपलब्ध हो।

2. दूसरे प्रकार के प्रयासों के अंतर्गत अनुसंधान व विकास गतिविधियों की क्षमता बढ़ाई जानी चाहिए। अभी तक अनुसंधान व विकास की गतिविधियाँ ज्यादातर सरकारी क्षेत्र में सरकारी सहायता से ही होती थीं। जहाँ तक उद्योग जगत् का सवाल है, केवल सार्वजनिक क्षेत्र अनुसंधान व विकास के क्षेत्र में निवेश किया करते थे। अपने परिसर में अनुसंधान और उच्च प्रतिष्ठित शिक्षण संस्थानों, जैसे—आई.आई.टी. आदि के साथ गठजोड़ करने में निजी क्षेत्र हमेशा से पीछे रहा है।
3. तीसरे प्रकार के प्रयासों के अंतर्गत प्रौद्योगिकियों का उपयोग सामाजिक व आर्थिक परिवर्तनों के लिए किया जाना चाहिए। यह ज्ञान अर्थव्यवस्था की कुंजी है।

भारत की प्रतिस्पर्धा शक्ति का मापन और उसकी निगरानी

आज देश की एक महत्त्वपूर्ण आवश्यकता यह भी है कि लगातार यह समझा जाए कि विश्व स्तर की प्रतिस्पर्धा में हम कहाँ खड़े हैं। विश्व आर्थिक फोरम लगातार विश्व प्रतिस्पर्धा रिपोर्ट तैयार करता है। उसके सूचकांक से विभिन्न देशों की प्रतिस्पर्धा शक्ति का ज्ञान होता है।

इस फोरम ने प्रतिस्पर्धा शक्ति की परिभाषा इस प्रकार व्यक्त की है—'राष्ट्रीय अर्थव्यवस्था की क्षमता, जिससे आर्थिक विकास की उच्च दर हासिल की जा सके।'

इस परिभाषा के आधार पर अमेरिका वर्ष 2000 में पहले स्थान पर था, जबकि भारत का स्थान इकतालीसवाँ था। पिछले कुछ वर्षों में इसमें विशेष सुधार नहीं हो पाया है। इस गणना में तीन प्रमुख बातों का ध्यान रखा जाता है—

1. उद्योगों की प्रगति की क्षमता,
2. प्रौद्योगिकी की प्रगति की क्षमता,
3. सरकार द्वारा नियंत्रण व्यवस्था को खोले जाने की स्थिति।

भारत अभी सकल घरेलू उत्पादों, प्रति व्यक्ति आय आदि के मामले में भी काफी पीछे है। यदि भारत को विकसित राष्ट्रों की श्रेणी में लाकर खड़ा करना है तो इस स्थिति में काफी सुधार लाना होगा। जब तक इस स्थिति में परिवर्तन नहीं आएगा तब तक ज्ञान समाज की ओर अग्रसर होना संभव नहीं है।

ज्ञान विकास सूचकांक

ज्ञान आधारित समाज वह समाज होता है जिसमें ज्ञान के सृजन, आत्मसात् करने, उसका प्रसार करने, सुरक्षित रखने एवं उपयोग करने की क्षमता होती है। ये सभी इस उद्‌देश्य से किए जाते हैं, ताकि समाज का भला हो और समृद्धि का सृजन हो। यह काम कितना हो रहा है या यह क्षमता कितनी है, समय-समय पर यह जानना भी आवश्यक होता है। इस संबंध में भारत की विश्व में क्या स्थिति है और विभिन्न राज्यों की भारत में क्या स्थिति है, इसकी जानकारी भी होनी जरूरी है।

दुर्भाग्य की बात यह है कि आजादी के समय भारत के विभिन्न राज्यों की क्षमता में काफी अंतर था। साथ ही यह और भी दुर्भाग्य की बात है कि आजादी के बाद उनसठ वर्षों में यह अंतर और बढ़ गया है।

भविष्य में हमें इस अंतर पर विशेष ध्यान देना होगा और समय-समय पर इसे मापकर इस अंतर को पाटने के लिए विशेष उपाय करने होंगे। ये उपाय तीन चरणों में संपन्न होंगे—

1. विशेष पहल,
2. नए निवेश,
3. कार्य-योजना व उनका कार्यान्वयन।

भारतीय संदर्भ में ज्ञान विकास सूचकांक विकसित करने हेतु निम्न शीर्षकों के संबंध में आकलन करना होगा—

ज्ञान का सृजन करने की क्षमता—यह आकलन शोधपत्रों की संख्या व उनकी गुणवत्ता पर भी निर्भर करेगा। इसके लिए अंतरराष्ट्रीय स्तर पर सूचकांक उपलब्ध हैं। इसके अलावा पेटेंट आवेदनों के दर्ज होने की संख्या, उनकी मंजूरी व उपयोग की संख्या, नई प्रौद्योगिकियों के विकसित होने की संख्या भी ज्ञान के सृजन की क्षमता को दरशाएगी।

ज्ञान को आत्मसात् करने की क्षमता—ज्ञान को आत्मसात् करने की क्षमता निम्नलिखित पर निर्भर करेगी—

1. प्राथमिक, माध्यमिक व उच्च शिक्षा प्राप्त कर रहे छात्र-छात्राओं का प्रतिशत,
2. प्रति व्यक्ति विज्ञान व प्रौद्योगिकी के क्षेत्र में काम कर रहे लोगों की संख्या,
3. अन्य समकक्ष केंद्र।

ज्ञान के प्रसार करने की क्षमता—ज्ञान के प्रसार करने की क्षमता

निम्नलिखित पर निर्भर करती है—

1. अखबारों का घनत्व (प्रति हजार संख्या)
2. टेलीविजन का घनत्व (प्रति हजार संख्या)
3. टेलीफोन का घनत्व (प्रति हजार संख्या)
4. पर्सनल कंप्यूटर का घनत्व (प्रति हजार संख्या)
5. इंटरनेट होस्ट का घनत्व (प्रति हजार संख्या)
6. वैज्ञानिक पत्रिकाओं का प्रसार (प्रति हजार संख्या)

ज्ञान की सुरक्षा करने की क्षमता—यह क्षमता निम्नलिखित पर निर्भर करेगी—

1. भारत व विदेशों में किए गए पेटेंट आवेदनों की क्षमता।
2. बौद्धिक संपदा अधिकारों से संबंधित विवादों के निपटारे की व्यवस्था; जैसे—कुल दायर मुकदमे, उनके निस्तारण की गति।
3. ज्ञान के बारे में जन-जागृति।
4. सूचनाओं की सुरक्षा हेतु उत्पादों की संख्या व गुणवत्ता।
5. घरेलू प्रौद्योगिकी का नागरिक व सैन्य क्षेत्रों में उपयोग।

ज्ञान का उपयोग करने की क्षमता—ज्ञान का उपयोग करके समृद्धि निर्माण करने की क्षमता का मूल्यांकन इस आधार पर किया जा सकता है कि कितने नए उत्पाद तैयार किए गए। इसके अलावा कुल उत्पादों में से कितने प्रतिशत उत्पाद देशी प्रौद्योगिकी की सहायता से तैयार किए गए, यह भी उपयोग क्षमता दरशाता है। निर्यात किए जानेवाले कुल उत्पादों में ज्ञान की अधिकतावाले उत्पाद कितने हैं, प्रौद्योगिकी का निर्यात कितना है, नई घरेलू प्रौद्योगिकी के कारण कितने नए रोजगारों का सृजन हो रहा है, नए ज्ञान को आत्मसात् करने से कितनी उत्पादकता बढ़ रही है। ये सब यह दरशाने के लिए पर्याप्त हैं कि समाज में ज्ञान का उपयोग करने की क्षमता कितनी है।

ज्ञान का उपयोग सामाजिक बदलाव के लिए कितना हो रहा है, इसका मूल्यांकन इस बात से होता है कि नागरिकों को मिलनेवाली सेवाओं की दक्षता में कितनी वृद्धि हुई है।

इनोवेशन तंत्र का निर्माण—इनोवेशन (नवाचार या नवप्रवर्तन) वह प्रक्रिया है जिसके द्वारा ज्ञान को समृद्धि व सामाजिक लाभ में परिवर्तित किया जाता है। इसके अलावा इनोवेशन के द्वारा ही निर्माण व सेवा क्षेत्र में प्रतिस्पर्धा शक्ति की वृद्धि होती है।

इनोवेशन और आविष्कार में अंतर है। इनोवेशन सिर्फ अनुसंधान व विकास

प्रयोगशालाओं में ही नहीं होता वरन् अन्य स्थानों पर भी होता है। उदाहरण के लिए, संगठन में परिवर्तन भी इनोवेशन कहलाता है और कई बार यह औपचारिक अनुसंधान से अधिक प्रभावी होता है।

अत: आज की आवश्यकता यह है कि देश में एक दक्ष इनोवेशन तंत्र स्थापित किया जाए। इस प्रकार का तंत्र अनेक समूहों को अपने में शामिल करेगा, जैसे जो कंपनियाँ एक-दूसरे पर निर्भर हैं, इनका नेटवर्क इससे जुड़ेगा। इसी तरह ज्ञान का उत्पादन करनेवाले संस्थान, जैसे—कॉलेज, विश्वविद्यालय, अनुसंधान संस्थान, प्रौद्योगिकी का उत्पादन करनेवाली फर्में भी आपस में जुड़ेंगी।

इसके अलावा इसके माध्यम से विभिन्न अलग-अलग संगठनों के मध्य सेतु कायम होंगे। चिंतकों के समूह, प्रौद्योगिकी व सलाह सेवा प्रदान करनेवाले, ग्राहक, उपभोक्ता भी आपस में जुड़ेंगे। इस तरह मूल्यवर्द्धन करने की शृंखला स्थापित हो जाएगी। धीरे-धीरे समूह का दायरा बढ़ता चला जाएगा। साथ ही हर प्रकार के ज्ञान का एक-दूसरे में बाँटना बढ़ता चला जाएगा।

जब यह इनोवेशन तंत्र कारगर हो जाएगा तो ये समूह विश्व स्तर पर बढ़ते ज्ञान को हासिल करने, उसे अपने ज्ञान में मिलाने, अपनी आवश्यकताओं के अनुरूप ढालने, नया रूप देने में सक्षम होते चले जाएँगे। संलग्न चित्र में हम ज्ञान समाज में इनोवेशन तंत्र की भूमिका को समझ सकते हैं।

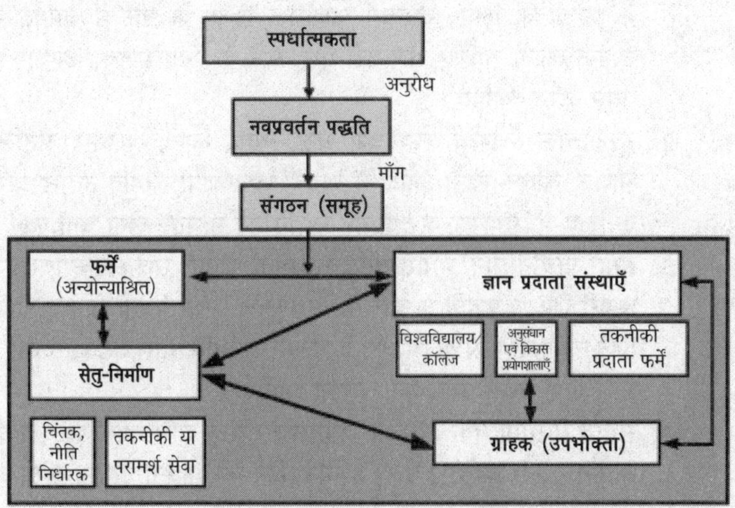

बौद्धिक समुदाय के लिए आवश्यक तत्त्व

ज्ञान समाज में इनोवेशन तंत्र को सफल बनाने के लिए निम्नलिखित बातें आवश्यक हैं—

1. विभिन्न मंत्रालयों के बीच समन्वय में सुधार तथा नीति-निर्माण में अनवरतता और विश्वसनीयता।
2. इनोवेशन प्रक्रिया में सहायता तथा प्रौद्योगिकी को ज्यादा-से-ज्यादा लोगों तक पहुँचाने के लिए नई-नई कार्य-प्रणालियाँ। इनके अंतर्गत सार्वजनिक व निजी क्षेत्र के मध्य अधिक-से-अधिक साझेदारी के उपयोग की आवश्यकता है।

ज्ञान समाज के लिए आंदोलन

ज्यादातर सामाजिक परिवर्तन लोगों की भागीदारी से ही संपन्न होते हैं। प्रारंभ में परिवर्तन सरकार द्वारा प्रेरित हो सकते हैं, पर बाद में ज्ञान समाज के निर्माण के लिए लोगों की अनिवार्य भागीदारी चाहिए।

इसमें सरकार, अर्द्ध-सरकारी व गैर-सरकारी संगठनों को नेतृत्व भी करना पड़ता है और सक्रिय भागीदारी निभानी होती है। इस आंदोलन में निम्न बातों पर ध्यान केंद्रित किया जाता है—

1. व्यापक प्राथमिक शिक्षा—संवैधानिक रूप से चौदह वर्ष तक की आयु के बच्चों के लिए अनिवार्य प्राथमिक शिक्षा के बारे में जागृति भी उत्पन्न करनी चाहिए और उसे पूरा करने के लिए मजबूत आधार भी तैयार करना चाहिए।
2. सुरक्षात्मक स्वास्थ्य तकनीकों, जैसे—योग, ध्यान, व्यायाम, संतुलित भोजन, जीवन-शैली आदि के बारे में राष्ट्रव्यापी जागृति उत्पन्न करने के लिए मीडिया का बड़े पैमाने पर निरंतर सहयोग लेना चाहिए।
3. हमारे प्राचीन ज्ञान, हमारी बौद्धिक क्षमता, हमारी सांस्कृतिक विरासत, हमारी शिक्षण पद्धति के बारे में गौरवशाली प्रचार करना चाहिए, ताकि जिन लोगों के पास दुर्लभ ज्ञान है उनका आत्मविश्वास बढ़े। इस बारे में राष्ट्रव्यापी प्रचार अभियान चलाना चाहिए।
4. समाज में सामाजिक दायित्वों, पर्यावरण संबंधी दायित्वों के प्रति जागृति उत्पन्न करनी चाहिए। वैल्यू इंजीनियरिंग की भावना उत्पन्न करने का भी प्रयास करना चाहिए, ताकि लोग अपना तथा अपने आस-पास उपलब्ध संसाधनों का मूल्यवर्द्धन करते रहें।

परिवर्तन का प्रबंधन

प्रबंधन के माध्यम से समृद्धि का सृजन तभी हो सकता है जब इसे परियोजना प्रबंधन की तरह चलाया जाए, जिसमें नियोजन, कार्यान्वयन, प्रवीणताएँ, प्रक्रियाएँ आदि पूरी तरह परिभाषित हों। इसी तरह सामाजिक क्रांति का भी प्रबंधन किया जा सकता है, जिसमें परिवर्तन एक रणनीति के अंतर्गत किए जाएँ। इसके लिए उच्च गुणवत्ता के नेतृत्व की आवश्यकता होती है।

इस परिवर्तन प्रक्रिया की प्रमुख गतिविधियाँ होती हैं—

1. रोजगार सृजन मॉडल का कार्यान्वयन।
2. ज्ञान प्रबंधन मॉडल का कार्यान्वयन, ताकि समृद्धि, सृजन और आर्थिक विकास हो सके।
3. राष्ट्रव्यापी ज्ञान आंदोलन।
4. सूचना प्रौद्योगिकी की आधारभूत संरचना और उसका प्रभावी उपयोग, जिससे शिक्षा तंत्र में आवश्यक परिवर्तन हो सकें और सभी के लिए शिक्षा उपलब्ध हो सके।
5. ज्ञान समाज में परिवर्तन की प्रक्रिया में उत्पन्न हो सकनेवाले विपरीत प्रभाव और उन्हें निपटाने के उपाय।

कार्यान्वयन

भारत को ज्ञान महाशक्ति बनाने में लगभग एक दशक लग सकता है। इसके लिए सभी राज्यों, समाजों एवं लोगों को तैयार करना होगा। चरणबद्ध कार्यक्रम के अंतर्गत इसे पूरे देश में लागू करना होगा।

इसके लिए उच्चाधिकार प्राप्त समिति का गठन करना होगा, जो तमाम प्रारंभिक नीतियाँ, दिशा-निर्देश आदि तैयार करेगी और आवश्यक प्रबंधन संरचना भी उत्पन्न करेगी, ताकि भावी परिवर्तन के लिए भारत की क्षमता का पूरा इस्तेमाल हो जाए। यह समिति कार्यान्वयन संबंधी रणनीति तैयार करते समय निम्नलिखित का विशेष ध्यान रखेगी—

1. रोजगार सृजन के मॉडल का पहला उपयोग उन कृषि-प्रधान राज्यों में होना चाहिए, जहाँ बेरोजगारी बहुत ज्यादा है।
2. समृद्धि सृजन के लिए राष्ट्रव्यापी ज्ञान प्रबंधन को प्रयोग के तौर पर पहले उन राज्यों में प्रारंभ करना चाहिए, जहाँ अनुसंधान व विकास की व्यवस्था तथा अन्य आधारभूत ढाँचा हो।

3. राष्ट्रव्यापी ज्ञान अभियान में सभी की भागीदारी अनिवार्य है। अत: इसके लिए सभी राजनीतिक दलों की आम सहमति आवश्यक है। साथ ही स्वयंसेवी संगठनों, मीडिया, इन्फोटेनमेंट उद्योग, स्थानीय लोक-मनोरंजन आदि की भागीदारी महत्त्वपूर्ण है। परिवर्तनों की जानकारी पहुँचाने की प्रक्रिया, राजनीतिक प्रक्रियाएँ, सांकेतिक प्रक्रियाएँ आदि उचित रूप से विकसित व कार्यान्वित होनी चाहिए। इसमें शिक्षा व जागृति पर विशेष जोर दिया जाना चाहिए।
4. ज्ञान समाज औपचारिक शिक्षा के बजाय ज्ञान को अधिक महत्त्व देता है। जब साक्षर, शिक्षित और ज्ञानवान् लोगों की संख्या बढ़ेगी तो समाज का गतिशास्त्र भी प्रभावित होगा। इस गतिशास्त्र का निरंतर अध्ययन किया जाना आवश्यक है, ताकि यदि जरूरी हो तो कार्यक्रम के बीच में आवश्यक परिवर्तन कर लिये जाएँ।
5. ज्ञान समाज में हर स्तर का सशक्तीकरण आवश्यक है। राज्यों, जिलों, गाँवों, पंचायतों, शिक्षण संस्थानों आदि के सशक्तीकरण की प्रक्रियाओं का अध्ययन किया जाना आवश्यक है। इस तरह प्राथमिकता निर्धारण करना सरल हो जाएगा।
6. सकल घरेलू उत्पाद, आयात-निर्यात का अनुपात आदि आज की अर्थव्यवस्था को दरशाते हैं। पर ये ज्ञान समाज की स्थिति को दरशाने के लिए पर्याप्त नहीं हैं। ज्ञान समाज की शक्ति के आकलन के लिए नए पैमानों की आवश्यकता पड़ेगी।
7. साथ ही विकास के दौरान पर्यावरण पर निगरानी रखना भी आवश्यक है। यदि किसी प्रौद्योगिकी के विकास या प्रयोग से पर्यावरण को खतरा उत्पन्न होता है तो उसका विकल्प तत्काल ढूँढ़ा जाना चाहिए।

ज्ञान समाज के विकास की राह

मॉडल 1

1. कुछ राज्यों की पहचान की जाए, जिनका सूचना प्रौद्योगिकी के क्षेत्र में सफल अनुभव रहा है।
2. उन्हें आवश्यक आधारभूत संरचनाएँ, जैसे—बिजली, दूरसंचार, संपर्क सूत्र (कनेक्टिविटी), मानव संसाधनों को प्रशिक्षण आदि दिया जाए।

परिणाम—निर्धारित समयावधि में निर्धारित लक्ष्य हासिल किया जाए।

मॉडल 2

सीमित संसाधनों को तमाम राज्यों में बाँट दिया जाए।

परिणाम—समृद्धि सृजन के निर्धारित लक्ष्यों को हासिल करने में अधिक समय लगेगा।

□

भावी कार्यनीति

अभी तक हमने ज्ञान समाज के विभिन्न घटकों की चर्चा की। इन घटकों में जिन क्षेत्रों पर विशेष ध्यान केंद्रित किया जाएगा, वे इस प्रकार हैं—

सामाजिक बदलाव

1. शिक्षा,
2. स्वास्थ्य-रक्षा,
3. कृषि,
4. प्रशासन।

यदि उपर्युक्त में पर्याप्त बदलाव आता है तो निम्नलिखित परिणाम देखने को मिलेंगे—

1. रोजगार सृजन,
2. उच्च औद्योगिक प्रगति,
3. उच्च राष्ट्रीय दक्षता और उत्पादकता,
4. महिला सशक्तीकरण,
5. पारदर्शी समाज,
6. ग्रामीण क्षेत्रों में समृद्धि।

समृद्धि सृजन

यह निम्न क्षेत्रों में स्पष्ट दिखाई देगा—

1. सूचना प्रौद्योगिकी तथा संचार व्यवस्था,
2. जैव प्रौद्योगिकी,
3. अंतरिक्ष प्रौद्योगिकी,
4. पदार्थ प्रौद्योगिकी,

5. सागर विज्ञान।

उपर्युक्त क्षेत्रों के अलावा निम्न सेवा क्षेत्रों में भी समृद्धि सृजन की व्यापक संभावनाएँ हैं—

1. मौसम संबंधी क्षेत्र,
2. आपदा राहत,
3. टेली मेडिसिन,
4. टेली एजुकेशन,
5. घरेलू ज्ञान उत्पाद,
6. सूचना + मनोरंजन (इन्फोटेनमेंट) क्षेत्र,
7. परंपरागत व गैर-परंपरागत ऊर्जा,
8. पर्यावरण व पारिस्थितिकी।

उपर्युक्त क्षेत्रों से लाभ उठाने के लिए अर्थव्यवस्था के अनौपचारिक क्षेत्र में भी ध्यान देना आवश्यक है। इससे न सिर्फ सकल घरेलू उत्पाद में वृद्धि होगी वरन् रोजगारों की गुणवत्ता में भी सुधार होगा और अनौपचारिक क्षेत्रों में काम कर रहे लोगों की आय में भी वृद्धि होगी।

ज्ञान या संसाधनों की सुरक्षा

ज्यों-ज्यों ज्ञान समाज का विकास जोर पकड़ेगा त्यों-त्यों ज्ञान संसाधनों की सुरक्षा की आवश्यकता महत्त्वपूर्ण होती चली जाएगी। इसके अंतर्गत निम्नलिखित क्षेत्रों पर विशेष ध्यान देना होगा—

1. बौद्धिक संपदा अधिकारों का सशक्तीकरण,
2. जैविक व सूक्ष्म जीव (माइक्रोबियल) संसाधनों की सुरक्षा,
3. स्थानीय ज्ञान व संस्कृति की सुरक्षा,
4. नेटवर्क की सुरक्षा, संभावित आक्रमणों से इलेक्ट्रॉनिक ज्ञान व आँकड़ों की सुरक्षा।

शिक्षा

अनुमान है कि वर्ष 2010 में 30 लाख ज्ञानकर्मियों की आवश्यकता होगी। इनमें से 22 लाख प्रशिक्षित व्यक्तियों की आवश्यकता केवल सूचना प्रौद्योगिकी क्षेत्र में पड़ेगी।

1. अतः सर्वशिक्षा अभियान के माध्यम से बेहतर गुणवत्तावाली शिक्षा

की अधिकाधिक उपलब्धता आवश्यक है।

2. ज्ञान महाशक्ति बनने के लिए हर स्तर पर शिक्षा के प्रसार व गुणवत्ता में वृद्धि की आवश्यकता है।
3. गुणवत्ता-युक्त शिक्षा के लिए गुणवान् शिक्षकों की आवश्यकता है। अतः शिक्षा व्यवसाय को इतना आकर्षक बनाया जाना चाहिए कि शिक्षण क्षेत्र में गुणवान् व प्रतिभावान् लोग आगे आएँ।
4. उच्चतर शिक्षा, जिसमें सामान्य व तकनीकी दोनों प्रकार की शिक्षा शामिल हैं, का सीधा संबंध औद्योगिक व सामाजिक प्रयासों से होना चाहिए। इसके अंतर्गत भारत में अनेक उत्कृष्ट शिक्षा केंद्र स्थापित किए जाने चाहिए, जिनसे उच्च गुणवत्तावाले लोग निकलें, जो उद्योग जगत् व समाज—दोनों की आवश्यकताओं को पूरा करें। इसके लिए शिक्षा क्षेत्र, उद्योग जगत् तथा सरकार की उचित भागीदारी अनिवार्य है।
5. आई.आई.टी., आई.आई.एम. तथा आई.आई.आई.टी. जैसे शिक्षण संस्थानों की संख्या में ज्यामितीय वृद्धि आवश्यक है। इससे ज्ञान समाज के विभिन्न क्षेत्रों को मानव संसाधन उपलब्ध होंगे।
6. विभिन्न व्यक्तियों, कंपनियों—जिनमें एन.आर.आई. भी शामिल हैं—को इस बात के लिए यथासंभव प्रेरित करना चाहिए। इससे शिक्षा की उपलब्धता व गुणवत्ता दोनों में वृद्धि होगी।
7. वर्तमान एन.आई.टी. की गुणवत्ता में सुधार करके उन्हें आई.आई.टी. के समकक्ष बनाना भी आवश्यक है।
8. जिन संस्थानों में परास्नातक पाठ्यक्रम चल रहे हों, उनमें छोटे सघन स्नातक पाठ्यक्रम भी चलाए जाने चाहिए, जिनसे शिक्षा गतिशील भी होगी और स्नातक स्तर के छात्रों को अनुसंधान का वातावरण भी मिलेगा। स्नातक स्तर के छात्रों को बेहतर शिक्षा का वातावरण मिलेगा।
9. शिक्षा के क्षेत्र में सभी आवश्यक प्रौद्योगिकियों, जैसे वीडियो कॉन्फ्रेंसिंग, वेब आधारित शिक्षा आदि का उपयोग किया जाना चाहिए। सूचना प्रौद्योगिकी का इस्तेमाल करते हुए साइबर विश्वविद्यालय का निर्माण किया जाना चाहिए, ताकि कोई भी व्यक्ति, किसी भी समय, किसी भी स्थान पर शिक्षा प्राप्त कर सके।
10. अनौपचारिक शिक्षा संस्थानों, जैसे एन.आई.आई.टी. को भी बढ़ावा दिया जाना चाहिए। ये विभिन्न क्षेत्रों में शिक्षा दे सकते हैं और जब

व्यक्ति औपचारिक शिक्षा लेना चाहे तो उसे अब तक प्राप्त अनौपचारिक शिक्षा का लाभ मिलना चाहिए।

11. डीम्ड विश्वविद्यालयों को भी बढ़ावा दिया जाना चाहिए, ताकि वे इनोवेटिव और लचीले शिक्षण पाठ्यक्रम आयोजित कर सकें, जिनका खर्च छात्र स्वयं वहन कर सकें।
12. निजी क्षेत्र की पहल और सहयोग से शिक्षा विकास व वित्त निगम स्थापित किए जाने चाहिए। विभिन्न बैंकों द्वारा शिक्षा के लिए ऋण देने की योजना को और अधिक व्यापक बनाया जाना चाहिए।
13. महिलाओं को कॉलेज स्तर तक की शिक्षा नि:शुल्क प्रदान की जानी चाहिए।
14. शिक्षा क्षेत्र, अनुसंधान क्षेत्र, उद्योग जगत्, कृषि जगत्, प्रशासनिक सेवा आदि में सेवा संबंधी नियम ऐसे होने चाहिए, ताकि ज्ञानकर्मी एक क्षेत्र से दूसरे में आसानी से आ-जा सकें और निवेश भी कर सकें।
15. सभी विश्वविद्यालयों, जिनमें विश्वविद्यालय अनुदान आयोग से सहायता प्राप्त विश्वविद्यालय भी शामिल हैं, को फीस बढ़ाने की अनुमति मिलनी चाहिए, ताकि वे उच्च गुणवत्तावाली शिक्षा प्रदान कर सकें।
16. शिक्षा संबंधी मामलों में निर्णय लेने में तेजी लाने के लिए मानव संसाधन विकास मंत्रालय, अखिल भारतीय तकनीकी शिक्षा परिषद् तथा विश्वविद्यालय अनुदान आयोग के बीच उच्च अधिकार प्राप्त समिति का गठन किया जाना चाहिए।
17. आकाशवाणी तथा दूरदर्शन को ज्ञान चैनलों, जैसे—ज्ञान दर्शन, ज्ञान वाणी आदि का नियमित व प्रभावी प्रसारण करना चाहिए।
18. शिक्षण संस्थाओं को अन्य संस्थाओं के साथ मिलकर एक औपचारिक नेटवर्क तैयार करना चाहिए, ताकि शिक्षा तंत्र में नई ऊर्जा आए। इसके लिए संसाधनों का आदान-प्रदान भी करना चाहिए।

आधारभूत ढाँचा

विद्युत् शक्ति

1. देश का विकास तभी हो सकता है जब देश में ऊर्जा उत्पादन की पर्याप्त क्षमता विकसित हो तथा ऊर्जा हर जगह उपलब्ध हो। इसके लिए

राष्ट्रीय योजना में पर्याप्त प्रावधान होने चाहिए। ऐसा करने से सकल घरेलू उत्पाद की वृद्धि दर बनी रहेगी।

2. टेली मेडिसिन तथा टेली एजुकेशन में प्रगति के लिए ग्रामीण विद्युतीकरण योजना का पूरा होना आवश्यक है। साथ ही नई प्रौद्योगिकियों पर आधारित ऊर्जा के वैकल्पिक स्रोतों का भी विकास आवश्यक है। सौर ऊर्जा, जैविक ऊर्जा आदि को आपस में जोड़ना, फ्यूल सैल आदि को विकसित करना भी अनिवार्य है और इसके लिए समुचित प्रयास किए जाने चाहिए।

आपसी संपर्क

परंपरागत संपर्क—देश में संपर्क के जो परंपरागत साधन हैं, जैसे—सड़क यातायात, रेलवे यातायात, समुद्री यातायात, नदी मार्ग, उन्हें विशेष प्रयासों द्वारा शक्तिशाली भी किया जाना चाहिए और एक-दूसरे से इस प्रकार जोड़ा जाना चाहिए, ताकि वैकल्पिक मार्ग तैयार हो सकें। हवाई मार्ग का भी आधुनिकीकरण आवश्यक है, ताकि यह सेवा अच्छी, सुविधाजनक, विश्वसनीय और सस्ती हो। इन सभी में नए निवेशों की आवश्यकता है।

इलेक्ट्रॉनिक संपर्क—ऑप्टिकल फाइबर लाइनें इस समय केंद्र सरकार, राज्य सरकारों व निजी क्षेत्र—सभी के द्वारा बिछाई जा रही हैं और इनमें उचित आपसी समन्वय अनिवार्य है। इसमें तीव्रता लाना भी आवश्यक है तथा निम्नलिखित को सुनिश्चित करना भी आवश्यक है—

1. अंतिम छोरों तक संपर्क व्यवस्था कायम करना।
2. उपग्रहों के उपलब्ध ट्रांसपोंडरों से संपर्क कायम करना।
3. बैंडविड्थ को अधिकतम बढ़ाना।
4. केबल टी.वी. गाँव-गाँव तक पहुँच रहा है। अत: केबल टी.वी. के माध्यम से इंटरनेट का प्रसार भी आवश्यक है। इससे शिक्षा, सूचना, मनोरंजन तथा व्यवसाय का नया मार्ग प्रशस्त होगा।
5. इस समय जितने डाकघर एवं पी.सी.ओ. आदि उपलब्ध हैं उनके ज्ञान का समाज के निर्माण के लिए सृजनात्मक इस्तेमाल आवश्यक है।
6. कन्वर्जेंस ऑफ टेक्नोलॉजीज के साथ-साथ कन्वर्जेंस ऑफ गवर्नेंस पर भी जोर दिया जाना चाहिए, ताकि निर्णय लेने में लगनेवाला समय कम-से-कम हो और नागरिकों के कार्यों को संपन्न करने में होनेवाला खर्च न्यूनतम हो।

रणनीतियाँ

रोजगार सृजन

1. ऐसी रणनीति बनाई जानी चाहिए, ताकि कृषि क्षेत्र में उच्च प्रौद्योगिकी वाले टूल्स की डिजाइन, विकास तथा उपयोग हो; इसके निम्न परिणाम होंगे—
   - कृषि क्षेत्र में उत्पादकता बढ़ेगी और अतिरिक्त जनशक्ति उपलब्ध होगी।
   - इस अतिरिक्त जनशक्ति का स्तर सुधारने के लिए उसे उचित शिक्षा, प्रशिक्षण, प्रवीणता देकर कृषि उत्पाद, सेवा व अन्य उद्योगों में लगाया जा सकता है।
   - उच्च उत्पादकता से प्राप्त लाभों को आर्थिक समृद्धि में परिवर्तित किया जा सकता है तथा अतिरिक्त धन से और कृषि आधारित उद्योग लगाए जा सकते हैं।
2. ग्रामीण क्षेत्र में शहरी मॉडल (जैसाकि पिछले अध्यायों में दिखाया गया है) का निर्माण विभिन्न राज्यों में किया जा सकता है।
3. ज्ञान अर्थव्यवस्था में रोजगार क्षमता बढ़ाने के लिए चार चरणों में निम्न योजना चलाई जा सकती है—
   - जैव प्रौद्योगिकी को प्रोत्साहन देने और उसका उपयोग करने के लिए संरचना का निर्माण किया जा सकता है।
   - ज्ञान आधारित सेवा उद्योग को प्रोत्साहन देना, जिसके लिए भारत में पर्याप्त क्षमता है, जो प्रतिस्पर्धा में सहायक है।
   - हमारे प्राचीन परंपरागत ज्ञान व कला को उपयुक्त आवरण देना तथा उनका व्यवसाय करना।
4. तीन क्षेत्र, जो आपस में एक-दूसरे को सहायता देते हैं; यथा—
   - मानव संसाधन विकास।
   - अनुसंधान व विकास क्षमता।
   - इनोवेशनों से उत्पन्न या मजबूत होनेवाली प्रौद्योगिकियों के उपयोग को और सशक्त व व्यापक बनाना।
   - रोजगार सृजन के लक्ष्य इस प्रकार तैयार करना, ताकि विभिन्न क्षेत्रों में रोजगारों का प्रतिशत इस प्रकार हो—

     प्राथमिक—कृषि-प्रधान—60 प्रतिशत

द्वितीयक—सामान्य उद्योग प्रधान—16 प्रतिशत

तृतीयक—सेवा उद्योग प्रधान—24 प्रतिशत।

5. रोजगार सृजन का मॉडल इस प्रकार होना चाहिए, ताकि उन राज्यों को ज्यादा लाभ हो जहाँ बेरोजगारी बहुत ज्यादा हो।

समृद्धि सृजन

1. राष्ट्रव्यापी ज्ञान प्रबंधन ढाँचे के निर्माण व उपयोग, ताकि ऐसा वातावरण उत्पन्न हो, जिसमें ज्ञान सृजन को प्रोत्साहन मिले, सहायता मिले, पुरस्कार मिले तथा ज्ञान का उपयोग राष्ट्र के आर्थिक व सामाजिक लक्ष्यों को प्राप्त करने में हो। ज्ञान सृजन व उपयोग के लिए निम्न सात सूत्री रणनीति अपनाई जा सकती है—
   - बौद्धिक संपदा अधिकारों के प्रभावी कार्यान्वयन के लिए क्षमता व कार्य-प्रणाली निर्माण।
   - नेटवर्कवाले वातावरण के द्वारा अनुसंधान व विकास।
   - मानव संसाधन नियोजन तथा विकास।
   - इनोवेशनों को बढ़ावा देने के लिए संस्थागत, वित्तीय व तकनीकी सहयोग देने की व्यवस्था करना।
   - राष्ट्रीय व अंतरराष्ट्रीय बाजार का विकास।
   - चुनिंदा प्रौद्योगिकियों का अधिग्रहण।
   - आधारभूत संरचनाओं का विकास।

   उपर्युक्त को हासिल करने के लिए नियम-कानूनों में परिवर्तन आवश्यक है। साथ ही नई प्रौद्योगिकियों के विकास के लिए वित्तीय व्यवस्था भी आवश्यक है।
2. वेब के साथ स्थानीय भाषा में वॉयस इंटरफेस को बढ़ावा दिया जाना आवश्यक है, ताकि सूचना प्रौद्योगिकी का अधिकाधिक प्रसार हो सके। इसके लिए उन ग्रामीण इलाकों में, जहाँ साक्षरता का स्तर निम्न है, में टेलीफोन का प्रसार बढ़ाना आवश्यक है। साथ ही स्थानीय भाषा में वी-कॉमर्स को बढ़ावा दिया जाना भी आवश्यक है, ताकि देर-सबेर भारत की बहुसंख्य जनता डिजिटल क्रांति में भागीदारी कर सके। इससे समाज के विभिन्न वर्गों के बीच जो खाई है, उसे पाटने में सुविधा होगी।
3. अभी तक सरकारी धन से चल रहा उच्च गुणवत्तावाला अनुसंधान व

विकास कार्य पूरी तरह उपयोग में आया नहीं आया है। इसे पूरी तरह व्यावसायिक रूप से सफल उत्पादों में परिवर्तित किया जाना आवश्यक है। इस अनुसंधान से राष्ट्रीय समृद्धि बढ़ेगी और प्रौद्योगिकी के प्रसार के सामाजिक लाभ उत्पन्न होंगे। इसके लिए उचित तरीके विकसित किए जाने आवश्यक हैं।

4. देश में जगह-जगह पर्याप्त संख्या में प्रौद्योगिकी पार्क तथा इन्क्यूबेशन केंद्रों की स्थापना आवश्यक है। इनमें सभी आधारभूत संरचनाओं, जिनमें वेंचर पूँजी प्रदान करनेवाली कंपनियाँ, कानूनी सलाह प्रदान करनेवाली फर्में भी शामिल होनी चाहिए। ये सभी निवेशकों, उद्योगपतियों को सामान्य शुल्क पर उपलब्ध होनी चाहिए।
5. इस समय अनुसंधान व विकास तथा सूचना प्रौद्योगिकी का जो तंत्र उपलब्ध है, उसका समुचित उपयोग राष्ट्रव्यापी ज्ञान-प्रबंधन को आगे बढ़ाने के लिए किया जाना चाहिए।
6. ज्ञान को समृद्धि में परिवर्तित करने के लिए इनोवेशन अनिवार्य हैं। ये विनिर्माण तथा सेवा क्षेत्र दोनों को प्रतिस्पर्धा में आगे बढ़ाने में सहायक होते हैं। राष्ट्रीय अर्थव्यवस्था की प्रतिस्पर्धा शक्ति बढ़ाने के लिए दक्ष इनोवेशन तंत्र की स्थापना अनिवार्य है। इस प्रकार का तंत्र अनेक समूहों का सृजन करेगा, जो निम्नलिखित का नेटवर्क होगा—
   - एक-दूसरे पर निर्भर फर्में,
   - ज्ञान का उत्पादन करनेवाले संस्थान,
   - एक-दूसरे को जोड़नेवाले संस्थान,
   - ग्राहक।

   ये सभी मिलकर मूल्यवर्द्धन करेंगे।
7. देश के लिए ज्ञान विकास सूचकांक तैयार किया जाना चाहिए। इससे विभिन्न राज्यों के बीच अंतर तथा राज्यों के अंदर विभिन्न भागों के बीच अंतर का आकलन करना संभव हो जाएगा। यह ज्ञान विकास के आकलन के अलावा नियोजन, संसाधनों के आवंटन, विकास आदि में भी सहायक सिद्ध होगा।

ज्ञान अथवा संसाधनों की सुरक्षा

1. ऐसे बौद्धिक संपदा अधिकार-तंत्र की स्थापना आवश्यक है, जो हमारे विशाल प्राकृतिक संसाधनों, घरेलू इनोवेशनों, समझौतों, रीतियों, परंपरागत ज्ञान को पूर्ण सुरक्षा प्रदान कर सके।
2. समाज के सभी वर्गों में बौद्धिक संपदा अधिकारों के प्रति जागृति लाना आवश्यक है। साथ ही उस विषय के लिए विशेषज्ञ भी बड़ी संख्या में तैयार किए जाने चाहिए।
3. ज्यों-ज्यों ज्ञान उत्पाद बढ़ेंगे और ई-कॉमर्स बढ़ेगा त्यों-त्यों सूचनाओं की सुरक्षा के लिए अनुसंधान प्रयासों की आवश्यकता बढ़ेगी। इसके लिए बेहतर होगा कि निजी क्षेत्र के बड़े निवेशक मिशन मोड में सूचना सुरक्षा के लिए पहल करें।
4. विभिन्न प्रकार के इलेक्ट्रॉनिक लेन-देनों के लिए सुरक्षित एल्गोरिद्मिक सॉफ्टवेयर का विकास आवश्यक होगा। इस प्रकार के एल्गोरिद्म के विकास के लिए संख्या सिद्धांत तथा परंपरागत कंप्यूटर विज्ञान में उच्च स्तर के अनुसंधान की परंपरा सहायक होगी।
5. इंटरनेट पर लेन-देन को सुरक्षित बनाने के लिए सुरक्षा के प्रति जन-जागृति उत्पन्न करना तथा लोगों में इसके प्रति विश्वास उत्पन्न करना भी आवश्यक है।

समाज में बदलाव

1. ज्ञान समाज के बढ़ते कदमों को जन-आंदोलन बनाना होगा और इस आंदोलन के निम्नलिखित केंद्रबिंदु होंगे—
    - वर्ष 2010 तक सभी को प्राथमिक शिक्षा प्रदान करने के लिए समयबद्ध व्यापक कार्यक्रम तैयार करना होगा।
    - स्वास्थ्य सेवा के प्रति जागृति उत्पन्न करनी होगी तथा लोगों तक सेवा पहुँचे, यह सुनिश्चित करना होगा।
    - राष्ट्र के प्राचीन गौरव व कुशलताओं के बारे में गौरवशाली प्रचार करना चाहिए, ताकि लोग उसपर गौरवान्वित हों।
    - शिक्षा में निम्न का भी समावेश करना चाहिए—
      मानव मूल्य,
      समुदाय को सशक्त बनाना,

सामाजिक सद्भाव,

पर्यावरण के प्रति जिम्मेदारी।

2. राष्ट्रीय ज्ञान आंदोलन में समाज के सभी वर्गों तथा सभी स्तर के लोगों की भागीदारी सुनिश्चित करना आवश्यक है।

कार्यान्वयन हेतु संरचना

ज्ञान समाज में परिवर्तन और फिर भारत को ज्ञान महाशक्ति बनाने के लिए जहाँ एक ओर समयबद्ध कार्यक्रम बनाना आवश्यक है, वहीं उसके कार्यान्वयन हेतु सशक्त, किंतु जवाबदेह समूह गठित करना भी आवश्यक है।

कार्यान्वयन के दौरान निम्नलिखित को ध्यान रखना अनिवार्य है—

1. रोजगार सृजन मॉडल का प्रयोग सबसे पहले उन राज्यों में किया जाना चाहिए, जहाँ बेरोजगारी बहुत ज्यादा है।
2. जब भी कोई प्रौद्योगिकी विकास परियोजना चले तो उसके साथ ही पर्यावरण की निगरानी की व्यवस्था और पर्यावरण को हो सकनेवाले खतरों का आकलन साथ-साथ करना चाहिए।
3. समृद्धि सृजन के लिए राष्ट्रव्यापी ज्ञान-प्रबंधन मॉडल का प्रयोग पहले उन राज्यों में होना चाहिए जहाँ अनुसंधान व विकास तथा अन्य आधारभूत सुविधाएँ पर्याप्त हों।
4. चूँकि राष्ट्रव्यापी ज्ञान आंदोलन में सभी की भागीदारी आवश्यक है, अत: इसके लिए सभी राजनीतिक पार्टियों की सहमति आवश्यक है। स्वयंसेवी संगठनों, मीडिया, सूचना व मनोरंजन, उद्योग तथा अन्य स्थानीय लोक-मनोरंजन उद्योगों की भी महत्त्वपूर्ण भूमिकाएँ होंगी। परिवर्तनों को व्यक्त करने की प्रक्रिया का उचित विकास व कार्यान्वयन भी आवश्यक है। ज्ञान समाज के बारे में शिक्षा और जागृति अनिवार्य है।
5. ज्ञान समाज में औपचारिक शिक्षा की अपेक्षा ज्ञान पर अधिक जोर दिया जाएगा। साक्षर, शिक्षित व ज्ञानवान् जनशक्ति की वृद्धि अलग-अलग होगी और इससे समाज का गतिशास्त्र प्रभावित होगा। इस गतिशास्त्र का अनवरत अध्ययन आवश्यक है, ताकि बीच-बीच में आवश्यक संशोधन किए जा सकें।
6. ज्ञान समाज में हर स्तर का व्यापक सशक्तिकरण आवश्यक है। अत: राज्यों, जिलों, गाँवों, ग्राम पंचायतों, शिक्षण संस्थानों के होनेवाले

सशक्तिकरण का अध्ययन भी आवश्यक है, ताकि कार्यान्वयन करने वाली एजेंसी अपनी प्राथमिकताएँ समय-समय पर तय करे।

7. इस समय देश की समृद्धि को मापने के कुछ पैमाने हैं, जैसे—सकल घरेलू उत्पाद, आयात-निर्यात अनुपात आदि। पर ज्ञान समाज में समृद्धि के आकलन के लिए नए-नए पैमाने तैयार करने होंगे।

□□□